# MUJERES QUE PIENSAN DEMASIADO

SUSAN NOLEN-HOEKSEMA

# MUJERES QUE PIENSAN DEMASIADO

Cómo evitar los pensamientos repetitivos
y vencer la ansiedad

**PAIDÓS Divulgación**

Obra editada en colaboración con Editorial Planeta - España

Título original: *Women Who Think Too Much,* de Susan Nolen-Hoeksema

Esta edición se ha publicado por acuerdo con The Foreign Office Agència Literària, S. L. y Aevitas Creative Management LLC.


Fotocomposición: Realización Planeta


Bajo el sello editorial PAIDÓS M.R.
Avenida Presidente Masarik núm. 111,
Piso 2, Polanco V Sección, Miguel Hidalgo
C.P. 11560, Ciudad de México
www.planetadelibros.com.mx
www.paidos.com.mx

Primera edición impresa en España en esta presentación: marzo de 2025
ISBN: 978-84-493-4350-6

Primera edición impresa en México: junio de 2025
ISBN: 978-607-569-997-4



Impreso en los talleres de Diversidad Gráfica S.A. de C.V.
Privada de Av. 11 No.1 Col. El Vergel, Iztapalapa,
C.P. 09890, Ciudad de México
Impreso en México - *Printed in Mexico*

# Sumario

# Agradecimientos

Este libro está basado en extensas investigaciones que he dirigido en colaboración con varios magníficos especialistas a los que quiero agradecer su compañerismo: Sonja Lyubomirsky, Judith Larson, Andrew Ward, Jannay Morrow, Joan Girgus, Cheryl Rusting, Sheena Sethi, Christopher Davis, Wendy Treynor, Richard González, Zaje Harrell, Barbara Fredrickson y Tomi-Ann Roberts.

Todd Shuster, mi agente literario, me animó a presentar mi investigación al público en general y me facilitó la oportunidad de hacerlo. Deborah Brody, de la editorial Holt, cuidó y dio forma a este proyecto de comienzo a fin. Mi agradecimiento más sincero a Todd y a Deborah: ¡ha sido una delicia trabajar con vosotros!

Finalmente, gracias a mi familia, que me ha dado un apoyo amoroso incondicional: Richard, Michael, Catherine, John, Marjorie y Renze.

# Agradecimientos

## Primera parte

# El pensamiento excesivo: una epidemia

¿Qué es el pensamiento excesivo y de dónde proviene?

En la primera parte de este libro, describo el pensamiento excesivo y nuestras investigaciones sobre sus consecuencias negativas.

Comento también algunos de los factores que alimentan ese pensamiento excesivo, sobre todo en las mujeres.

# 1

# ¿Qué tiene de malo pensar demasiado?

A lo largo de los últimos cuarenta años, las mujeres hemos vivido un incremento sin precedentes de nuestra independencia y de la variedad de oportunidades a nuestro alcance. Actualmente tenemos más libertad para escoger el tipo de relaciones que deseamos mantener y para decidir si queremos tener hijos y cuándo tenerlos, así como a qué queremos dedicarnos y qué estilo de vida queremos llevar. Disponemos, pues, de posibilidades de decisión con las que las generaciones que nos precedieron no se atrevieron ni a soñar. Gracias a los avances en medicina gozamos de mejor salud que nuestras abuelas y vivimos más tiempo. Tenemos muchas razones para estar contentas y para no sentirnos inseguras.

Sin embargo, cuando nuestras actividades diarias nos conceden algún momento de reposo, a muchas de nosotras nos invaden preocupaciones, pensamientos y emociones que escapan a nuestro control, que nos van dejando sin energía y que hacen que nuestro ánimo se venga abajo. Somos víctimas de una tendencia epidémica a *pensar demasiado,* a dejarnos atrapar por torrentes de sentimientos y pensamientos negativos que nos abruman y que interrumpen nuestro funcionamiento diario y nuestro bienestar. Nos preocupamos por cuestiones fundamentales: ¿quién soy?, ¿qué estoy haciendo con mi vida?, ¿qué piensan de mí los demás?, ¿por qué no estoy contenta ni satisfecha? Como no es fácil encontrar respuesta a esas preguntas, les damos vueltas y más vueltas, sopesamos las posibles respuestas y acabamos preocupándonos todavía más. A medida que nuestro estado de ánimo empeora, van surgiendo más preocupaciones, grandes y pequeñas: ¿mi hijo toma drogas?, ¿por qué todavía continúo en este trabajo sin porvenir?, ¿cómo voy a conseguir que mi marido no pierda el interés por mí?, ¿por qué no puedo controlar mis nervios cuando estoy con mi madre? Aunque estos pensamientos van y vienen continuamente, al compás de nuestros cambios de humor, raras veces llegamos a alguna conclusión.

Podemos pasarnos horas o días pensando demasiado y angustiándonos incluso por el más fútil de los acaecimientos. Nuestro jefe hace una observación sarcástica sobre nosotras y nos pasamos días pensando en lo que quiso decir y preocupándonos por habernos sentido culpables y avergonzadas. Una amiga hace un comentario sobre nuestro peso y ya no podemos dejar de pensar en nuestro aspecto y en lo poco sensible que ha sido nuestra amiga. Una noche nuestro marido se siente demasiado cansado para hacer el amor y nos pasamos toda la noche despiertas preguntándonos lo que eso puede significar para nuestro matrimonio.

Esta epidemia de cavilación malsana es una enfermedad que las mujeres sufren más que los hombres. Una tras otra, mis investigaciones han mostrado que es más probable que sean las mujeres y no los hombres quienes se dejen atrapar por el pensamiento excesivo sin conseguir luego librarse de él.[1] Consideremos, por ejemplo, el caso de Veronica, una madre de 27 años, de cabello castaño rojizo y ojos marrones y brillantes que se dedicaba a sus hijos durante toda la jornada. A Veronica le encantaba cuidar de sus gemelos, que ya empezaban a aprender a caminar, así como implicarse en todas las actividades comunitarias que creía que podían beneficiar tanto a sus dos hijos como a los demás niños de su ciudad. Pero cuando no estaba enseñando a nadar a sus gemelos, o en alguna reunión organizativa para recaudar fondos para su comunidad o haciendo cualquier otra cosa, Veronica no podía evitar caer en el pozo de negatividad y preocupación que llamamos pensamiento excesivo:

> ¿Qué me pasa? Nunca me siento completamente satisfecha con lo que estoy haciendo. Sigo accediendo a formar parte de más y más juntas y sigo organizando nuevas actividades para mis hijos, pero siempre tengo

1. S. Nolen-Hoeksema, «Gender Differences in Depression», en I. Gotlib y C. Hammen (comps.), *Handbook of Depression,* Nueva York, Guilford, 2002.

la sensación de que las cosas no van del todo bien. ¿Qué es lo que no funciona en mi vida? Quizá se trate de mis hormonas. Pero yo diría que estoy así todo el mes. No sé, puede que en mi vida no haya tomado las decisiones adecuadas. Voy diciendo que me gusta dedicarme exclusivamente a cuidar de mis hijos, pero ¿es realmente así? ¿Valora Rick, en el fondo, lo que hago por nuestros hijos?

Mientras Veronica seguía preocupándose, sus pensamientos empezaron a girar en torno a su peso, después en torno a su matrimonio, y más tarde en torno a la vida que llevaba antes de dedicarse a ser madre durante todo el día:

> Nunca he conseguido quitarme de encima los kilos que gané durante el embarazo. Estoy condenada a pesar 7 kilos de más hasta que me muera, y a medida que me vaya haciendo mayor esto no va a hacer más que empeorar. ¿Y si Rick conoce a una hermosa jovencita en el trabajo y se harta de mí? ¿Cómo me las arreglaría yo sola con los gemelos? ¿Y cómo haría para volver a conseguir un buen empleo? No es que fuera una gran profesional cuando trabajaba. Nunca me gustó ese trabajo y yo no le gustaba a mi jefe.

Las mujeres podemos darle vueltas a casi todo: nuestro aspecto, nuestra familia, nuestro trabajo, nuestra salud. A veces da la sensación de que eso forma parte de ser mujer: es un reflejo de nuestras dotes naturales para cuidar y educar. Aunque puede que haya algo de verdad en eso, pensar demasiado es nocivo para las mujeres: afecta a nuestra capacidad de encontrar soluciones a nuestros problemas y a nuestra motivación para resolverlos, ahuyenta a algunos de nuestros amigos y familiares y puede arruinar nuestra salud emocional. La mujer tiene el doble de probabilidades que el hombre de caer en una depresión profunda o de sufrir de ansiedad, y parece que una de las razones de que eso sea así es precisamente nuestra tendencia a pensar demasiado.

Sin embargo, las mujeres no tenemos por qué ser así. Podemos superar esa epidemia de excesiva susceptibilidad e inestabilidad y aprender a reconocer y a expresar adecuadamente las emociones que sentimos. Podemos llegar a mantener esas emociones razonablemente bajo control y a manejar con eficacia las situaciones que nos afectan. Podemos mantener la serenidad y no perder la confianza en nuestra capacidad para enfrentarnos a situaciones de conflicto, confusión, tragedia y caos. Podemos mantenernos firmes ante las peores tempestades y no dejar que nos dobleguen. Podemos dirigir nuestras vidas emocionales.

## Librarse del pensamiento excesivo

Tratar de superar la tendencia a pensar demasiado es como tratar de salir de las arenas movedizas. El primer paso hacia la liberación consiste en romper las ataduras con las que nos atrapan nuestros pensamientos para impedir que sigan hundiéndonos y, de ese modo, evitar que acaben por ahogarnos. El segundo paso consiste en arrastrarnos fuera del fango y trepar hasta que encontremos un lugar lo suficientemente elevado como para que podamos ver las cosas con más claridad y elegir adecuadamente el camino que vamos a tomar en el futuro. El tercer paso consiste en evitar caer en la trampa que representa volver a pensar demasiado. En la parte central de este libro encontrarás un conjunto de estrategias prácticas para poder dar todos estos pasos: romper las ataduras, subir a un lugar bien elevado que nos permita tener una perspectiva mejor y evitar las trampas en el futuro.

Hay personas que aplican esas estrategias de forma natural. Veamos, como ejemplo, lo que le sucedió a Jenny, una corredora de bolsa de 32 años que vive en Nueva York. Hace ya un año que Jenny está saliendo con Sean, un atractivo botánico que trabaja para el departamento estatal de protección del medio ambiente. Jenny y Sean tienen varios amigos comunes y les gusta organizar cenas, generalmente en el pequeño apartamento de Sean, situado en las afueras de la ciudad, y preparar ellos mismos la comida. Un viernes, Sean invitó a algunos de esos amigos a cenar a su casa y le pidió a Jenny que llegara un par de horas antes para echarle una mano. Ella aceptó gustosa, pero el mismo día de la cena, por la tarde, se dio cuenta de que el tiempo se le había echado encima: debía preparar varias facturas que tenía que enviar a los clientes no más tarde de las seis e iba muy atrasada. Hacia las tres, Jenny telefoneó a Sean para decirle que llegaría un poco tarde. Se obsesionó tanto por terminar esas facturas que perdió la noción del tiempo y cuando levantó la vista para mirar la hora vio que eran las seis menos cuarto: faltaban sólo tres cuartos de hora para que los invitados llegasen y Sean vivía a una media hora en coche. Después de subir casi sin aliento las escaleras que llevaban al apartamento de Sean a las seis y diecisiete minutos, Jenny enseguida se dio cuenta de que Sean estaba frío y distante con ella. Cuando los invitados se marcharon, Sean le soltó que ella estaba obsesionada con su carrera profesional, que era una egocéntrica y que no se preocupaba por los demás. Jenny ya había dado por sentado que Sean se enfadaría con ella por haber llegado tarde, pero no esperaba que le hubiera afectado tanto. Después de que Sean se pasara hora y media gritándole, ella salió del apartamento dando un portazo.

Jenny se pasó toda la noche dando vueltas en la cama mientras recordaba una y otra vez la discusión que había tenido con Sean. No podía creer que le hubiera dicho cosas tan crueles. A medida que iba repasando las palabras de Sean, se le ocurrían réplicas sarcásticas a sus opiniones y le venían a la cabeza ejemplos de ocasiones en las que Sean la había decepcionado.

> Sean no tenía ni pizca de razón. ¡Decirme a mí que soy una ambiciosa que sólo se preocupa de sí misma! No es cierto que sólo me preocupe de mí misma. No tiene ni idea de la cantidad de trabajo que tengo y no le importa en absoluto. Yo hasta arriba de trabajo y él sin pensar en otra cosa que en invitar a gente a casa. Sólo piensa en sí mismo y en divertirse. Debería haberle dicho que se estaba poniendo histérico otra vez. ¡Eso le hubiera hecho callar al instante!

Finalmente Jenny se durmió, pero por la mañana se despertó con los mismos pensamientos. Cuando empezó a ponerse tensa y a tener pensamientos cada vez más agresivos, se dio cuenta de lo que estaba ocurriendo: «Ya vuelvo a caer en lo mismo. Esto no me lleva a ninguna parte. Tengo que controlarlo». Se fue a correr por la orilla del río para aclarar las ideas y mejorar el humor. Al volver a casa, se puso a pensar una vez más en la discusión con Sean. Reconoció que había aspectos en los que él tenía razón; sin embargo, el tono acalorado que Sean había empleado en la discusión era exagerado. Jenny comprendió que su relación con Sean era muy importante para ella y no quería que esa discusión, o el modo en que ella pudiera reaccionar, la arruinara. Pensó en algunas cosas que deseaba decirle a Sean: que le quería, que lamentaba haberle disgustado con su comportamiento y que a ella le molestaba que él la acusara a gritos. Jenny sopesó las distintas reacciones que Sean podía tener ante esas declaraciones. Al cabo de un rato, se dio cuenta de que estaba pensando en lo desagradable e injusto que podía llegar a ser Sean cuando se enfadaba, y que eso la estaba irritando de nuevo. Le preocupaba que sus pensamientos y sentimientos la fueran arrastrando cada vez más hacia un terreno peligroso, de modo que decidió dedicarse a otra cosa durante un rato —a algo que le permitiera mantener la mente alejada de esos pensamientos— y reconsiderar más tarde lo que quería decirle a Sean. Después de llamar a una amiga en busca de apoyo moral, revisó la lista y decidió que estaba preparada para telefonear a Sean. No estaba de mal humor y tenía las ideas claras. Era capaz de decirle lo que quería —sin olvidar que le parecía que la reacción de Sean había sido excesiva— y también de escucharle con tranquilidad. Hicieron las paces por teléfono y quedaron para verse la noche del día siguiente.

El modo en que Jenny trató su discusión con Sean no empezó demasiado bien: Jenny no hacía más que alimentar su enfado y su aflicción con sus pensamientos sobre lo que él había dicho y sobre lo que ella debería haberle respondido. Si hubiera seguido por ese camino, probablemente sólo habría conseguido enfadarse todavía más y puede que le hubiera dicho a Sean cosas que a la larga habrían perjudicado la relación.

Pero Jenny supo manejar de un modo eficaz el conflicto porque usó unas cuantas estrategias que le permitieron romper las ataduras con que la sujetaban los pensamientos que provocaban su enfado, elevarse por encima de ellos y desarrollar un plan eficaz para superar su conflicto con Sean y evitar caer más adelante en nuevas cavilaciones. Así, para conseguir escapar de sus pensamientos, Jenny los dejó reposar. Para liberar su mente de los pensamientos negativos empleó una distracción saludable y activa: ir a correr. Se colocó luego a una cierta distancia, pasó por alto los detalles de lo que ambos habían dicho y se concentró en el objetivo principal: mantener su relación con Sean y pensar en modos de restablecerla. Y cuando empezó a caer de nuevo en su tendencia a pensar demasiado, Jenny se dio cuenta de ello y actuó con suficiente rapidez como para detener su caída huyendo de sus pensamientos y manteniéndose activa.

Las investigaciones que he llevado a cabo en los últimos veinte años han mostrado que un factor esencial para vivir saludablemente es no permitir que los sentimientos negativos gobiernen nuestras vidas y malogren nuestros esfuerzos. Los sentimientos negativos ejercen una gran influencia sobre nuestros pensamientos y comportamientos. Cuando estamos tristes, el acceso de nuestro cerebro a los pensamientos y recuerdos tristes es mayor, y es más probable que veamos el lado triste de las circunstancias que estamos viviendo. Actuamos más lentamente y nuestra motivación se debilita. Nos cuesta más concentrarnos, tomar decisiones y llevar a cabo una tarea. En resumen, cuando la tristeza se alimenta en lugar de controlarse, puede conducirnos hacia la desesperación, el odio a nosotras mismas y la inmovilidad.

De forma parecida, cuando estamos preocupadas, vemos amenazas con facilidad, incluso amenazas que en realidad puede que no existan, como la amenaza de un cáncer o de que nuestro marido nos vaya a ser infiel. Nuestra cabeza va de una cosa a otra y nos cuesta estar concentradas el tiempo suficiente para poder valorar lo que deberíamos hacer. Movemos con inquietud las piernas y los brazos, se nos revuelve el estómago, el corazón se nos acelera. Puede que actuemos impulsivamente o que, paralizadas por el miedo, no actuemos en absoluto. Cuando, en lugar de sobrellevar la preocupación, la alimentamos, podemos acabar en un estado de excitación crónica que agotará nuestro cuerpo y que nos hará incapaces de enfrentarnos incluso a situaciones poco complicadas.

Cuando pensamos demasiado mientras estamos tristes, preocupadas o enfadadas, nos fijamos en los pensamientos que ha generado nuestro estado de ánimo, les damos mil vueltas, nos los tomamos muy en serio y dejamos que influyan en nuestras decisiones. Las creencias negativas y las decisiones equivocadas que resultan de ello pueden arruinar nuestras vidas: pueden perjudicar nuestro bienestar mental, nuestra salud física y nuestra capacidad para funcionar en el día a día.

Sin embargo, liberarse de esos pensamientos que generan un efecto bola de nieve, que se van haciendo cada vez más grandes, y conseguir controlarlos es posible, y en la segunda parte de este libro describo algunas estrategias concretas para conseguirlo. He clasificado esas estrategias en varios grupos: estrategias iniciales que ayudan a las mujeres a dejar de pensar demasiado; estrategias que ayudan a elevarse por encima de esos pensamientos para poder pensar con más claridad y elegir mejor; y estrategias que ayudan a no volver a pensar demasiado en el futuro.

Las mujeres piensan demasiado sobre situaciones de todo tipo, entre las que se cuentan la muerte o las desgracias, la competencia y el éxito en el trabajo, el pasado, los conflictos con los demás y la satisfacción sexual y sentimental. En cada una de estas cuestiones nuestros pensamientos pueden ser muy convincentes porque atañen a preocupaciones que están en la base de la imagen que tenemos de nosotras mismas y de las relaciones importantes en nuestras vidas. A veces resulta difícil ver cómo o por qué deberíamos evitar esos pensamientos. Pero en todas esas situaciones pensar demasiado puede afectar a nuestra capacidad para sobrellevar las dificultades, puede perjudicar nuestra autoestima y contribuir a que tomemos decisiones poco aconsejables. La tercera parte de este libro se centra en estas y otras situaciones habituales en las que se piensa demasiado, así como en ideas y estrategias para superar esos pensamientos y poder lidiar más eficazmente con nuestras preocupaciones.

## ¿En qué consiste exactamente pensar demasiado?

Cuando pensamos demasiado, les damos vueltas y más vueltas a nuestros pensamientos y sentimientos negativos: los examinamos, los analizamos, los amasamos como lo haríamos con la masa del pan. Es posible que empecemos cavilando sobre algún conflicto que acabamos de tener con una amiga: «¿Cómo ha podido decirme eso?», pensamos. «¿Qué ha querido decir en realidad?» «¿Cómo debería reaccionar yo?» A veces respondemos con rapidez a esas preguntas —«Estaba de muy mal humor», «Ella es así con todo el mundo, no se lo tendré en cuenta» o «Le diré lo enfadada que estoy»— y seguimos con nuestras vidas.

Pero cuando el pensamiento excesivo nos atrapa esas preguntas no hacen más que generar más preguntas (es lo que yo llamo el *efecto levadura*): «¿Me conviene enfadarme con ella?», «¿Y si no soy capaz de hacerle frente?», «¿Qué va a pensar de mí?». Igual que la masa de pan, después de amasarla, acaba ocupando el doble de su volumen inicial, nuestros pensamientos negativos se expanden, crecen y acaban por apoderarse de todo el espacio de nuestras mentes. Al principio puede que esos pensamientos giren únicamente en torno a algún hecho específico, pero luego empiezan a ocuparse de otras vivencias o situaciones de nuestra vida y de las grandes preguntas que nos hacemos sobre nosotras mismas. Y, a medida que va pasando el tiempo, esos pensamientos se vuelven cada vez más negativos: «Si no soy capaz de manejar un conflicto como éste, ¿cómo puedo pensar que sería una buena directora para la empresa donde trabajo? Siempre dejo que me pasen por encima. Estoy harta, pero soy demasiado débil para evitarlo. Una vez perdí los estribos en el trabajo y quedé como una idiota. Mis padres nunca me enseñaron a controlarme cuando me enfado. Ellos tampoco sabían hacerlo».

Franny, una morenaza de 55 años, alta, delgada, divorciada e hija de inmigrantes italianos, suele ser víctima de ese efecto levadura. El pensamiento excesivo de Franny casi siempre empieza a propósito de su trabajo como diseñadora de jardines. Franny tiene muchos clientes adinerados y exigentes, y le preocupa mucho la posibilidad de que sus diseños no les satisfagan. Hace poco empezó uno de sus episodios de pensamiento excesivo más intensos dándole vueltas al trato que recientemente había mantenido con cierto cliente:

> No fui lo bastante persuasiva al vender mis ideas. Debería haber sido más contundente. Sus objeciones no eran más que sandeces. Cedí. Luego me dijo que mis ideas quizás eran «salvables». ¿Qué quería decir con eso? ¿Por qué no le pregunté lo que quería decir? ¡A veces soy tan parada!

Después de eso se puso a recordar el caso de algunos clientes que había tenido en el pasado y que habían rechazado sus proyectos:

> Como ese chico que dijo que mi proyecto era «aburrido». ¿Qué sabía él? ¿Cómo se lo pude consentir? Al final aceptó mi proyecto. Sólo estaba pavoneándose.

El número de clientes que han quedado encantados con sus proyectos supera con creces al de aquellos que los han rechazado, pero la mente de Franny siempre tiende a concentrarse en los malos recuerdos, no en los buenos. A menos que algo interrumpa sus divagaciones mentales, Franny acaba dándole vueltas a la relación que mantiene con su novio, Andrew, un atractivo inmigrante armenio. Andrew es el propietario de una cadena de restaurantes vegetarianos de lujo de muchísimo éxito y siempre está dispuesto a hacer alguna broma o algún comentario inteligente para entretener a sus clientes. Franny está locamente enamorada de Andrew, pero no deja nunca de preguntarse lo que Andrew en el fondo piensa de ella:

> Podría tener a la mujer que él quisiera —soltera o casada— porque es guapo, rico y totalmente cautivador. No entiendo cómo el fin de semana pasado fui capaz de hacer el ridículo de ese modo con él. Se suponía que teníamos que disfrutar de un día agradable, navegando. Pero me pasé con la bebida y dejé que me diera demasiado el sol. Debí de parecer una idiota tambaleándome de un lado para otro y farfullando al hablar; me puse en evidencia y le avergoncé delante de sus amigos.

Después de darle vueltas al tema de Andrew, Franny se puso a pensar en su atractivo sexual, su salud y su hijo de 20 años. Había factores positivos en estas áreas de su vida: su último examen médico había salido muy bien y la semana anterior había pasado una velada estupenda cenando con su hijo. Sin embargo, los pensamientos de Franny suelen concentrarse en cuestiones negativas: en que su madre tiene leucemia, en que hace un par de días no fue capaz de llegar al orgasmo con Andrew y en que le preocupa que su hijo beba demasiado. Franny acostumbra a pasar de un pensamiento a otro —todos ellos parecen estar conectados de algún modo—, pero nunca llega a una solución para sus preocupaciones. Este creciente pensamiento excesivo la hace sufrir y paraliza su vida. Si sigue así, Franny corre el riesgo de destruir su relación con Andrew y de perjudicar tanto su carrera profesional como su salud. Sin embargo, si Franny pone en práctica algunas de las estrategias básicas que Jenny siguió, podrá empezar a salir de este cenagal y mejorar su calidad de vida.

## Tipos de pensamiento excesivo

Hay tres tipos básicos de pensamiento excesivo. Algunas personas sólo incurren en un tipo; muchas de nosotras en ocasiones nos dejamos arrastrar por los tres:

1. *El pensamiento excesivo centrado en un sentimiento de afrenta* es el tipo más corriente y gira en torno a algo malo que creemos que nos han hecho. Cuando pensamos demasiado en este sentido solemos asumir un aire de rectitud moral afrentada y nos concentramos en diseñar un justo castigo que duela de verdad a los que nos han perjudicado:

> Rechazaron mi solicitud para el curso de posgrado. No puedo creerlo. Estoy más cualificada que la mayoría de la gente. ¡Seguro que dejan entrar a los hijos de sus ex alumnos aunque sus notas no sean tan buenas como las mías! He trabajado tanto y durante tanto tiempo para esto que me lo merezco. Esa gente no sabe lo que hace. O tienen prejuicios. ¡Voy a denunciar a esos cabrones!

Puede que tengamos razón y que las personas que nos han herido estén equivocadas. Pero este tipo de pensamiento excesivo suele pintar a los demás como si fueran terribles tunantes sin considerar «la otra versión de la historia», y a veces nos lleva a emprender acciones terribles para castigarlos que pueden volverse en nuestra contra, como, por ejemplo, ponerle a alguien un pleito caro y sin posibilidades de éxito, o recurrir a la violencia física.

2. *El pensamiento excesivo con vida propia* empieza inocentemente cuando nos damos cuenta de que estamos disgustados o cuando meditamos sobre un acontecimiento reciente. Entonces comenzamos a tomar en consideración los factores que pueden ser la causa de nuestros sentimientos:

> Puede que esté deprimida porque no tengo amigos. O tal vez sea porque este mes no he perdido ni un gramo. O quizá se debe a todo lo que me ha sucedido en el pasado. A lo mejor estoy enfadada porque siguen pasando por encima de mí en el trabajo. O puede que sea porque mi madre sigue haciéndome comentarios sarcásticos. O quizás es porque mi vida no está resultando ser tal como yo querría.

Cuando pensamos demasiado, todas esas posibilidades nos parecen muy probables. Aceptamos todas las explicaciones que generamos como igualmente verosímiles, especialmente las más dramáticas.

Desgraciadamente, pensar demasiado puede llevarnos a ver problemas que en realidad no existen, o al menos que no tienen la envergadura que nuestros pensamientos les atribuyen: es como si esos problemas adquirieran vida propia. Además, el pensamiento excesivo también puede hacer que tomemos decisiones equivocadas respecto a esos presuntos problemas. Nos enfrentamos con los demás, decidimos abandonar nuestro trabajo o los estudios, o dejamos de salir como respuesta a nuestro deteriorado estado de ánimo y a nuestras preocupaciones exageradas.

3. *El pensamiento excesivo caótico* hace su aparición cuando nuestra mente, en lugar de moverse en línea recta de un problema a otro, se ve invadida al mismo tiempo por todo tipo de preocupaciones, la mayoría sin relación alguna entre ellas:

> No puedo hacer frente a la presión que representa mi trabajo. Estoy totalmente abrumada. Estoy haciendo un trabajo pésimo y merezco que me despidan. La semana que viene Joe tiene que irse de viaje de negocios otra vez. Va a demasiados viajes de negocios y me deja aquí sola con los niños. Se preocupa más de su trabajo que de su familia. Pero no puedo enfrentarme a él porque no puedo afrontar la posibilidad de que se vaya para siempre porque ya no me quiera. Soy un desastre. Soy un completo desastre y no sé qué hacer.

Pensar demasiado de un modo caótico puede ser especialmente inmovilizador, porque no nos permite identificar con claridad lo que sentimos o pensamos: estamos totalmente abrumadas por sentimientos y pensamientos que nos desorientan y que a menudo nos llevan a encerrarnos en nosotras mismas o a huir. Las personas que responden al pensamiento excesivo tomando alcohol o drogas están a veces intentando ahogar sus pensamientos enmarañados porque no consiguen concentrar su atención en ninguna de las preocupaciones que configuran ese enredo de pensamientos.

## Evalúa tu tendencia a pensar demasiado

En muchas de mis investigaciones he empleado una breve prueba para evaluar la tendencia de las personas a pensar demasiado y a quedarse atrapadas en un círculo de negatividad. Quizá quieras hacer la prueba para determinar tu tendencia a pensar demasiado.

Cuando estás disgustada —triste, deprimida, nerviosa—, ¿cómo sueles reaccionar? Para cada una de las posibles respuestas que aparecen a continuación, determina si, cuando estás disgustada, reaccionas de acuerdo con esa respuesta «nunca o casi nunca», «de vez en cuando», «a menudo» o «siempre o casi siempre». Por favor, examina lo que sueles hacer cuando estás disgustada, no lo que crees que deberías hacer.

1. Pienso en lo sola que me siento.
2. Pienso en que me siento cansada y dolorida.
3. Pienso en lo mucho que me cuesta concentrarme.
4. Pienso en que me siento inactiva y desmotivada.
5. Pienso: «¿Por qué no puedo ponerme en marcha?».
6. Le doy vueltas y más vueltas a una situación reciente con el deseo de que hubiera ido mejor.
7. Pienso en lo triste y angustiada que me siento.
8. Pienso en todos mis defectos, fracasos, culpas y errores.
9. Pienso en por qué no me siento capaz de hacer nada.
10. Pienso: «¿Por qué no me las arreglo mejor?».

Si has respondido «nunca o casi nunca» a todas ellas, o «de vez en cuando» sólo a unas pocas, ¡felicidades! Has desarrollado estrategias excelentes en tu propia lucha contra el pensamiento excesivo. Si has respondido «a menudo» o «siempre» a varias de las preguntas (no sólo unas pocas), puede que seas propensa a preocuparte por tus sentimientos y por tu vida en lugar de lidiar de un modo eficaz con tu vida emocional.

## Lo que no es pensamiento excesivo

La gente a menudo confunde el pensamiento excesivo con la simple preocupación. Preocuparse tiene que ver con los «y si» de la vida —anticipaciones de lo que podría ocurrir—: ¿y si no digo lo correcto?, ¿y si no me va bien en la universidad?, ¿y si quedamos y la cosa sale mal? Las personas que se preocupan gastan mucha energía considerando con anticipación todo lo que puede ir mal, pensando en lo que deberían hacer, pero preocupándose por si no pueden hacerlo.

Los que piensan demasiado se preocupan enormemente, pero hacen mucho más que eso. Cuando pensamos demasiado nos centramos casi siempre no en cosas que podrían suceder en el futuro, sino en cosas que han sucedido en el pasado: acontecimientos que han ocurrido, cosas que hemos hecho, situaciones que desearíamos que hubieran sido diferentes. Los que simplemente se preocupan se preguntan si va a suceder algo malo, pero cuando pensamos demasiado acabamos estando completamente seguros de que algo malo ya ha ocurrido. Al cabo de un rato, tenemos la certeza absoluta de que nos hemos quedado atrapados para siempre en un empleo mediocre, de que nuestro matrimonio hace aguas, de que en realidad nuestros amigos no nos soportan, o de que no somos la persona que deberíamos ser.

El pensamiento excesivo tampoco es un trastorno obsesivo compulsivo (TOC). Cuando alguien padece TOC tiene pensamientos obsesivos, pero se trata de pensamientos que suelen centrarse en situaciones o acontecimientos que no tienen que ver con esa persona y los vive como algo ajeno y no deseado, como sucede con los pensamientos sobre gérmenes. Una persona con TOC, por ejemplo, puede pensar que todo lo que toca está contaminado con microbios, bacterias o suciedad. En ese caso hará lo que sea para evitar tocar las cosas con las manos desnudas. Puede que se lave las manos cientos de veces al día, pero por muchas veces que se las lave no consigue sobreponerse al pensamiento de que sus manos están sucias y contaminadas. Las dudas de las personas con TOC giran en torno a acciones concretas que han realizado o que deberían haber realizado: «¿He apagado el fuego de la cocina?», «¿He cerrado la ventana?», «Sin darme cuenta ¿he atropellado a alguien accidentalmente con el coche?». Estas dudas parecen extrañas para las personas que no padecen TOC. Por supuesto que no han atropellado a alguien accidentalmente sin darse cuenta. Sí, han cerrado la ventana y, de hecho, han comprobado que estuviera cerrada unas diez veces. Éstos son pensamientos que las personas sin TOC —incluidas las que piensan demasiado— mitigan fácilmente. Pero evitar esas dudas y otros pensamientos obsesivos que a los demás nos parecen trivialidades es justamente uno de los problemas básicos de las personas con TOC.

Y, para acabar, pensar demasiado no es lo mismo que «profundizar». Cuando hablo con la gente del pensamiento excesivo suelen decirme: «¿No es conveniente estar en contacto con nuestros sentimientos y reflexionar en profundidad sobre las cuestiones que hay detrás de esos sentimientos? ¿No son las personas que no piensan demasiado gente superficial que no se enfrenta nunca a sus problemas y a su pasado?».

En ocasiones, nuestros sentimientos negativos nos proporcionan algunas pistas sobre las preocupaciones que no afrontamos. Una parte importante de las investigaciones que se han llevado a cabo durante años han mostrado que las personas que bloquean crónicamente sus sentimientos y pensamientos negativos —un proceso que suele llamarse represión— pueden sufrir consecuencias negativas, especialmente para su bienestar físico. La represión crónica se ha asociado con la hipertensión y las enfermedades del corazón, y posiblemente con los trastornos del sistema inmunológico. Un antídoto para la represión es tomarnos nuestros sentimientos negativos seriamente, como posibles indicios de conflictos que no estamos tratando con eficacia. Este tipo de examen interno es saludable y puede ayudarnos a llevar una vida mucho más satisfactoria.

Pero los sentimientos negativos no siempre nos llevan a nuestras preocupaciones verdaderas y más profundas. En lugar de dejarnos ver el mundo a través de un cristal transparente, los sentimientos negativos colocan ante nuestros ojos una lente que nos proporciona una visión restringida y distorsionada del mundo —lo que yo he llamado el *efecto de lente distorsionadora,* característico del pensamiento excesivo—. Miramos a través de esa lente y, en lugar de ver la realidad de nuestro pasado o nuestro presente, no vemos más que lo que nuestro estado de ánimo negativo quiere que veamos: los acontecimientos negativos de nuestro pasado, los aspectos negativos de nuestra situación actual, las cosas que podrían irnos mal en el futuro. «¡Fíjate en este acontecimiento desagradable! —le dice nuestro estado de ánimo negativo a nuestro cerebro—, ¡y en esta situación tan triste! ¡Pero *no* mires ahí, hacia la parte positiva de la situación!» Con palabras de Sandy, una arisca camarera de Brooklyn de 50 años:

> Tan pronto como mi humor empieza a venirse abajo, me doy cuenta de algunas cosas —mi cerebro va directo a ellas— y pienso en cuánto me

gustaría tener más amigos y más gente alrededor que estuviera dispuesta a apoyarme. Cuando me siento bien, no suelo pensar en todo eso.

Cuando pensamos demasiado, miramos a través de las lentes distorsionadoras de nuestro estado de ánimo negativo y seguimos los senderos iluminados que hay en nuestro cerebro y que conducen a los nodos negativos. Todos esos senderos están interconectados por nuestro estado de ánimo negativo, de modo que cuando abandonamos uno de los nodos negativos enseguida tomamos un nuevo sendero que nos conduce hacia otro nodo negativo. Empezamos dándole vueltas a la pelea que tuvimos con nuestro hijo y eso nos lleva a pensar en lo irascibles que somos y en nuestra incapacidad para contenernos. Luego pensamos en lo irascible que era nuestro padre y evaluamos nuestra infancia como una época inestable. Relacionamos entonces nuestra infancia inestable con la inestabilidad de nuestra carrera profesional y, al pensar en nuestra carrera profesional, nos viene a la cabeza la retahíla de jefes incompetentes que hemos tenido. Al cabo de nada ya hemos acumulado una carretada de recuerdos, pensamientos y expectativas negativos sobre los que reflexionar. Puede incluso que tomemos decisiones nefastas basándonos en esos pensamientos negativos.

Por lo tanto, así es: las personas con el hábito de pensar demasiado piensan en los grandes temas —el significado de sus vidas, su valor como personas, el futuro de sus relaciones—. Sin embargo, su estado de ánimo negativo puede teñir la calidad de sus pensamientos hasta tal punto que acaban teniendo una visión totalmente distorsionada de esos grandes temas.

En cambio, cuando aprendemos a reconocer cuándo estamos pensando demasiado y a desarrollar estrategias para superar ese pensamiento excesivo, nuestras mentes se liberan y pueden así considerar esos grandes temas de un modo más útil y eficaz.

## Los principales efectos del pensamiento excesivo

Mis conclusiones sobre el pensamiento excesivo se desprenden de muchas de las investigaciones que he llevado a cabo a lo largo de los últimos veinte años examinando a personas de estilos de vida muy diferentes. Estas investigaciones han mostrado que pensar demasiado:

- Hace la vida más difícil: las tensiones a las que nos enfrentamos nos parecen mayores, es menos probable que encontremos buenas soluciones a nuestros problemas y es más probable que nuestras reacciones ante las tensiones sean más vehementes y duraderas.
- Perjudica nuestras relaciones: a veces las personas que nos rodean se molestan, o incluso nos abandonan, y nos resulta muy difícil entender lo que debemos hacer para que nuestras relaciones vayan mejor.
- Puede incluso contribuir a provocar trastornos mentales serios como la depresión, la ansiedad y el abuso del alcohol.

La gran repercusión que el pensamiento excesivo tiene en el modo en que la gente reacciona ante un acontecimiento traumático se hizo evidente en una de mis primeras investigaciones, que realicé cuando era profesora en la Universidad de Stanford. Tal vez recuerdes el terremoto de la World Series: el terremoto de fuerza 7,1 que sacudió el Área de la Bahía de San Francisco en octubre de 1989, justo cuando se estaba jugando el partido de la World Series entre los Oakland A's y los San Francisco Giants. Este terremoto fue el más grande que había vivido el norte de California desde que el de 1906 arrasara San Francisco. En el Área de la Bahía murieron 62 personas, 3.757 resultaron heridas y 12.000 se quedaron sin casa. Más de 18.000 casas y 2.575 establecimientos quedaron afectados. En la ciudad de Oakland, un tramo elevado de una importante autopista se desplomó sobre otra autopista y mucha gente murió. En el distrito Marina de San Francisco se produjo un incendio que duró muchas horas. Una parte del puente de la bahía, la principal conexión entre San Francisco y la bahía este, se derrumbó, de modo que el puente quedó inutilizable.

Ese terremoto era un material de primera para las cavilaciones. Hacía semanas que los medios de comunicación estaban saturados con imágenes de las casas en llamas del distrito Marina, de gente herida por las calles de la ciudad la noche del terremoto, de coches que estuvieron a punto de caer a la bahía de San Francisco cuando se desplomó el puente, y reportajes de edificios que se habían derrumbado inesperadamente encima de gente días después del terremoto. Casi todo el mundo tenía su propia historia de cómo les había afectado: algunas personas habían resultado heridas o sus casas y pertenencias habían sido gravemente dañadas, otras tenían familiares o amigos que habían resultado heridos, o cuyas pertenencias habían sufrido daños.

Afortunadamente, unos días antes de que se produjera el terremoto, yo había entregado una versión de mi cuestionario sobre el pensamiento excesivo y otra de un cuestionario para medir la depresión y la ansiedad a unos doscientos estudiantes de Stanford. Jannay Morrow, la estudiante de posgrado que por aquel entonces tenía como ayudante, y yo caímos enseguida en la cuenta de que podíamos volver a contactar con esos estudiantes y examinar si sus respuestas a nuestras preguntas sobre el pensamiento excesivo anticipaban sus respuestas emocionales al terremoto.

Unos diez días después de aquel terremoto pudimos localizar a 137 de los estudiantes que habían rellenado esos cuestionarios antes del terremoto y les hicimos rellenar otro cuestionario sobre la depresión. También les hicimos preguntas a propósito de sus experiencias en relación con el terremoto: ¿resultaron heridos o sufrieron pérdidas económicas?, ¿tenían familiares o amigos que resultaron heridos o que sufrieron pérdidas económicas? Pensamos que los estudiantes que hubieran estado sometidos a más tensión como consecuencia del terremoto tendrían más razones para estar deprimidos, de modo que era preciso que supiéramos cuáles eran esas tensiones. En diciembre, siete semanas después del terremoto, volvimos a contactar con esos estudiantes para ver si los que tenían tendencia a pensar demasiado estaban todavía más deprimidos que los que no la tenían.

De hecho, el pensamiento excesivo crónico anunciaba tanto las reacciones de tipo depresivo ante el terremoto que se producían a corto plazo como las que se manifestaban después de un período de tiempo más largo.[2] Los estudiantes que solían pensar demasiado antes del terremoto tenían una probabilidad más alta de deprimirse tanto diez días como siete semanas después de que se hubiera producido el terremoto, independientemente de lo deprimidos que hubieran estado antes del terremoto o de la tensión que éste hubiera supuesto para ellos. Además, los estudiantes que tenían el hábito a pensar demasiado mostraban más síntomas de trastornos de tensión postraumática: ansiedad, sensación de entumecimiento y estado de alerta continuo.

2. S. Nolen-Hoeksema y J. Morrow, «A Prospective Study of Depression and Post-Traumatic Stress Symptoms Following a Natural Disaster: The 1989 Loma Prieta Earthquake», *Journal of Personality and Social Psychology*, nº 61, 1991, págs. 115-121.

Jill, una chica de origen asiático de 18 años, menuda y delgada como un fideo, era una de esas estudiantes con tendencia a pensar demasiado. El día del terremoto estaba con una compañera en la habitación que compartían en la residencia. Las dos chicas charlaban animadamente de los próximos exámenes parciales y de su profesor de química, que tenía fama de «deshacerse» de los estudiantes en el primer examen. En realidad su habitación era uno de los lugares más seguros del campus, porque el edificio de la residencia había sido reforzado para resistir terremotos de fuerza 8,0. A pesar de ello, la tarde del terremoto la residencia se balanceó y tembló como todo lo que había en el Área de la Bahía. Era el segundo año que Jill estudiaba en Stanford y había crecido en Los Ángeles, de modo que estaba bastante acostumbrada a los terremotos. Sin embargo, eso no hizo más que alimentar sus cavilaciones después de la catástrofe:

> ¿Por qué no soy capaz de reponerme de este terremoto? Por Dios, ¡no es la primera vez que paso por esta experiencia! Sin embargo, éste no puedo sacármelo de la cabeza. No dejo de revivir los momentos en los que el suelo temblaba bajo mis pies. La estantería de la habitación se desplomó casi encima de mi compañera y yo me limité a quedarme ahí plantada gritando. Ella podía haber muerto y yo no hice nada. Debería haber sabido qué hacer. En primer lugar, debería haberme asegurado de que esa estantería estuviera bien fijada a la pared: ¡mis padres me han estado hablando de la seguridad en los terremotos durante toda mi vida! ¿Qué es lo que me pasa?

En cambio, Leila, la compañera de cuarto de Jill, no tenía tendencia a pensar demasiado. Leila era de Colorado y a lo largo de toda su vida sólo había pasado por dos terremotos muy suaves que habían tenido lugar el año en que Leila había estado en Stanford. Cuando empezó ese terremoto, los ojos castaño claro de Leila se hicieron tan grandes como dos compact discs. Con la intención de resguardarse, se apresuró a arrastrar su delgado cuerpo de metro y medio hasta una esquina de la habitación milésimas de segundo antes de que la estantería cayera encima de la cama en la que había estado sentada hasta entonces. En el momento en que el terremoto cesó, Leila estaba asustada, sin habla, y luego, como todas las demás chicas de la residencia, no dejó de hablar del terremoto durante toda la noche y los días siguientes. Al cabo de una semana, no obstante, Leila ya estaba harta de hablar de ese desastre y lo único que quería era que todo volviera a la normalidad. Los exámenes parciales se habían aplazado a raíz de este suceso y Leila estaba molesta; el día del terremoto estaba lista para hacer el examen de química y ahora tenía que volver a repasarlo todo.

Pero, sobre todo, Leila estaba cansada de que Jill no hablara más que del terremoto y de sus sentimientos sobre el trauma que había vivido. Al parecer, Jill no podía olvidarlo. Seguía regañándose por no haber fijado mejor esa estantería a la pared y disculpándose con Leila por «casi haberla matado». Leila le aseguraba que no la hacía responsable del incidente de la estantería, que estaba bien, y que Jill también lo estaría. Pero Jill no podía dejar de darle vueltas, no podía dejar de pensar demasiado. Al cabo de tres semanas, Leila estaba tan harta de los desahogos de Jill sobre el terremoto que perdió los estribos y le dijo que madurara y que lo superara de una vez. Como es natural, esto ofendió profundamente a Jill. Acusó a Leila de que no le importaba ni ella ni ninguna de las personas que habían resultado heridas o que se habían quedado sin casa, y a las que Jill solía dedicar sus pensamientos. Después de oír algunas ásperas palabras más, Leila salió de la habitación como un huracán y esa noche no volvió. Las dos estudiantes de segundo año siguieron viviendo juntas lo que quedaba del semestre, pero no volvieron a dirigirse la palabra, y en enero Jill se mudó a otra habitación.

La experiencia de Jill y Leila es un ejemplo de cómo las personas que tienen el hábito de pensar demasiado y las que no lo tienen reaccionan ante una misma situación de un modo muy distinto, y de lo difícil que puede resultarles llevarse bien. Las personas que no piensan demasiado no entienden por qué las que sí lo hacen no «dan el tema por zanjado», por qué no abandonan sus preocupaciones y fijaciones y pasan a otra cosa. Las personas que acostumbran a pensar demasiado pueden sentirse incomprendidas por las que no lo hacen, que les parecen poco comprensivas, insensibles, e incluso superficiales.

## El pensamiento excesivo y los afligidos

Cuando se muere un ser querido, es normal que nos deprimamos, arrastrados por la pena y el dolor. Sin embargo, las depresiones profundas que duran todavía meses e incluso años después de la pérdida pueden destrozar la vida de una persona. En mi *Bereavement Coping Project* quedaba claro que las personas con el hábito de pensar demasiado tienen más probabilidades de sufrir depresiones profundas y duraderas después de la pérdida de un ser querido. Además, les cuesta más responder a las preguntas que surgen después de una pérdida, como por ejemplo: «¿Por qué tiene que pasarme esto a mí?». Realicé este proyecto junto con la doctora Judith Larson, terapeuta especializada en aconsejar y formar a las personas para que consigan sobrellevar el duelo.[3]

A lo largo de cinco años, Judi, yo y nuestro grupo de entrevistadores hablamos casi con quinientas personas, todas ellas familiares o amigos de víctimas de alguna enfermedad mortal —en su mayoría de cáncer, aunque también había casos de sida y de enfermedades graves del corazón—. La diversidad de experiencias de las que nos hablaron nos dejó asombrados. Hablamos con mujeres y hombres mayores cuyos maridos y esposas habían muerto víctimas de alguna enfermedad, y que intentaban reconstruir su vida sin la persona con la que la habían compartido durante los últimos cincuenta años o más. Hablamos también con personas jóvenes que habían perdido a su padre, a su madre o a alguno de sus hermanos, y cuyos amigos y compañeros de trabajo no entendían por qué al cabo de un par de meses todavía no «se habían repuesto» de esa pérdida. Hablamos con gente que había abandonado empleos muy lucrativos para cuidar de un amigo moribundo durante sus últimos días de vida. Oímos historias conmovedoras de madres que habían venido de Iowa, Nueva Jersey o Carolina del Sur para cuidar de sus hijos ya adultos que estaban muriendo de sida.

Aprendimos muchísimo de todas esas personas. Aprendimos que el pensamiento excesivo es especialmente nocivo cuando se ha producido la pérdida de un ser querido. Las personas con tendencia a pensar demasiado mostraban más síntomas de depresión cuando es-

3. S. Nolen-Hoeksema y J. Larson, *Coping with Loss*, Mahwah, N. J., Erlbaum, 1999.

taban cuidando del ser querido afectado por la enfermedad, poco después de la muerte de éste y a lo largo de los dieciocho meses posteriores, período durante el cual realizamos nuestro seguimiento. Y no se trataba sólo de las punzadas de dolor que casi todos sentimos cuando estamos de duelo. Casi el 45% de las personas que pensaban demasiado, poco después de la pérdida, tenía síntomas de depresión lo bastante graves como para que pudiera diagnosticárseles un trastorno de depresión profunda, uno de los tipos de depresión más serios. En cambio, las personas que no eran propensas a pensar demasiado generalmente presentaban síntomas parecidos a los de la depresión durante los meses próximos a la pérdida o incluso un año y medio más tarde, pero en la mayoría de los casos esos síntomas no eran nunca abrumadores ni solían durar mucho más.

El pensamiento excesivo casi mató a Karen, una fisioterapeuta de 47 años cuya hermana, Amanda, había muerto víctima de un cáncer de mama cuando estábamos llevando a cabo nuestro estudio. Nadie hubiera dicho que eran hermanas: Karen era alta, rubia y de aspecto atlético, mientras que Amanda era morena, más bajita, más rellenita, y diez años mayor. Pero Karen y Amanda sentían devoción la una por la otra. Amanda había asumido muchas responsabilidades durante la infancia de Karen, en gran parte porque sus padres bebían mucho y, unas cuantas noches a la semana, abandonaban a sus hijas por el alcohol. De mayores, Karen y Amanda se apoyaban la una a la otra tanto práctica como emocionalmente, y pasaban juntas tanto tiempo como sus empleos y sus obligaciones familiares les permitían.

Cuando a Amanda le diagnosticaron un cáncer de mama, las dos hermanas se prometieron mantener el optimismo y combatir juntas la enfermedad. Sin embargo, cuando Karen no estaba con Amanda, se preocupaba y le daba vueltas y más vueltas al tema, no podía dormir, se saltaba comidas y cada vez estaba más deprimida.

> ¿Qué voy a hacer si Amanda muere? No puedo vivir sin ella. ¿Por qué no he sido yo la que enfermara de cáncer? ¿Por qué Dios nos hace esto? Ya hemos sufrido bastante. No puedo soportarlo. No sé si puedo vivir sin ella.

Desgraciadamente, los mejores médicos y los mejores tratamientos de la Costa Oeste no pudieron salvar a Amanda. Cuando se puso en manos de los médicos, el cáncer ya se había extendido demasiado y, a pesar de que el tratamiento fue muy agresivo, la enfermedad siguió extendiéndose a toda velocidad. Aproximadamente un año después del diagnóstico, Amanda murió.

Tal como les sucede a tantas de las personas que pierden a un ser querido, Karen se quedó conmocionada cuando Amanda murió. Se encerró en su casa durante días, sin comer casi nada, y, cuando su marido intentaba hablar con ella, prácticamente ni le respondía. Cuando la conmoción poco a poco fue pasando, el dolor de la pérdida se incrementó y el pensamiento excesivo de Karen se volvió más virulento. Rememoraba cada una de las conversaciones que había mantenido con los médicos de Amanda: revisaba una y otra vez lo que ellos y ella habían dicho y se preguntaba si los médicos habían hecho todo lo posible para salvar a su hermana. Karen se reprochaba no haber buscado tratamientos alternativos —como los tratamientos experimentales que se realizaban en la universidad— que quizás habrían podido ayudar a Amanda. Seguro que había algo en alguna parte, algún medicamento o alguna técnica quirúrgica nueva que al menos habría podido alargarle la vida.

El marido de Karen hacía todo lo que podía para apoyarla. La escuchaba cuando hablaba durante horas de Amanda y de los momentos estupendos que habían vivido juntas durante todos esos años. Reaccionaba con dulzura cuando Karen se fustigaba rememorando algo que creía haber hecho mal en su relación con Amanda, e intentaba ayudarla a entender que había hecho todo lo que estaba en su mano y que había sido una muy buena hermana. Su marido asumió las tareas de la casa y se encargó también de los niños para que Karen tuviese más tiempo para ella y para ir a visitar la tumba de Amanda. Sin embargo, a medida que los meses iban pasando y Karen, en lugar de mejorar, se mostraba cada vez más deprimida y más absorta en sus pensamientos sobre Amanda, su marido se iba impacientando.

Una mañana, mientras se estaba duchando antes de ir a visitar la tumba de Amanda, Karen, sin darse cuenta, se rozó el pecho derecho con la mano. Una oleada de terror le atravesó el cuerpo y la mente cuando tuvo la sensación de que había tocado un bultito con los dedos. Karen empezó a examinarse el pecho palpándoselo e intentando determinar si lo que había notado era realmente un bulto o no era más que algo propio del mismo tejido del pecho. Pero no estaba segura.

¿Era un bulto? ¿Tenía cáncer de mama, como Amanda? Los pensamientos de Karen empezaron a fluir a toda velocidad:

> No podré aguantar que me sometan a los tratamientos que soportó Amanda. ¿Y para qué, si acabas muriendo de todos modos? No puedo soportar la idea de consumirme de sufrimiento como ella. No puedo permitir que mi marido y mis hijos pasen por esto.

Desde la muerte de Amanda, a Karen le había pasado por la cabeza más de una vez acabar con su vida, pero nunca había llegado a considerar seriamente llevarlo a la práctica. Ahora su mente no hacía más que darle vueltas al pensamiento de acabar con su vida antes de que el cáncer lo hiciera, y antes de que ella y su familia tuvieran que soportar meses de tratamientos que culminarían con la muerte. Karen sabía que lo sensato era ir al médico para que le examinase ese bulto, pero creía que a partir del momento en que le diagnosticaran el cáncer perdería el control de su vida. Estaría a merced de los médicos, las pruebas y los hospitales. Y eso sería insoportable. Cuando estaba a punto de salir de la ducha, Karen ya se había autoconvencido de que tenía cáncer de mama y de que iba a morir. También estaba convencida de que iba a suicidarse.

Afortunadamente, cuando Karen ya estaba saliendo de la ducha, su marido entró en el cuarto de baño. Cuando Karen le vio, se echó a llorar. Su marido consiguió que le dijera por qué lloraba, e inmediatamente telefoneó al médico. En menos de veinticuatro horas la habían examinado y le habían hecho una biopsia, y no encontraron indicios de cáncer de mama.

Karen tuvo suerte de que, casualmente, su marido interviniera. Si Karen hubiera continuado pensando demasiado, quizás habría acabado poniendo en práctica su idea de suicidarse. Aunque no se llegue al suicidio, el pensamiento excesivo puede contribuir a que nuestras reacciones ante la pena y el dolor de una pérdida sean tan drásticas y prolongadas en el tiempo que perjudiquen seriamente nuestra salud y nuestro bienestar.

El *Bereavement Coping Project* proporcionó también pruebas convincentes de que pensar demasiado puede perjudicar seriamente nuestras relaciones. El psicólogo Christopher Davis, de la Universidad de Carleton, y yo estudiamos cómo las relaciones que mantenían con sus seres más queridos, tanto en el caso de personas que pensaban demasiado como en el de las que no lo hacían, iban cambiando a lo largo de los dieciocho meses siguientes a una pérdida.[4] De hecho, las personas que pensaban demasiado recurrían más a los demás en busca de apoyo y ánimo que aquellos que no tenían la tendencia a pensar demasiado. Al fin y al cabo, tenían un montón de cosas en la cabeza, como Karen, y querían compartir sus pensamientos y sus sentimientos con los demás. Sin embargo, el problema de nuestra sociedad es que tenemos normas muy tajantes respecto al período de tiempo durante el que es lícito que expresemos nuestro dolor y respecto a la cantidad de veces que es aceptable que hablemos de ello, y estas normas no son generosas ni realistas con las personas afligidas por la muerte de algún ser querido. A las personas que piensan demasiado, cuyos pensamientos y sentimientos sobre esa pérdida se prolongan durante más tiempo que los de los demás, el reloj social para «rehacerse» de la pérdida les resulta realmente duro. Cuando una persona que tiene el hábito de pensar demasiado sigue hablando de su pérdida, la gente se cansa, incluso se molesta. Tal vez se limiten a retirarse, pero, si no pueden hacerlo, es posible que pierdan los estribos y acaben por comunicarle su enfadado y su frustración en lugar de mostrarse solidarios y preocupados. Laura, una mujer de 36 años cuyo padre había fallecido y cuya madre se estaba consumiendo, víctima de una enfermedad prolongada, decía:

> Creo que la tensión que esto representa para un matrimonio es muy grande. Mi marido no sabe lo que es que alguno de tus padres fallezca, ni tampoco que caiga enfermo, de modo que no es especialmente compasivo. No tiene la más remota idea. Me dice: «Bueno, ya han pasado seis meses. Ya deberías haberlo superado». Durante ese tiempo me sentí bastante poco valorada.[5]

En nuestro estudio descubrimos que, después de la pérdida del ser querido, las personas que pensaban demasiado recibían considerablemente menos apoyo emocional de los demás que las que no pensaban

4. S. Nolen Hoeksema y C. G. Davis, «Thanks for Sharing That: Ruminators and Their Social Support Networks», *Journal of Personality and Social Psychology*, nº 77, 1999, págs. 801-814.

5. Nolen-Hoeksema y Larson, *op. cit.*, pág. 87.

demasiado. Además, las personas que pensaban demasiado manifestaban tener más «fricciones sociales»: verdaderos conflictos con los amigos y familiares. El marido de Karen, al ver que ella, después de meses, continuaba dándole vueltas a la muerte de Amanda y seguía sin superar su depresión, se fue impacientando cada vez más. Hay familiares y amigos que son bastante más duros y acaban burlándose del afligido que piensa demasiado y abandonándolo.

Es posible que te digas: «Bueno, no me extraña que esas personas estuvieran disgustadas y que pensaran demasiado. Sus amigos y familiares eran muy desagradables con ellas». En nuestro estudio descubrimos que sufrir mucha fricción social y contar con un apoyo emocional demasiado pobre alienta el pensamiento excesivo: las personas que reciben poco apoyo de los demás, con el tiempo, acaban pensando demasiado todavía más. No obstante, el pensamiento excesivo también fomenta las fricciones sociales y que los demás dejen de apoyarnos a medida que va pasando el tiempo.

## La otra maldición de las mujeres

Hay una clara diferencia entre la salud mental de las mujeres y la de los hombres. La probabilidad de caer en una depresión, ya sea leve o profunda, es en las mujeres el doble que en los hombres. Esta proporción de dos a uno se ha encontrado en muchos de los estudios que se han realizado en Estados Unidos y en Europa, y en la mayoría de las civilizaciones del mundo.

Tan pronto como tenemos conocimiento de este hecho, empezamos a buscar explicaciones que lo justifiquen, como probablemente hayas hecho también tú. Hay gente que dice que las responsables de tantas depresiones son las hormonas femeninas. También hay quien dice que la explicación está en la falta de poder que la mujer tiene en nuestra sociedad. E incluso se afirma que eso tiene que ver con las personalidades de las mujeres.

Me he dedicado a estudiar las causas de las depresiones de las mujeres durante más de veinte años, y hay una cosa de la que estoy segura: no hay una razón única por la que las mujeres sean más propensas a deprimirse que los hombres. De hecho, hay *demasiadas* razones. Es la combinación de muchos y variados factores biológicos, sociales y psicológicos lo que hace que, en las mujeres, caer en una depresión sea doblemente probable que en los hombres.

Pensar demasiado es uno de esos factores. Esto se hizo evidente en mi estudio *Women and Depresion*, que reunía las entrevistas realizadas a unas 1.300 personas, mujeres y hombres de profesiones y niveles económicos diversos y de edades comprendidas entre los 25 y los 75 años. Esas personas fueron elegidas al azar entre la población del Área de la Bahía de San Francisco y se las invitó a participar en nuestro estudio. Les hicimos todo tipo de preguntas: relacionadas con su trabajo y su matrimonio, con las experiencias traumáticas que habían vivido, con su historial médico, e incluso con su modo de ver la vida. Por supuesto, también les preguntamos por su tendencia a pensar demasiado.

En nuestro estudio observamos que las mujeres tenían más tendencia que los hombres a reconocer que pensaban demasiado cuando estaban deprimidas, tristes o angustiadas,[6] y también que se deprimían

6. Para más información sobre este estudio véase S. Nolen Hoeksema, J. Larson y C. Grayson, «Explaining the Gender Differences in Depressive Symptoms», *Journal of Personality and Social Psychology*, nº 77, 1999, págs. 1.061-1.072.

Se podría pensar que lo que sucede es que las mujeres están más dispuestas que los hombres a admitir que piensan demasiado porque no está tan mal visto que una mujer lo haga. Sin embargo, un estudio que dirigí con Lisa Butler, que era entonces una estudiante de Stanford, nos hizo estar más seguras de que no se trataba sólo de eso. Pedimos a un grupo de 54 mujeres y hombres que no padecían depresión ni ningún otro problema psicológico –se trataba simplemente de gente corriente que se había prestado a participar en un experimento psicológico– que leyeran una historia extremadamente triste mientras de fondo sonaba música también triste. Sabíamos, gracias a estudios anteriores, que ésa era una manera efectiva de poner a la gente en un estado de ánimo temporal de tristeza y así sucedió también esa vez. Los participantes consideraron que se sentían mucho más tristes, melancólicos o deprimidos después de leer la historia.

Les dimos entonces la posibilidad de escoger entre dos tareas distintas, diciéndoles que solamente les quedaba tiempo para hacer una de ellas. En realidad, lo que nos interesaba era observar qué tarea elegían una vez que se encontraban en un estado de ánimo tan triste. Una de las tareas consistía esencialmente en pensar demasiado: debían concentrarse en lo que sentían y en cómo iban sus vidas. La otra no tenía mucho que ver con pensar demasiado: se trataba de separar los países del mundo según su situación geográfica. Explicamos las dos tareas a los participantes en el estudio y observamos qué escogían. El 92% de las mujeres escogió la tarea de pensar demasiado, mientras que sólo el 8% optó por no pensar demasiado en su tristeza. En cambio, menos de la mitad de los hombres (el 46%) escogió la tarea de pensar demasiado, y la mayoría de ellos evitó la cavilación haciendo la otra tarea. Los resultados de este estudio nos hicieron estar más seguras de que las mujeres se concentran más que los hombres en sus estados de ánimo y en sus vidas cuando se sienten tristes y deprimidas. Si desea conocer más información sobre este estudio, véase L. D. Butler y S. Nolen-Hoeksema, «Gender Differences in Response to Depressed Mood in a College Sample», *Sex Roles*, nº 30, 1994, págs. 331-346.

con más facilidad. Cuando nos pusimos a examinar el pensamiento excesivo y otros factores para determinar hasta qué punto contribuían a que el porcentaje de depresión entre las mujeres fuera tan elevado, descubrimos que el pensamiento excesivo se llevaba la palma (estadísticamente hablando). Por supuesto, no era el único factor responsable de que eso fuera así. Los traumas por los que algunas mujeres habían pasado, como por ejemplo abusos sexuales, también contribuían a que el porcentaje de depresiones entre las mujeres fuera tan elevado. Las mujeres, además, se enfrentaban a situaciones crónicas que las hacían sentir impotentes, como la pobreza o la discriminación laboral, que también ayudaban a que ese porcentaje fuera tan alto. Sin embargo, el pensamiento excesivo daba cuenta de una gran parte de la diferencia entre el porcentaje de depresiones entre los hombres y el porcentaje de depresiones entre las mujeres.

## Contaminación del pensamiento

¿Por qué pensar demasiado nos perjudica tanto? Es posible que estés convencida de que examinar las causas de tus emociones puede ser algo positivo. Al fin y al cabo, eso es justamente lo que se recomienda en muchos de los libros de divulgación de psicología que se han escrito desde los años sesenta. Y parece que es para eso para lo que nos sometemos a psicoterapia.

El problema que hay en pensar demasiado es que no nos desvela el significado y la realidad profundos de nuestra vida. El pensamiento excesivo no nos permite ver nuestro pasado con claridad ni nos proporciona soluciones a nuestros problemas actuales. Más bien al contrario, contamina nuestros pensamientos con negatividad hasta tal punto que nos encontramos derrotados antes de empezar a hacer algo; inmovilizados y desmoralizados, nos hundimos cada vez más en la depresión.

He estudiado los efectos del pensamiento excesivo en varios experimentos controlados en un laboratorio, dirigidos todos ellos por Jannay Morrow, del Vassar College, Sonja Lyubomirsky, de la Universidad de California, Riverside, y Andrew Ward, del Swarthmore College. Juntos ideamos un modo para que las personas que intervenían pensaran demasiado: les pedíamos, con frases como las que damos a continuación, que se concentraran en sus emociones y en cómo les iba la vida.

— Piensa en el grado de motivación que tienes en este momento.
— Piensa en tus objetivos futuros.
— Piensa en cuán feliz o triste te sientes en este preciso momento.
— Piensa en la relación que mantienes con tu familia.

Te habrás dado cuenta de que estas frases no piden explícitamente que se piense en los sentimientos negativos. Queríamos que fuesen frases neutras para poder observar las repercusiones del pensamiento excesivo en el estado de ánimo tanto de las personas que estaban relativamente contentas como en el de aquellas que estaban algo deprimidas. Teníamos la sospecha de que este ejercicio surtiría poco efecto en el estado de ánimo de las personas que no estaban deprimidas porque era un ejercicio muy neutro, y porque pensar sobre uno mismo no es necesariamente deprimente. Sin embargo, estábamos convencidos de que el ejercicio contribuiría a que las personas de nuestro estudio que ya estaban algo deprimidas se entristecieran y se deprimieran todavía más, porque su estado de ánimo depresivo hacía que tuviesen pensamientos todavía más deprimentes.

Ideamos también un ejercicio de distracción, en el que empleábamos mandatos como los siguientes para que la gente se distrajera y dejara, por tanto, de centrar su atención en sus emociones y en autoevaluarse.

— Piensa en un soplo de aire fresco en un día caluroso.
— Piensa en un avión que se desplaza lentamente por el cielo.
— Piensa en la silueta de la Estatua de la Libertad.
— Piensa en cómo están distribuidas las tiendas en el centro comercial al que sueles ir.

Éstos también son mandatos emocionalmente neutros y, por tanto, no esperábamos que repercutieran demasiado en el estado de ánimo de las personas deprimidas. Pero, como hacían que esas personas se distrajesen de sus preocupaciones, confiábamos en que tendrían algún efecto positivo sobre su estado de ánimo, aunque fuera por poco tiempo.

Nuestras expectativas sobre los efectos del ejercicio consistente en estimular el pensamiento excesivo y el de la distracción se confirmaron. Las personas tristes, después de pasarse de 8 a 10 minutos realizando el ejercicio del pensamiento excesivo, estaban todavía más tristes, mientras que las que estuvieron realizando el ejercicio de la distracción durante un período de tiempo similar se entristecieron y se deprimieron significativamente menos. Por otro lado, el estado de ánimo de las personas que al comienzo del estudio no estaban tristes no cambió ni con el ejercicio del pensamiento excesivo ni con el de la distracción.[7]

Continuamos entonces investigando cómo pensar demasiado y distraernos de nuestras preocupaciones repercutían en nuestro modo de pensar. En largas series de estudios, invitamos a personas deprimidas y a otras que no lo estaban a que vinieran a nuestro laboratorio para realizar, durante 8 minutos, uno de los ejercicios que les sería asignado al azar: el ejercicio de pensamiento excesivo o el de distracción. Luego debían hacer otro ejercicio que indicaría el tipo de pensamientos que albergaban acerca del pasado, el presente y el futuro.

En los estudios sobre lo que las personas pensaban del pasado, nos dimos cuenta de que cuando las personas deprimidas pensaban demasiado tendían a generar más recuerdos negativos acerca de su pasado que las personas deprimidas a las que habíamos distraído de su pensamiento excesivo o que las personas del estudio que no estaban deprimidas.[8] En la vida real, esto significa que cuando pensamos demasiado en nuestra tristeza y en nuestras preocupaciones, nuestra mente únicamente recorre los caminos oscuros e inhóspitos de la memoria que conducen a esos momentos de nuestras vidas que están marcados por el fracaso, la pérdida y la decepción. Recordamos con todo detalle la vergüenza y el malestar por los que hemos pasado —cuando éramos objeto de mofa por parte de los demás niños, cuando se nos criticaba en el trabajo delante de los compañeros o cuando no nos sentíamos queridos por nuestros padres—. Estos recuerdos tristes inundan nuestra conciencia y hacen que nos deprimamos todavía más. Parece que también justifican nuestra actual depresión, aunque, por supuesto,

7. S. Nolen-Hoeksema y J. Morrow, «Effects of Rumination and Distraction on Naturally Occurring Depressed Mood», *Cognition and Emotion*, nº 7, 1993, págs. 561-570.

8. S. Lyubomirsky, N. D. Caldwell y S. Nolen-Hoeksema, «Effects of Ruminative and Distracting Responses to Depressed Mood on Retrieval of Autobiographical Memories», *Journal of Personality and Social Psychology*, nº 75, 1998, págs. 166-177.

nuestro estado depresivo proviene del conjunto de todo el sufrimiento que hemos vivido a lo largo de nuestro pasado. Y, sin embargo, nuestra mente pasa por alto sistemáticamente los recuerdos positivos que tenemos de nuestro pasado. Es como si en los caminos de los recuerdos felices y alegres hubiera barreras que impidieran que nuestra mente pudiera viajar por ellos hasta llegar a experiencias igualmente válidas. Como consecuencia, en la visión que tenemos de nuestro pasado pesa mucho más todo lo negativo.

El pasado no es lo único que está contaminado por el pensamiento excesivo. En nuestros estudios también descubrimos que las personas deprimidas que pensaban demasiado estaban más desesperanzadas ante su futuro que las personas deprimidas a las que se había distraído de sus preocupaciones o que las personas que no estaban deprimidas.[9] Pensar demasiado hacía que las personas deprimidas creyeran que era muy poco probable que les ocurrieran cosas buenas en el futuro, como tener un matrimonio o una relación duraderos y satisfactorios, encontrar un buen empleo y tener éxito profesional, o vivir muchos años y gozar de buena salud. Sin embargo, pensaban que era muy probable que las cosas malas de la vida (enfermedades, problemas económicos, relaciones fallidas) les ocurrieran. Si sólo esperamos que nos ocurran cosas malas en el futuro, es fácil que nos desesperemos, y la desesperación es uno de los factores que más ayudan a que una depresión sea duradera.

El pensamiento excesivo de cariz depresivo también nubla nuestra visión del aquí y ahora. Les pedimos a los que participaban en nuestro estudio que hablaran sobre cómo iban sus vidas en la actualidad. Las personas deprimidas que pensaron demasiado, comparadas con las personas deprimidas a las que se había distraído de sus preocupaciones o con los dos grupos de personas que no estaban deprimidas, eran más críticas consigo mismas, veían más problemas en sus vidas y se sentían más desesperadas e incapaces ante esos problemas.[10] Por ejemplo, las personas deprimidas del grupo que había pensado demasiado decían cosas como éstas:

9. S. Lyubomirsky y S. Nolen-Hoeksema, «Effects of Self-Focused Rumination on Negative Thinking and Interpersonal Problem Solving», *Journal of Personality and Social Psychology*, nº 69, 1995, págs. 176-190.

10. *Ibid.* Véase también S. Lyubomirsky, K. Tucker, N. D. Caldwell y K. Berg, «Why Ruminators Are Poor Problem Solvers: Clues from the Phenomenology of Dysphoric Rumination», *Journal of Personality and Social Psychology*, nº 77, 1999, págs. 1.951-1.960.

> Ahora mismo no hay nada en mi vida que vaya como yo quisiera. La universidad me abruma y me siento realmente sola. Mis amigos siguen dándome consejos sobre lo que debería hacer, pero ninguno de ellos me entiende de verdad.

Las personas deprimidas del grupo que había realizado el ejercicio de distracción, en cambio, se expresaban más bien así:

> Actualmente hay cosas en mi vida con las que me siento realmente frustrada. Mis notas son más bajas de lo debido: tengo la inteligencia necesaria para hacerlo mejor. Mi madre me sugirió que llamara a un profesor particular, y puede que ésta sea la solución. Tengo mucha suerte de que esté dispuesta a ayudarme a pagarlo. Estoy convencida de que con un poco de ayuda mis notas mejorarán.

No había razón alguna para pensar que las personas deprimidas del grupo de los que habían pensado demasiado llevaban una vida peor que las personas que configuraban los demás grupos, porque todos los participantes del estudio fueron asignados al azar o bien al grupo de los que iban a pensar demasiado o bien al de aquellos a los que se iba a distraer de sus preocupaciones. Sin embargo, pensar demasiado hizo que las personas deprimidas se deprimiesen todavía más y que fueran más críticas con sus vidas.

Muchas personas cuentan que, cuando intentan entender y resolver los problemas de su vida, caen en ciclos de pensamiento excesivo. ¿Cómo, si no reflexionando sobre esos problemas, podríamos llegar a superarlos? Por desgracia, si pensamos demasiado cuando estamos deprimidos, probablemente acabaremos por resolver nuestros problemas de la peor manera. En nuestro estudio, todos los participantes, los que estaban deprimidos y los que no lo estaban, realizaron o bien el ejercicio en el que se estimulaba su pensamiento excesivo, o bien aquel en el que se les distraía de sus preocupaciones; después de eso les planteamos ciertos problemas hipotéticos que, de hecho, se presentan muy a menudo en la vida de las personas deprimidas. Uno de los problemas, por ejemplo, era el siguiente: «Parece que tus amigos ya no quieren estar contigo». Les preguntamos entonces lo que harían para resolver ese tipo de problemas. Las personas que estaban deprimidas y que habían realizado el ejercicio del pensamiento excesivo propusieron soluciones de calidad significativamente inferior a las de cualquiera de los otros tres grupos de participantes.[11] Por ejemplo, cuando les preguntamos qué harían si un amigo les evitaba, los deprimidos del grupo que había pensado demasiado respondieron con soluciones como ésta: «Supongo que también lo evitaría». En cambio, los participantes que estaban deprimidos pero que habían realizado el ejercicio que les había distraído de su pensamiento excesivo presentaron soluciones como ésta: «Le preguntaría al amigo más íntimo que me dijera qué estaba haciendo yo para que los demás me evitaran». Además, cuando una persona deprimida piensa demasiado, las soluciones que se le ocurren para los problemas que está teniendo en su vida son peores.[12]

Incluso cuando la solución que se les ocurre es adecuada, las personas que piensan demasiado tienen más problemas para llevarla a la práctica. En nuestro estudio descubrimos que las personas que piensan demasiado, comparadas con la gente que no tiene esa tendencia cuando está deprimida, están menos seguras de las soluciones que se les ocurren, de modo que, antes de comprometerse con alguna decisión, desean disponer de más información y de más tiempo para reflexionar.[13] Como resultado, los que piensan demasiado se quedan atrapados en ciclos de duda y de indecisión, y no consiguen estar nunca lo suficientemente seguros de lo que deben hacer.

Pero las personas que piensan demasiado no se quedan inmovilizadas únicamente ante los grandes problemas: al parecer, el pensamiento excesivo mina su motivación hasta tal punto que no son ni capaces de dar el más simple de los pasos hacia la solución de sus problemas. En uno de nuestros estudios experimentales ofrecimos a los participantes una lista de pequeñas cosas que podían hacer para sentirse mejor y para recuperar parte del control de sus vidas, como por ejemplo ir a cenar con sus amigos o practicar su deporte favorito. Les preguntamos a los participantes hasta qué punto esas actividades les parecían útiles para levantar el estado de ánimo, y descubrimos que todos ellos —tanto los que estaban deprimidos como los que no, y tanto los que habían realizado el ejercicio en el que acababan

11. Lyubomirsky y Nolen-Hoeksema, 1995.

12. Lyubomirsky y otros, 1999.

13. A. Ward, S. Lyubomirsky, L. Sousa y S. Nolen-Hoeksema, «Can't Quite Commit: Rumination and Uncertainty», *Personality and Social Psychology Bulletin,* en prensa.

pensando demasiado como los que habían hecho el ejercicio de la distracción— pensaban que esas actividades podían ser de mucha utilidad. Luego les preguntamos si estarían dispuestos a llevar a cabo esas actividades si tuvieran la oportunidad y si se sentían motivados para hacerlo. Las personas deprimidas que habían pensado demasiado estaban considerablemente menos dispuestas a realizar esas actividades que los componentes de los demás grupos, aunque hubieran reconocido hacía sólo unos minutos que esas actividades les ayudarían a mejorar su estado anímico.[14] Es decir, las personas deprimidas que habían pensado demasiado no eran capaces de reunir la motivación necesaria ni siquiera para hacer las cosas que reconocían que podían serles útiles.

Así que el pensamiento excesivo hace que pensemos en nuestro pasado, nuestro presente y nuestro futuro más negativamente. Deteriora nuestra capacidad para encontrar buenas soluciones a nuestros problemas y debilita nuestra confianza y nuestra motivación para ponerlas en práctica. Y, tal como he comentado anteriormente, parece que los que piensan demasiado pierden el apoyo social después de la pérdida de un ser querido o de vivir una experiencia traumática con más rapidez que los que no piensan demasiado. No es de extrañar, por tanto, que los que piensan demasiado se depriman más a menudo que los otros.

Es importante señalar que el pensamiento excesivo es tan nocivo para las mujeres como para los hombres. Según todos nuestros estudios, la probabilidad de que el pensamiento excesivo lleve a la depresión, a tener pensamientos negativos y a solucionar precariamente los problemas es la misma para hombres y mujeres. Sin embargo, es más probable que sean las mujeres las que caigan en la trampa del pensamiento excesivo y, por tanto, las que acaben sufriendo sus peligrosas consecuencias.

La depresión no es la única consecuencia del pensamiento excesivo. Poco después de mudarme para dar clases en la Universidad de Michigan, una estudiante de posgrado llamada Cheryl Rusting vino a verme para comentarme algunas ideas que tenía sobre el pensamien-

14. S. Lyubomirsky y S. Nolen-Hoeksema, «Self-Perpetuating Properties of Dysphoric Rumination», *Journal of Personality and Social Psychology*, nº 65, 1993, págs. 339-349.

to excesivo y el enfado. Consideraba que si pensar demasiado cuando estamos deprimidos aumenta los efectos de este estado de ánimo en nuestro modo de pensar, debería ocurrir lo mismo cuando estamos enfadados. Es decir, cuanto más pensamos demasiado estando enfadados, más nos enfadamos y cada vez nos parece que tenemos más razones para estarlo. Cheryl probó sus ideas mediante experimentos en los que hacía que las personas se enfadaran: hacía que recordaran la experiencia de su pasado reciente en la que más se habían enfadado, o que se imaginaran a sí mismas en una situación que haría enfadar a cualquiera (recibir una calificación inferior a la que uno se merece). Luego estimulaba su pensamiento excesivo o las distraía de sus preocupaciones empleando ejercicios parecidos a los que Sonja y yo usamos en nuestros estudios sobre la depresión. Cheryl se dio cuenta de que las personas que pensaban demasiado cuando estaban enfadadas acababan por enfadarse todavía más, mientras que a las personas a las que se había distraído cuando estaban enfadadas eso no les sucedía.[15] Descubrió también que el pensamiento excesivo alentaba los pensamientos de enfado. Después de hacer que las personas se enfadaran, y una vez que había estimulado su pensamiento excesivo o las había distraído, Cheryl les planteó situaciones emocionalmente ambiguas —como «Una persona mayor está hablando con una persona más joven»— y les pedía que se inventaran una historia sobre cada situación. Las personas que habían estado pensando demasiado se inventaban historias más negativas y hostiles que aquellas a las que se había distraído de su enfado.

Hay algunas diferencias entre el tipo de pensamientos instigados por el pensamiento excesivo del que está enfadado y los que alimenta el pensamiento excesivo del deprimido. Los pensamientos fruto del enfado suelen concentrarse en injusticias que creemos que hemos sufrido y acostumbran a culpar a los demás de esas injusticias. Por tanto, cuando estamos enfadados, tenemos pensamientos como: «¡No puedo creer que me hiciera esto a mí! ¡Ésta me la pagará!». Cuando estamos deprimidos, es más probable que nuestros pensamientos se centren en nuestras equivocaciones y nuestras culpas, y en un sentido

15. C. Rusting y S. Nolen-Hoeksema, «Regulating Responses to Anger: Effects of Rumination and Distraction on Angry Mood», *Journal of Personality and Social Psychology*, nº 74, 1998, págs. 790-803.

de pérdida y de fracaso. La realidad es, sin embargo, que nuestros pensamientos y nuestro estado de ánimo en muy pocos casos son únicamente de enfado, de depresión o de angustia. Pasamos de un estado de ánimo a otro y de los pensamientos relacionados con el primer estado a los relacionados con el segundo, y nuestros sentimientos y sensaciones acostumbran a ser una combinación de todos esos estados de ánimo. Pensar demasiado siempre amplifica los pensamientos activados por nuestros distintos estados de ánimo, haciendo que nos sintamos abrumados por preguntas sobre si son los demás los que tienen la culpa de nuestros apuros o si la tenemos nosotros, y si deberíamos dar el justo castigo a los demás o retirarnos, derrotados.

Si pensar demasiado nos entristece más, nos hace sentir más ansiedad y estar más irritados, si perjudica nuestras relaciones, hace que nuestras carreras profesionales descarrilen y nos vuelve incapaces de resolver nuestros problemas, ¿por qué lo hacemos? En el siguiente capítulo, examino cuatro cambios históricos que, en las generaciones recientes, han hecho que aumentara nuestra tendencia a pensar demasiado, y las razones que hacen que las mujeres sean más propensas que los hombres a darles vueltas y más vueltas a las cosas.

## 2

# Si tanto nos perjudica, ¿por qué lo hacemos?

Amy no puede entender cómo llega a ponerse así. Mientras conduce su cuatro por cuatro por la autopista hacia el importante bufete donde trabaja como ayudante de abogado, diría que el día ha empezado bien. A Amy le gusta su trabajo, e incluso le gustan los abogados con los que trabaja, que siempre llevan casos importantes en los que hay en juego grandes sumas de dinero. Amy, vestida con su habitual falda negra de corte conservador y con una elegante blusa blanca, entra en su despacho y deja encima de su mesa el último trabajo de la tarde anterior. Al instante, sus ojos perciben el papelito amarillo pegado en medio de su mesa. «Amy, por favor, pasa a verme a las diez. Stu.» Stu es Stuart Wayman, el supervisor de Amy y uno de los socios de la empresa. A Amy le cae bien y lo respeta, pero le da escalofríos que le pida que vaya a su despacho, tan grande y oscuro. «¿Qué es lo que ocurre?», se pregunta, y entonces empieza a pensar demasiado. En sólo una hora, de nueve a diez, las cavilaciones taciturnas de Amy recorren un amplio territorio:

> ¿Por qué no me ha dicho de qué quiere hablarme? Cuando quiere que le busque alguna información suele enviarme un correo electrónico con las instrucciones bien detalladas. Tengo el estómago revuelto. Si me da malas noticias, seguro que me desmoronaré y me echaré a llorar. Y entonces, ¿qué referencias podré obtener de él cuando tenga que ir a buscar otro empleo? ¿Cómo le hablaré de todo esto a mi familia? Mi hermana sigue agobiándome para que estudie derecho y me haga abogada. No tiene ni idea. En realidad nunca me ha escuchado, ni cuando éramos niñas. Me

> estoy mareando. Sólo falta que me desmaye y haga el ridículo. Si estuviera en mejor forma física podría soportar mejor estas situaciones de estrés. Pero soy demasiado perezosa para ir al gimnasio. No puedo soportar tener alrededor a todas estas jovencitas tan delgadas con esa ropa de deporte tan ajustada. No puedo seguir ese juego. Ésa es otra de las razones por las que no tengo vida social.

A las diez, Amy entra en el despacho de Stu, temblando. Stu inicia su discurso con un inquietante «Amy, tengo que decirte algo». Los pensamientos de Amy empiezan a acelerarse y casi no le dejan oír las palabras de Stu. Él prosigue diciendo: «El mes que viene tenemos ese caso tan importante en Chicago y debo estar allí hasta que finalice. Tú eres la mejor ayudante de la empresa y me gustaría contar con tu colaboración. Pero me sabe mal pedirte que te traslades quizá durante todo un mes. ¿Estarías dispuesta a venir? Por supuesto, te recompensaríamos bien».

Las cavilaciones de Amy le han taponado los oídos y la cabeza hasta el punto de que no está segura de lo que le ha dicho Stu. Está bastante segura de que no la ha despedido y cree que le ha pedido que vaya a Chicago con él. Pero los detalles se le han escapado. Amy se las arregla para responderle: «Oh, claro Stu, lo que necesites». Él continúa hablando de cuándo se marcharán y haciendo una lista de los documentos que sin falta deben llevarse.

Cuando Amy vuelve a su mesa, da rienda suelta a sus pensamientos y empieza un episodio de pensamiento excesivo caótico:

> ¡Soy idiota! ¿Por qué me dejo llevar de ese modo hasta ponerme como loca y asustarme así? Es imposible que llegue a ser abogada algún día. ¡No puedo soportar ni un mínimo de estrés! ¿Por qué Stu me ha elegido a mí para acompañarle? Creo que ha dicho que soy una buena ayudante, pero ¿tendrá algún otro motivo? Se rumorea que él y su mujer tienen problemas. Dios mío, si me hace proposiciones no sabré qué hacer. Estoy realmente cabreada con él por ponerme en esta situación, pero también lo estoy conmigo por ser un desastre. ¿Por qué me hago esto?

Pero ¿por qué nos dejamos llevar por ese pensamiento excesivo autodestructivo? ¿Y por qué las mujeres tienen más tendencia que los hombres a llegar a ese estado? Algunas investigaciones recientes hacen pensar que hay varias respuestas a estas preguntas. Una de ellas se centra en el cerebro. El modo en que está organizado el cerebro hace que sea bastante fácil llegar a pensar demasiado, y, en algunas personas, con el tiempo, el pensamiento excesivo podría fosilizarse físicamente en él. Por otro lado, las circunstancias sociales también pueden empujarnos a pensar demasiado. Durante las últimas décadas se han producido cambios muy importantes en el concepto que tenemos de nosotros mismos, en nuestros valores y en el modo de enfrentarnos al mundo, que han alimentado el pensamiento excesivo tanto en los hombres como en las mujeres. Y la ausencia de posición social y la dependencia de los demás han ayudado a que se dé todavía más pensamiento excesivo en las mujeres.

## El cerebro que piensa demasiado

La organización de nuestro cerebro nos prepara para que pensemos demasiado. Los pensamientos y los recuerdos que guardamos en nuestra mente no están ahí aislados, desconectados de los demás pensamientos, sino que, por el contrario, están entrelazados y forman complejas redes de asociaciones. Puede que haya una red o nodo que tenga que ver con nuestra familia. Otra que tenga que ver con nuestro empleo. E incluso puede haber otra que tenga que ver con lo que pesamos y con el aspecto que tenemos.

Muchos de estos nodos están conectados los unos con los otros. Los pensamientos sobre nuestra familia pueden estar conectados con los pensamientos sobre nuestro peso porque en nuestra familia tenemos problemas de sobrepeso o porque nuestra madre siempre nos reprendía porque estábamos rechonchitas. Los pensamientos sobre nuestro empleo tal vez están conectados con los pensamientos sobre nuestros hijos, porque siempre nos sentimos culpables sea por concentrarnos en nuestro trabajo y no tener en cuenta a nuestros hijos, sea por escabullirnos de las responsabilidades laborales para pasar más tiempo con ellos.

Una consecuencia de todas estas interconexiones es que los pensamientos sobre un aspecto de nuestras vidas pueden desencadenar pensamientos sobre otras cuestiones de esa red. A veces esas conexiones son muy evidentes: por ejemplo cuando nuestros pensamientos sobre nuestro peso generan inmediatamente pensamientos sobre los comentarios sarcásticos de nuestra madre. En otras ocasiones, puede que no seamos conscientes de esas conexiones. Por ejemplo, los pensamientos sobre nuestro peso tal vez estén conectados con los pensamientos sobre nuestro empleo, porque ambas cosas tienen que ver con la imagen que tenemos de nosotras mismas. Así, cuando nos entregan los resultados de la evaluación de nuestro rendimiento en el trabajo y son peores de lo que esperábamos, es posible que nos pongamos a pensar en lo gordas que nos sentimos.

Gordon Bower, psicólogo de la Universidad de Stanford, descubrió hace unos veinte años que nuestra red de pensamientos sobre distintos aspectos de nuestra vida está conectada a su vez con nuestros estados de ánimo y nuestras emociones.[1] Generalmente, las cosas que nos ocurren hacen que sintamos tristeza o alegría. Cada vez que nuestra madre nos decía que estábamos rechonchas, nos sentíamos humilladas y tristes. Cada vez que los resultados de la evaluación de nuestro rendimiento en el trabajo son buenos nos sentimos orgullosas y felices. Las situaciones que nos han provocado estados de ánimo negativos suelen estar interconectadas en la misma red de recuerdos, mientras que las situaciones que nos han provocado estados de ánimo positivos acostumbran a estar interconectadas en una red distinta. Como resultado, un estado de ánimo bajo (estar deprimida, angustiada o muy disgustada) tiende a desencadenar una cascada de pensamientos relacionados con él. Esos pensamientos, sin embargo, pueden no tener nada que ver con el incidente que inicialmente causó ese estado de ánimo, como cuando una evaluación de rendimiento no satisfactoria nos hace pensar en nuestra tía, que murió el año pasado.

Esta complicada organización del cerebro en redes interconectadas de recuerdos, pensamientos y sentimientos nos hace mucho más eficaces a la hora de pensar. Es lo que nos ayuda a ver las similitudes y las conexiones entre cuestiones distintas. Por ejemplo, una vez que nos hemos dado cuenta de que nuestro marido está malhumorado los jueves, cuando tiene que reunirse con su jefe, y los sábados, cuando va a visitar a su padre al hogar de ancianos, puede que deduzcamos que su jefe, por alguna razón, le recuerda cuestiones que tienen que ver con su padre.

1. G. H. Bower, «Mood and Memory», *American Psychologist*, nº 36, 1981, págs. 129-148.

Pero la tela de araña de nuestro cerebro también hace que nos sea más fácil caer en el pensamiento excesivo. En particular, el hecho de que los estados de ánimo negativos pongan en contacto pensamientos negativos y recuerdos negativos, *aunque esos pensamientos y recuerdos no tengan nada que ver los unos con los otros*, proporciona la situación ideal para empezar a pensar demasiado. Cuando estamos de mal humor sin razón alguna, nuestro estado de ánimo activa —literalmente enciende— esos nodos de nuestro cerebro que contienen los recuerdos negativos del pasado y los modos de pensar negativos. Esto hace que sean muy accesibles: es más fácil llegar a ellos con nuestros pensamientos conscientes. Ésta es la razón por la que es más fácil pensar en cosas negativas cuando estamos de mal humor que cuando estamos de buen humor.

También es más fácil que veamos interconexiones entre aspectos negativos de nuestras vidas cuando estamos de mal humor. Amy, la ayudante de abogado que hemos conocido antes, veía conexiones entre el miedo a que la despidiesen, el comportamiento de su hermana durante su niñez, la aversión que sentía por el gimnasio y sus preocupaciones sobre su vida social. Detrás de cada uno de los episodios de pensamiento excesivo de Amy había una cadena lógica de asociaciones que podríamos reconstruir. Pero su habilidad para saltar tan rápidamente de una preocupación o de un recuerdo a otro se debía, en parte, a su estado de ánimo negativo, que activaba todos esos nodos negativos en su cerebro, que así penetraban en los pensamientos conscientes de Amy.

Los episodios de pensamiento excesivo de Amy, como tantos otros, empiezan con una oleada de emociones negativas provocada por algún acontecimiento reciente. En ese momento Amy se dirigió a sí misma y se preguntó qué estaba ocurriendo. Su estado de ánimo negativo activó los nodos de negatividad de su cerebro, que le dieron todo tipo de respuestas convincentes a sus preguntas: la iban a despedir, no sabía soportar el estrés, su jefe le tiraba los tejos.

Por desgracia, cuanto más nos atrapa el pensamiento excesivo, más fácil nos resulta pensar demasiado. Cuando, estando de muy mal humor, pensamos demasiado, ejercitamos nuestras redes de pensamientos y recuerdos negativos y fortalecemos las conexiones que hay entre ellas. Nos preguntamos por qué nos sentimos tan mal y nuestro cerebro nos responde con una retahíla de buenas razones: se trata de esa discusión que tuvimos con nuestro marido la semana pasada, de lo insatisfechas que nos sentimos con nuestro empleo, de lo preocupadas que estamos por nuestro peso, de la pésima relación que mantenemos con nuestra madre. Nos preguntamos lo que va a sucedernos en el futuro, y nuestro cerebro, que tiene tendencia a pensar demasiado, no nos dice nada que pueda darnos esperanzas. Se nos ocurre un modo de resolver algunos de nuestros problemas y nuestro cerebro nos suelta todo tipo de contraargumentos de la forma «sí, pero...» basados en situaciones del pasado que no fueron bien. Cuando pensamos demasiado y, por tanto, ponemos en funcionamiento nuestras redes de estados de ánimo negativos, las complicadas conexiones entre todos esos pensamientos y recuerdos negativos se fortalecen y pasan a un primer plano todavía más pensamientos conectados con sentimientos de tristeza, vergüenza, angustia y enfado. Podemos llegar a sentirnos tan desbordadas que acabemos confundidas y desconcertadas, abrumadas por ese mar de problemas que nos parece tan extenso y tan real. Nuestro estado de ánimo empeora cada vez más.

Mientras tanto, las interconexiones entre los nodos de negatividad van fortaleciéndose, de modo que la próxima vez que nuestro estado de ánimo sea negativo por alguna razón, esos nodos negativos del cerebro y las conexiones que hay entre ellos se activarán todavía con más facilidad que la última vez, de modo que los tendremos más presentes y la influencia que ejercerán sobre nosotros será mayor.

Todo esto se demostró en un estudio muy importante de los psicólogos Jeanne Miranda, de la Universidad de Georgetown, y Jacquelyn Persons, del San Francisco Bay Area Center for CognitiveTherapy.[2] Invitaron a un grupo de cuarenta y tres mujeres para que participaran en un experimento. A la mitad de ellas, elegidas al azar, se les pidió que leyeran frases tristes del tipo «Estoy triste y cansada» y «Estoy deprimida». Cuando alguien lee este tipo de frases, suele deprimirse ligeramente, y eso es lo que ocurrió en el experimento. La otra mitad de las participantes leyeron frases que las pusieron de buen humor. Después de eso, las mujeres de ambos grupos rellenaron un cuestionario que evaluaba hasta qué punto pensaban negativamente en ese momento. Los pensamientos que expresaron en el cuestionario las

2. J. Miranda y J. B. Persons, «Dysfunctional Attitudes Are Mood State Dependent», *Journal of Abnormal Psychology*, nº 97, 1998, págs. 76-79.

mujeres a las que se había entristecido ligeramente eran más negativos que los de las mujeres a las que se había puesto de buen humor. Lo que es más importante: la tristeza favorecía el pensamiento negativo en un grado mayor entre las mujeres que habían vivido algún episodio depresivo en el pasado que entre las mujeres que no se habían deprimido nunca. En otras palabras: las mujeres que habían pasado por alguna depresión en el pasado tenían una red de pensamientos y actitudes negativos que se activó con facilidad cuando se entristecieron durante el experimento.

A casi todo el mundo le merodea por la cabeza algún mal recuerdo de su pasado, alguna preocupación respecto a su futuro o algo que le inquieta de su presente. La mayoría de las veces probablemente no somos conscientes de esos recuerdos y pensamientos negativos. Pero cuando el mal humor empieza a invadirnos —aunque sólo sea porque el día está nublado o porque bebimos demasiado vino durante la cena de anoche— es fácil que nos vengan a la memoria esos recuerdos negativos, o que salgan a la luz todas nuestras preocupaciones negativas, y que empecemos a pensar demasiado. Y cuantas más vueltas les demos a esos nodos negativos, más probabilidades hay de que reaparezcan la próxima vez que nos invada un estado de ánimo negativo.

Obviamente, algunos de nosotros tenemos más probabilidades de caer en el pensamiento excesivo que otros. ¿Cómo se explica que la tendencia a pensar demasiado no sea la misma para todos? La investigación del cerebro sólo está empezando a dar algunas respuestas a esta cuestión. El psicólogo Richard Davidson de la Universidad de Wisconsin ha investigado lo que él llama «neurociencia afectiva», el modo en que el cerebro procesa las emociones.[3] Gracias al empleo de técnicas avanzadas de diagnóstico por la imagen (como la tomografía por emisión de positrones o PET), ha descubierto que las emociones negativas activan más el lado derecho de una parte del cerebro llamada corteza prefrontal que su lado izquierdo. La corteza prefrontal tiene que ver con el control de las emociones: nuestros intentos conscientes y automáticos para encauzar y controlar nuestras emociones de un modo adecuado. Si nuestra corteza prefontal sufriera daños o fallaran sus conexiones, podríamos seguir estrategias de control de

3. R. J. Davidson, «Affective Style, Psychopathology, and Resilience: Brain Mechanisms and Plasticity», *American Psychologist*, n.º 55, 2000, págs. 1.196-1.214.

las emociones inadecuadas, como pensar demasiado, y tender a la depresión. Hay otras dos áreas del cerebro —la amígdala y el hipocampo— que están relacionadas con el aprendizaje y la capacidad de recordar las situaciones y las señales emocionales, y que pueden estar dañadas en las personas propensas a la depresión y a pensar demasiado. En particular, la gente cuya amígdala es excesivamente activa suele estar predispuesta a prestar demasiada atención a la información negativa de su entorno, una información que alienta cavilaciones con facilidad. A lo largo de la próxima década, es posible que las investigaciones de científicos como Davidson descubran pistas importantes en lo que se refiere a los orígenes cerebrales del pensamiento excesivo.

Otras pistas en lo referente a por qué ciertas personas son más propensas que otras a pensar demasiado han surgido de los estudios, basados en grupos de personas, que he dirigido a lo largo de estos años, y que hacen pensar que la tendencia al pensamiento excesivo no es únicamente una consecuencia de un cerebro con fallos en sus conexiones, sino el resultado de importantes cambios históricos en nuestra cultura.

## La generación que piensa demasiado

Pensar demasiado es una enfermedad propia de las personas jóvenes y de mediana edad. En el estudio que realizamos con 1.300 personas elegidas al azar (descrito en el capítulo 1), el 73% de los adultos jóvenes y el 52% de los adultos de mediana edad podían clasificarse como personas que pensaban demasiado: sabían exactamente a qué nos referíamos cuando hablábamos de pensar demasiado y supieron describir vívidamente episodios de pensamiento excesivo. Fijémonos, por ejemplo, en el caso de Christie, una ejecutiva de ojos azules de 26 años vestida con ropa informal pero perfectamente planchada. Christie participó en el gran *boom* de las empresas punto com en el año 2000 y, como resultado, se hizo más rica de lo que nunca habría podido imaginarse en su época de estudiante de informática en la universidad. Tenía una bonita casa en Silicon Valley, conducía un Lexus y cenaba en los mejores restaurantes de la ciudad casi cada noche. Sin embargo, cuando no estaba ocupada intentando resolver algún problema de uno de sus programas, o promocionando sus ideas para un nuevo producto de software en una acelerada reunión, Christie caía presa del pensamiento excesivo. Nos contó que solía quedarse sentada con la mirada fija en la pantalla del ordenador, como si estuviera trabajando, cuando en realidad no hacía más que dar vueltas a pensamientos como éste:

> El chico con el que quedé el fin de semana pasado era un aburrimiento. Es increíble que pudiera pensar que me interesarían esos relatos interminables sobre sus partidas de golf. ¿No salgo con los chicos adecuados? ¿O la razón de que me dejen fría casi todos los chicos con los que salgo soy yo misma?

Como no podía parar de cavilar, los pensamientos de Christie se concentraron luego en su trabajo:

> Puede que sea porque me ven como a un estúpido ordenador. El dinero que estoy ganando en este negocio no compensa no tener vida social. La mitad del tiempo ni siquiera me interesa mi trabajo. Es como si nada me fuera bien ni en mi trabajo ni en mi vida social.

A medida que pensamientos como éstos revoloteaban por su cabeza, Christie se sentía cada vez más apesadumbrada y el mundo le parecía cada vez más sombrío. Esos pensamientos no se desvanecían hasta que algún compañero de trabajo la interrumpía o hasta que llegaba a estar tan disgustada y abrumada que no podía hacer más que levantarse y marcharse a casa, donde solía continuar pensando demasiado.

Sin embargo, a los adultos de nuestro estudio más mayores —los que tenían más de 65 años— les costaba entender a qué nos referíamos cuando hablábamos de pensar demasiado. Sólo un 20% de esas personas podía clasificarse como gente con tendencia a pensar demasiado. Cuando les preguntamos si alguna vez se habían encontrado pensando durante largos períodos de tiempo en lo tristes, angustiados o enfadados que estaban, o en si algo no iba como deseaban, muchos de ellos nos miraron extrañados y nos dijeron: «Bueno, puede que muy de vez en cuando, pero normalmente no. De todos modos no serviría de mucho que lo hiciera, ¿no les parece?».

Otros no tardaron ni un segundo en darnos su solución para evitar las cavilaciones. Phyllis, una mujer menuda y coqueta de 70 años con el pelo recogido en un delicioso moño plateado y vestida con un sencillo vestido floreado de algodón, le sirvió una taza de té a su entrevistadora y se sentó en su cómoda butaca de terciopelo sintético, dispuesta a empezar con la entrevista. Su marido había muerto hacía ya algunos años, y ella se había quedado con la casa, pequeña y destartalada, y con muy poco dinero. Phyllis se vio obligada a ponerse a trabajar a los 60 años para poder pagarse la comida y las medicinas para la tensión. Sin embargo, no veía el trabajo como una carga, sino como una oportunidad, porque la obligaba a salir de casa y le permitía conocer a gente nueva y descubrir que tenía aptitudes que hasta entonces desconocía. Cuando la entrevistadora le preguntó si había pensado demasiado alguna vez, se inclinó muy lentamente hacia adelante, le ofreció otra de las galletas de avena que había hecho ella misma, y le dijo, mientras sonreía compasivamente: «Oh, querida, deja que te diga lo que hay que hacer cuando una se encuentra en ese estado. Le dedicas una pequeña plegaria a Nuestro Señor y le entregas tus preocupaciones; luego te mantienes ocupada haciendo algo útil en casa».

Nuestras conversaciones con adultos ya mayores me llevaron a creer que muy pocos de ellos habían pensado demasiado alguna vez, aunque hubieran pasado muchos apuros en la vida. Año tras año, habían hecho frente a diario a alguna situación difícil que destrozaría a la mayoría de nuestros jóvenes: se habían deslomado trabajando para llevar un plato a la mesa, habían perdido a alguno de sus hijos a causa de alguna terrible enfermedad o los habían visto irse a la guerra. Hubo gente que quedó destrozada por estas vivencias, pero la mayoría superaron las adversidades con fortaleza y dignidad. Hicieron lo que pudieron dadas las circunstancias, se acercaron a los amigos que podían darles apoyo y emplearon sus valores morales y su fe para comprender y sobrellevar la situación.

Pero a lo largo de las últimas generaciones parece que ha habido una epidemia creciente de pensamiento excesivo que ha acabado con la tendencia a sobrellevar las situaciones difíciles. Esto ha ocurrido paralelamente a un recrudecimiento histórico de la depresión, la angustia y la crispación incontrolada. Por ejemplo, la investigación que han llevado a cabo Gerald Klerman y Myrna Weissman, ambos de la

Universidad de Columbia, ha mostrado que las generaciones recientes son extraordinariamente más propensas a sufrir depresiones profundas que las generaciones anteriores.[4] Menos del 20% de las personas nacidas antes de 1915 ha sufrido alguna vez en su vida un episodio de depresión profunda. En cambio, más del 40% de las personas nacidas después de 1955 tendrá un episodio de depresión lo suficientemente serio como para acudir al psiquiatra en algún momento de su vida. Y todavía muchas más sufrirán episodios de depresión leve.

Podemos tener la esperanza de que, a medida que vayan creciendo los miembros de las generaciones del período incluido entre finales de la década de los cuarenta e inicios de la de los setenta, ganaremos en sabiduría sobre cómo tratar con las adversidades a las que debemos hacer frente y cómo conseguir ser menos propensos a la depresión de lo que lo hemos sido durante los primeros años de nuestra edad adulta. Podemos tener también la esperanza de que nuestros hijos no van a perpetuar todavía más la tendencia actual a pensar demasiado. Pero por desgracia, los estudios que he realizado con niños algo mayores de 12 años sugieren que muchos jóvenes, especialmente chicas, se preocupan por todo y que cualquier cosa los lleva a pensar demasiado. En uno de esos estudios les pedí a 615 niños de entre 12 y 16 años que observaran con detenimiento una lista que reunía posibles «preocupaciones» que podían tener y que nos dijeran la frecuencia con que se preocupaban por cada una de ellas.[5] Esos niños no estaban siguiendo ningún tratamiento por problemas psicológicos: todos ellos encajaban en el perfil del típico chico que está acabando la ESO o que estudia bachillerato. Las chicas se preocupaban más que los chicos por casi todas las cuestiones por las que les preguntamos, entre ellas la apariencia física, las relaciones con las amigas, sentirse seguras, los problemas personales, los problemas de las amigas, los problemas familiares, gustarles a los demás y el tipo de persona que eran. La única preocupación que los chicos confesaban tener más que las chicas era el éxito en los deportes u otras actividades extraescolares. El tipo de preocupaciones que las chicas confesaban tener —relaciones, imagen,

4. G. L. Klerman y M. M. Weissman, «Increasing Rates of Depression», *Journal of the American Medical Association*, nº 261, 1989, págs. 2.229-2.235.

5. S. Nolen-Hoeksema, «Gender Differences in Coping with Depression Across the Life Span», *Depression*, nº 3, 1995, págs. 81-90.

problemas de los amigos y de los familiares— no son fáciles de solucionar y son un buen estímulo para empezar a pensar demasiado.

## Causas del pensamiento excesivo actual

¿Qué explicación hay para este desplazamiento histórico hacia un creciente pensamiento excesivo? Creo que hay como mínimo cuatro tendencias culturales que han tenido que ver con ese cambio.

### 1. La ausencia de valores

En primer lugar, actualmente tenemos muchas opciones, pero no hay valores a los que podamos recurrir para que nos ayuden a escoger entre esas opciones. Podemos elegir la profesión a la que queremos dedicarnos, si deseamos casarnos o si vamos a tener hijos. Esas opciones nos hacen libres para hacer lo que creamos que es mejor para nosotros en lugar de lo que nuestros padres, la religión o las normas sociales nos dicen que hagamos. Pero ¿cómo decidir lo que es mejor para nosotros?

Puede que las generaciones precedentes no llegaran nunca a poner en cuestión el sistema de valores que las llevaba a tomar las decisiones que tomaban, pero actualmente nos lo cuestionamos absolutamente todo: la religión, el patriotismo, el humanismo. La cultura de la calle nos dice que lo que importa es que seamos más ricos que el vecino, que tengamos más éxito, que seamos más guapos y también más populares que él. Sin embargo, actualmente el significado de tener éxito es variable: puede que cuando estemos convencidos de que hemos conseguido triunfar, nos digan que no hemos hecho lo suficiente. Nos ascienden en el trabajo y volvemos a casa sintiéndonos estupendamente por ello hasta que en el periódico leemos la historia de un chico de veinte y tantos años que, después de abandonar los estudios, montó su propia empresa y actualmente es millonario. De modo que nos ponemos a pensar. Revisamos todas nuestras posibles opciones e intentamos discernir cuál de ellas es la mejor, aunque sin saber muy bien lo que significa «mejor». Buscamos desesperadamente consejo en los demás, pero sólo obtenemos opiniones confusas y encontradas. Cuestionamos entonces nuestros motivos, nuestros deseos, nuestra capacidad de emitir juicios. Criticamos las elecciones que hicimos, preguntándonos por qué nos decantamos por las opciones inadecuadas y preocupándonos porque en el futuro podemos tomar decisiones equivocadas de nuevo.

Probablemente nunca podremos volver al consenso de creencias que caracterizaba a las generaciones precedentes. De hecho, muchos de nosotros no querríamos volver a un conjunto estricto de reglas, impuesto por otras personas de nuestra comunidad, que determinase nuestro comportamiento y las opciones de que disponemos. Sin embargo, la ausencia de valores es un terreno abonado para el pensamiento excesivo.

Con todo, hay esperanza. Estoy convencida de que, escondido en el fango de las cavilaciones taciturnas de muchas personas, hay un conjunto de valores que éstas consideran preciosos y en el que estarían encantadas de basar sus decisiones y elecciones. El problema es que esos valores resultan casi imposibles de ver cuando están ocultos bajo la negatividad y el caos que genera el pensamiento excesivo. Sin embargo, cuando la negatividad y el caos se disipan, el brillo de esos valores ilumina las respuestas a las preguntas que más nos inquietan.

## 2. La obsesión del merecimiento

También hemos desarrollado un extraordinario sentido del merecimiento. Nos merecemos tener mucho dinero, un empleo de ensueño, una relación que nos satisfaga constantemente, que los demás escuchen y respeten nuestras opiniones y sentirnos bien prácticamente en todo momento. Cuando estas expectativas no se cumplen, como ocurre de forma inevitable, nos cuesta aceptar que se trata de algo normal en la vida y empezamos a pensar demasiado en por qué no tenemos lo que nos merecemos. A veces nuestras cavilaciones se centran en que el mundo no va bien, puesto que no nos proporciona lo que deseamos, y otras veces nuestro pensamiento excesivo gira en torno a que algo falla en nosotros, puesto que no somos capaces de conseguir nuestros objetivos: «¿Por qué mi jefe me corta las alas y no me da el ascenso que me merezco?», «¿Qué es lo que hago mal para que mi novio no sea capaz de tener una erección?», «¿Por qué no parece importarle a nadie lo que pienso?». El resultado es la rabia, la ansiedad, la tristeza, la negatividad y los actos irreflexivos que nos perjudican a nosotros y a los demás.

Nuestra obsesión con el merecimiento puede resumirse en las siguientes creencias:

—«Me merezco todo lo que desee.»
—«Nadie tiene derecho a hacerme sentir mal.»
—«Todo el que me haga sentir mal debe ser castigado, a ser posible públicamente, para que todos sepan que yo tenía razón.»

La obsesión del merecimiento se hace muy manifiesta en las acusaciones y los enfrentamientos que actualmente caracterizan nuestros juzgados, medios de comunicación e incluso la más nimia de las actividades de nuestra vida cotidiana. El menor conflicto entre vecinos acaba frecuentemente en el juzgado, donde los dos litigantes creen merecer una retribución en detrimento del otro. Muchos programas de televisión, como *Jerry Springer Show*, y miles de programas de radio locales están dedicados a personas que hacen público lo que otras personas les han hecho y que reivindican su estatus de víctima. Incluso una disputada decisión de un árbitro en un partido de fútbol infantil puede acabar en una pelea entre los padres, que consideran que ellos y sus hijos tienen derecho a la justicia y el éxito.

La obsesión del merecimiento puede arrastrarnos a un pensamiento excesivo intenso: «¿Por qué no progreso en mi empleo?», «¿Por qué no soy rico?», «¿Por qué no me he beneficiado del auge económico de los últimos diez años?». Cuando respondemos a estas preguntas, basadas en nuestro sentido del merecimiento, lo hacemos pensando todavía más: «Quizá porque mi jefe está saboteando mi carrera profesional por miedo a que le robe su puesto de trabajo», «Quizá porque mis padres no estuvieron dispuestos a pagar para que estudiara en una de las mejores universidades», «Quizá porque mis responsabilidades familiares me atan demasiado», «Quizá porque no soy tan listo como los demás».

Cualquiera de estas respuestas podría tener algo de verdad. Uno de los problemas de tener un sentido del merecimiento excesivamente desarrollado es que nos fijamos más en que no tenemos lo que nos merecemos que en los pasos que deberíamos dar para afrontar nuestros problemas de un modo más eficaz (y en lo bien que tal vez nos van las cosas en realidad). Un segundo problema es que nos coloca en una posición de enfrentamiento con todas las personas de nuestra vida con las que mantenemos una relación. Un tercer problema es que muchos de nosotros simplemente empezamos a dudar de que realmente nos merezcamos las cosas que creemos desear.

La historia de Olivia es un buen ejemplo de ello. A juzgar por su aspecto, nadie diría que Olivia padece de bulimia. Lleva muy bien repartidos sus 60 kilos en su cuerpo de metro sesenta, siempre viste muy bien y deja que su hermoso y largo cabello rubio le caiga suavemente por la espalda. Pero, al menos una vez al día, Olivia se da un atracón de comida, generalmente una combinación de dulce (las galletas Pepperidge Farm son sus preferidas) y salado (especialmente los Doritos Nacho de queso). Olivia no para de engullir hasta que le duele el estómago o ya no le queda más comida. Entonces se va rápidamente al cuarto de baño, se coloca los dedos en el fondo de la garganta y lo devuelve todo con una eficacia que sólo se consigue con la práctica.

Los atracones y los vómitos de Olivia le llevan habitualmente dos o tres horas al día. Antes conseguía realizar estas actividades únicamente por la noche, pero hace sólo unos meses empezó a hartarse de comida durante el día. Engullía frenéticamente durante toda la hora de comer, y a menudo no volvía a la inmobiliaria donde trabajaba como recepcionista hasta más tarde de la una del mediodía, hora en la que ya tenía que estar en su mesa. Una vez allí podía pasarse tres cuartos de hora en el cuarto de baño devolviéndolo todo y luego limpiando lo que había ensuciado. Como estaba tanto tiempo ausente, acabaron por despedirla. Desde entonces, Olivia no ha hecho más que quedarse sola en su casa.

Tiene el televisor todo el día encendido, generalmente sintonizado en alguno de esos programas en los que la gente atribuye la culpa de sus problemas a las fechorías de los demás. Inspirada por las personas que salen en esos programas, Olivia ha empezado a revisar todas sus relaciones con familiares y amigos, a analizarlas minuciosamente y a compararlas con las de los demás. No ha encontrado ningún acontecimiento o persona responsable de los apuros por los que está pasando, pero está segura de que, como les ocurre a los protagonistas de esos programas, la causa de sus actuales problemas está en su pasado. ¿Fue víctima de abusos sexuales cuando todavía era una niña? Olivia no recuerda ningún incidente de ese tipo, pero los terapeutas que colaboran en esos programas dicen que la gente suele reprimir los abusos que han sufrido durante la infancia. Puede que abusaran de ella emocionalmente, no sexualmente. Olivia examina una y otra vez lo que sus padres le dijeron tanto de niña como de mayor. *Parecía* que le daban apoyo, pero ¿qué es lo que *realmente* sentían por ella? No había duda de que su madre no entendía por qué Olivia se limitaba a quedarse sola en su casa sin hacer nada para superar sus problemas. Seguro que había alguna experiencia importante o alguna relación en la vida de Olivia a la que poder echarle la culpa de su infelicidad y su bulimia. Esos programas dejaban bien claro que si uno hurga lo suficiente en su historia acaba encontrando a los responsables de sus problemas.

Un día, Olivia, en una conversación frustrante sobre su bulimia que mantuvo con su madre por teléfono, empezó a gritarle que estaba convencida de que la culpable de sus problemas era ella, porque no le había dado el apoyo que necesitaba y porque no había sido lo bastante expresiva emocionalmente. La madre de Olivia se quedó destrozada por esas acusaciones y colgó el teléfono enseguida. Olivia se sintió bien durante un rato —aliviada y triunfante—, pero luego empezó a preocuparse por el arrebato que había tenido y porque no había sido capaz de precisar con exactitud qué había hecho su madre para ser la causa de sus problemas. Quizá sus problemas no eran culpa de su madre. Quizás Olivia no era más que un fracaso, era defectuosa en algún sentido, y no sería nunca feliz.

Aunque podamos identificar a los responsables de nuestros problemas, no siempre somos capaces de comunicarles nuestro enfado, y cuando logramos hacerlo no siempre nos ayuda a sentirnos mejor. Generalmente la catarsis sólo sienta bien en el mismo momento, y luego —a pesar del fuerte sentimiento que teníamos de que nos merecíamos liberarnos de nuestra angustia y que nos escucharan— volvemos a pensar demasiado con el propósito de intentar entender por qué todavía nos sentimos mal y quién tiene la culpa. La catarsis también puede generar sus propios problemas: explotamos ante nuestro jefe y acaba por despedirnos, regañamos a nuestros padres y dejan de hablarnos durante meses, acusamos a nuestra pareja de comportarse moralmente mal y echamos a perder la comunicación que nos unía. Todo esto nos da más razones para cavilar.

Desgraciadamente, Olivia se encuentra hoy atrapada en su pensamiento excesivo y sin solución a la vista. La calidad de su vida ha bajado en espiral y de momento no mejora. ¿Es su única alternativa tragarse su dolor y negar los malos momentos por los que ha pasado? Definitivamente, no. Las personas como Olivia pueden aprender a liberarse del pensamiento excesivo, elevarse para conseguir tener una perspectiva mejor y evaluar las causas de su infelicidad con más exactitud y más a fondo. Esto hace posible que mucha gente desarrolle y ponga en práctica estrategias más eficaces para vencer las causas de su infelicidad.

### 3. La necesidad compulsiva de encontrar soluciones rápidas

El tercer cambio de origen social que conduce a un incremento del pensamiento excesivo es nuestra necesidad compulsiva de encontrar soluciones rápidas. Cuando estamos apagados, deprimidos o disgustados, necesitamos encontrar una solución rápida: cambiar de trabajo, cambiar de relación, dejar de hablarles a nuestros padres. A veces éstas pueden ser las decisiones correctas, pero cuando sólo se toman para solucionar inmediatamente la insatisfacción, suelen acabar en una retahíla de fracasos que nos dan todavía más en qué pensar. A veces intentamos alejar nuestra mente de las preocupaciones sin darnos ni un minuto de descanso, dedicándonos a un deporte más o inscribiéndonos en algún otro curso. Descansar de nuestras preocupaciones es un primer paso muy saludable para liberarnos de sus ataduras. Sin embargo, como voy a comentar a lo largo del libro, liberarnos de las ataduras del pensamiento excesivo no es más que un primer paso. El segundo paso, tan importante como el primero, es elevarnos para ver las cosas desde una perspectiva más amplia: evaluar las causas de nuestra insatisfacción de un modo eficaz que nos lleve a un cambio positivo y que reduzca la probabilidad de que en el futuro tengamos más sobre lo que pensar demasiado.

Una solución rápida que se ha empleado durante mucho tiempo es ahogar las penas en la bebida. La probabilidad de que una persona que piensa demasiado abuse del alcohol con cierta regularidad es el doble de la que tienen las demás personas.[6] Las personas que piensan dema-

6. S. Nolen-Hoeksema y Z. A. Harrell, «Rumination, Depression, and Alcohol Use: Tests of Gender Differences», *Journal of Cognitive Psychotherapy: An International Quarterly,* en prensa.

siado dicen que beben para olvidarse de las preocupaciones y para sentirse más seguras de sí mismas. Hay personas a las que emborracharse les ayuda a olvidarse de sus preocupaciones durante un rato. Pero también las hay, y quizás especialmente las que piensan demasiado, que reaccionan ante el alcohol concentrando la atención únicamente en sus preocupaciones, un fenómeno que los psicólogos Claude Steele, de la Universidad de Stanford, y Robert Josephs, de la Universidad de Texas, llaman la miopía del alcohol.[7] Es como si el alcohol agudizara la conciencia y la percepción que tenemos de nuestras preocupaciones, de modo que nos parecen mayores y peores de lo que eran antes. Finalmente, beber con demasiada frecuencia puede generar nuevos problemas de los que preocuparnos. He podido ver que un 25% de las personas que piensan demasiado muestra al menos algún indicio de abuso de alcohol —como beber muy a menudo y perder el empleo por ello—, mientras que entre las personas que no piensan demasiado sólo un 8% da muestras de excederse con la bebida.

Otra solución rápida, aunque más moderna, a la que los norteamericanos recurren cada día más es la medicación. El Prozac y otros fármacos conocidos como inhibidores de la recaptación de serotonina han sido la tabla de salvación para las personas con serios trastornos depresivos y de ansiedad. Sin embargo, muchas de las personas que toman estos medicamentos no están afectadas por depresiones profundas ni tienen ansiedad. Son personas que acuden al médico quejándose de que la vida les resulta muy estresante. Es muy frecuente que le pidan al médico que se limite a extenderles una receta para poder tomar Prozac, Zoloft o algún medicamento parecido. En otros casos es el médico quien les receta esos medicamentos con muy buena intención, pero sin haber realizado previamente una evaluación psiquiátrica que determine si esa medicación es necesaria. Por desgracia, hay pocas pruebas de que los inhibidores de la recaptación de serotonina sean útiles para las personas que se enfrentan a las tensiones cotidianas de la vida. De modo que esas personas siguen en manos de lo que las estresa y de sus cavilaciones sobre lo que las estresa, y con la sensación de que no hay nada que pueda ayudarlas.

7. C. M. Steele y R. A. Josephs, «Alcohol Myopia: Its Prized and Dangerous Effects», en S. Fein (comp.), *Readings in Social Psychology: The Art and Science of Research,* Boston, Houghton Mifflin, 1996, págs. 74-89.

Para vencer la tendencia a pensar demasiado es preciso que nos olvidemos de cualquier solución rápida y que hagamos el esfuerzo lento y difícil de identificar los verdaderos problemas de nuestra vida y de idear soluciones a largo plazo para esos problemas. Sólo entonces podremos impedir que nuevos episodios de pensamiento excesivo nos hagan cojear de nuevo.

## 4. Nuestra cultura: la cultura del ombligo

Uno de los temas predominantes de la psicología y la cultura popular desde la década de los años sesenta ha sido la importancia del conocimiento de uno mismo y la expresión de las emociones. Esto se ve reflejado en las frases de moda en nuestra cultura («Estar en contacto con nuestras emociones», «Dejar salir al niño que llevamos dentro»), en la letra de las canciones populares y en los consejos de algunos libros de autoayuda.

Pero muchos de nosotros hemos llevado este autoconocimiento demasiado lejos. En esta cuarta tendencia cultural, nos hemos convertido en una cultura del ombligo, en la que se analiza hasta el más pequeño cambio en las emociones. Acabamos concentrándonos por completo en sopesar el significado de un arrebato de tristeza, de un ligero ataque de ansiedad o de una punta de resentimiento. A veces le otorgamos significado al más insignificante cambio de humor y escudriñamos en nuestros estados de ánimo para descifrar el mensaje que esconden. A veces, nuestros cambios de humor encierran algún mensaje, pero también pueden ser resultado de cosas sin ninguna trascendencia: que hayamos pasado una mala noche, el mal tiempo o que nos hayamos encontrado con un atasco de camino al trabajo. El psicólogo Norbert Schwarz descubrió que podía cambiar de forma significativa el modo en que las personas evaluaban su estado de ánimo haciendo que se «encontraran» un cuarto de dólar en el suelo de una habitación antes de realizar la evaluación.[8]

También analizamos hasta la saciedad los acontecimientos de nuestras vidas. Un amigo nos hace un comentario grosero y podemos pa-

8. N. Schwarz, «Feelings as Information: Implications of Affective Influences on Information Processing», en L. L. Martin (comp.), *Theories of Mood and Cognition: A User's Guidebook,* Mahwah, N. J., Erlbaum, 2001, págs. 159-176.

sarnos horas preguntándonos qué nos dice eso *realmente* de su carácter. Una mañana, nuestro jefe está irritable y nos ponemos a analizar minuciosamente cada una de sus palabras con la intención de determinar qué parte iba dedicada a nosotros. Hace una temporada que nuestro amante no parece muy interesado en el sexo y nosotros enseguida suponemos que tiene que ver con nuestro atractivo o con el futuro de la relación. Desde luego, puede ser que nuestro amigo sea un zafio, que nuestro jefe esté intentando pillarnos y que nuestra pareja se aburra. Pero raras veces tenemos en cuenta las explicaciones más simples: nuestro amigo tenía uno de esos lapsus momentáneos por los que todos pasamos; nuestro jefe acababa de enfrentarse a su propio embotellamiento camino del trabajo; nuestra pareja está más distraída por el estrés que le provoca su trabajo. En lugar de eso, les damos a esos acontecimientos mucho significado y nos mantenemos bien alerta, atentos por si encontramos más indicios de problemas. Todo esto es terreno abonado para empezar a pensar demasiado.

Estos cuatro cambios culturales de las últimas décadas ayudan a explicar la epidemia de pensamiento excesivo y de depresión que se ha extendido entre las generaciones más jóvenes. Sin embargo, no explican completamente la razón por la que las mujeres son tan propensas a pensar demasiado. De nuevo, nuestros estudios de grupos nos proporcionan algunas pistas de los orígenes del pensamiento excesivo de las mujeres. Comento esos estudios en el siguiente capítulo.

# 3

# La especial vulnerabilidad de las mujeres

Hay quien cree que el hecho de que las mujeres sean más susceptibles a caer en el pensamiento excesivo que los hombres se debe a algún rasgo biológico exclusivo de las mujeres, como las hormonas femeninas o la organización del cerebro. Tal vez en el futuro las investigaciones faciliten pruebas que demuestren estas suposiciones, pero por ahora todos los indicios señalan a las raíces sociales y psicológicas del pensamiento excesivo de las mujeres.[1]

## Quizá las mujeres tienen más sobre lo que pensar

La situación de las mujeres ha cambiado extraordinariamente en los últimos cincuenta años. Al no estar limitadas a un determinado tipo de empleo están empezando a sobresalir en los puestos de más responsabilidad de muchas profesiones y a reclamar sueldos como los de los hombres. En sus relaciones con los hombres, muchas mujeres esperan respeto, así como un reparto igualitario de las tareas domésticas.

Pero aún queda un largo camino por recorrer. Por cada dólar que gana un hombre, las mujeres todavía ganan sólo 74 centavos, y esta diferencia es especialmente mayor cuando se trata de trabajadores con

1. Puede encontrarse un examen detallado de la bibliografía sobre diferencias de sexo en relación con la depresión y la cavilación en S. Nolen-Hoeksema, «Gender Differences in Depression», en I. Gotlib y C. Hammen (comps.), *Handbook of Depression,* Nueva York, Guilford, 2002.

salarios bajos.[2] Aunque las mujeres a menudo piden más «ayuda» de los hombres para el cuidado de la casa y de los niños, no suelen obtener toda la que necesitan. Los estudios que hemos realizado indican que la mayoría de las madres casadas que trabajan todavía cargan con la parte más importante del peso de llevar la casa. Además, a pesar de que actualmente las profesiones a las que se dedican las mujeres son más prestigiosas y lucrativas que nunca, muchas de ellas confiesan que sus compañeros de trabajo masculinos no valoran ni respetan lo bastante su trabajo.[3]

Las tensiones crónicas —los inconvenientes y las cargas demoledoras que acompañan al menor poder social de las mujeres— parece que ayudan a que la tendencia a pensar demasiado sea mayor en las mujeres. Nuestras investigaciones han mostrado que las personas que soportan más tensiones crónicas —y lo más probable es que no se trate de hombres, sino de mujeres— tienen muchas más probabilidades de acabar pensando demasiado.[4]

Esas tensiones crónicas convencen a algunas mujeres de que no pueden hacer casi nada para controlar sus vidas, y ésa es la razón de que piensen demasiado. Sin embargo, creo que la mayoría de las mujeres que viven bajo tensiones crónicas abrigan todavía la esperanza de que hay algo que pueden hacer para mejorar su situación, de modo que no llegan a estar completamente desesperadas ni a sentirse totalmente indefensas. En lugar de eso, se preguntan por qué sus vidas no van tan bien como desearían, por qué se sienten frustradas y angustiadas tan a menudo, qué pueden hacer para convencer a sus parejas para que compartan con ellas el cuidado de la casa y de los niños (de buen grado), y cómo podrían conseguir que tanto su pareja como sus familiares las valoraran más.

Desgraciadamente, las respuestas a esas preguntas no siempre resultan evidentes para las mujeres. La psicóloga Faye Crosby, de la Universidad de California, Santa Cruz, ha llegado a la conclusión de que muchas de las mujeres que, según criterios objetivos, mantienen

2. N. Barko, «The Other Gender Gap», *The American Prospect,* 19 de junio-3 de julio de 2000, págs. 61-63.

3. S. Nolen-Hoeksema, datos no publicados, Universidad de Michigan, 2002.

4. S. Nolen-Hoeksema, J. Larson, y C. Grayson, «Explaining the Gender Difference in Depressive Symptoms», *Journal of Personality and Social Psychology*, nº 77, 1999, págs. 1.061-1.072.

relaciones desiguales en las que no reciben apoyo o a las que se discrimina en el trabajo no reconocen, o quizá no pueden reconocer, que se las está maltratando,[5] y cuando lo reconocen acostumbran a no disponer de los recursos necesarios para librarse de ese maltrato. Si una mujer, en lugar de querer desprenderse de una relación desigual, desea mejorarla, deberá conseguir que su pareja cambie de actitud y tendrá que modificar también los patrones de relación entre ella y su pareja, que a veces están muy arraigados. Así, aunque muchas de las mujeres que sufren tensiones crónicas todavía conservan un cierto control de la situación, a veces piensan demasiado en las causas que las han llevado a esa situación, en cómo se sienten y en lo que deberían hacer al respecto. Este modo de pensar demasiado contribuye a generar síntomas de depresión.

Las experiencias dolorosas, y a menudo traumáticas, que las mujeres sufrimos por no tener todavía el mismo poder y la misma posición que los hombres son el combustible ideal para el fuego del pensamiento excesivo. Un trauma que las mujeres sufren con bastante más frecuencia que los hombres es el abuso sexual. Podemos cuestionarnos las estadísticas sobre el abuso sexual en la sociedad contemporánea, pero las investigaciones de psicólogos como Mary Koss han dejado claro que la probabilidad de ser víctima de abusos sexuales graves como la violación y el incesto es dos veces mayor en las mujeres que en los hombres.[6] En mi investigación he llegado a la conclusión de que la probabilidad de tener episodios de pensamiento excesivo es mucho mayor en las mujeres (y los hombres) que han sido víctimas de abusos sexuales.[7] Estos traumas vulneran nuestro supuesto básico de que el mundo es un lugar donde las cosas malas sólo les suceden a los demás. Si el responsable del trauma es un familiar o un amigo, esas experiencias pueden hacer que la víctima pierda por completo la confianza en los demás y ya no vuelva a sentirse segura con

5. F. J. Crosby, *Relative Deprivation and Working Women*, Londres, Oxford University Press, 1982.

6. M. P. Koss y D. G. Kilpatrick, «Rape and Sexual Assault», en E. Gerrity (comp.), *The Mental Health Consequences of Torture,* Nueva York, Kluwer Academic/Plenum Publishers, 2001, págs. 177-193.

7. S. Nolen-Hoeksema, «Contributors to the Gender Difference in Rumination», artículo presentado en la reunión anual de la American Psychological Association, San Francisco, agosto de 1998.

ellos. Como consecuencia, acaban por dejarse llevar por sus cavilaciones acerca de las razones por las que sufrieron esos traumas.

Carol, una chica de 22 años que había sufrido un incesto, tenía una tendencia muy pronunciada a pensar demasiado. Carol se libró del autor del abuso, su padre, cuando, con 16 años, se fue a vivir con Martin, un chico que había conocido en una fiesta. Martin, sin embargo, tampoco era un ángel y de vez en cuando le pegaba hasta que la hermosa piel negra de Carol se hinchaba, se enrojecía y se llenaba de moretones. Después de una paliza particularmente despiadada, Carol acabó en la sala de urgencias del hospital con una conmoción cerebral y un ojo tan hinchado que no podía ni abrirlo.

Wendy, una abogada del Women's Health Center, vio a Carol (junto con otras víctimas de maltratos a las que habían atacado esa misma noche) y la animó a que buscara refugio en un hogar para mujeres maltratadas y para adolescentes que habían huido de su hogar. Como cuando le dieron el alta no tenía otro sitio adonde ir, Carol aceptó quedarse en el refugio. Allí, quizá por primera vez en su vida, encontró a personas que parecían preocuparse auténticamente por ella. Le dieron ropa limpia y comida decente. Y, sobre todo, se creían lo que les contaba. Durante las semanas siguientes la ayudaron a buscar un empleo y un lugar económico y seguro donde vivir.

Sin embargo, Carol no llegó nunca a cumplir la promesa que le hizo a Wendy de que llamaría a un psicólogo para hablarle de sus experiencias incestuosas. En primer lugar, Carol no creía que pudiera permitírselo. Además, estaba convencida de que conseguiría simplemente olvidarse del incesto y las palizas de Martin y seguir con su vida. Fue tirando durante los seis años siguientes, hizo su trabajo lo bastante bien como para que la ascendieran y ahorró suficiente dinero para mudarse a un piso mejor.

Sin embargo, cada vez que estaba sola en casa, empezaba a pensar demasiado. A veces sus pensamientos giraban en torno a los traumas de su pasado —imágenes de incidentes concretos o preguntas sobre por qué esas cosas tuvieron que ocurrirle a ella—. Sin embargo, su tendencia a pensar demasiado en muchas ocasiones no parecía estar directamente relacionada con los abusos que había sufrido:

> No voy a conseguir nunca un trabajo mejor. No puedo ni mantener una conversación con los clientes de la tienda. Sólo con que me miren fi-

jamente a los ojos ya me siento abrumada. No podré conseguir más ascensos si no consigo organizarme. Soy patética. Y estoy tan sola. Pero no hay nadie con quien quiera estar. El único sitio donde me siento relativamente bien es aquí, en casa, sola.

Es muy probable que lo que inmovilizaba a Carol tuviera mucho que ver con las cuestiones de confianza y de valía personal que pueden resultarles tan difíciles de superar a las víctimas de ese tipo de traumas. El pensamiento excesivo de Carol la llevaba por el camino del desprecio a sí misma, pero le resultaba difícil conectar ese sentimiento con sus experiencias de abusos porque se esforzaba mucho en apartarlas de su mente.

A raíz de su falta de poder social, las mujeres son víctimas no sólo de experiencias sexuales traumáticas, sino también de otras muchas circunstancias. La psicóloga Deborah Belle, de la Universidad de Boston, ha mostrado que las mujeres tienen más probabilidades de vivir en la pobreza que los hombres.[8] Con la pobreza, el riesgo a que se den factores generadores de estrés como la exposición al crimen y la violencia, la enfermedad y la muerte de los niños y los ataques sexuales y físicos es mayor. La pobreza conlleva también condiciones negativas de vida crónicas e incontrolables, como tener que vivir en viviendas inadecuadas o en barrios peligrosos y no tener seguridad económica. Todo eso les proporciona a las mujeres pobres un montón de razones para pensar demasiado; de hecho, según mis investigaciones, la pobreza en las mujeres está relacionada con su tendencia a pensar demasiado.[9]

El primer paso para que esas mujeres puedan liberarse de las situaciones opresivas y para que los traumas de su pasado cicatricen consiste en que dejen de pensar demasiado. Sólo entonces podrán empezar a reflexionar sobre sí mismas y a actuar de un modo productivo que las ayude a superar esas circunstancias y a aprender a valorarse de nuevo.

8. D. Belle y J. Doucet, «Poverty, Inequality, and Discrimination as Sources of Depression among Women», *Psychology of Women Quarterly,* en prensa.

9. Nolen-Hoeksema, «Contributors to the Gender Difference in Rumination», *op. cit.*

## El modo en que se definen las mujeres alimenta su pensamiento excesivo

Una de las mayores y más habituales diferencias entre la personalidad de las mujeres y la de los hombres está en el modo en que se relacionan con los demás.[10] Las mujeres solemos definirnos con mucha más frecuencia que los hombres en términos de las relaciones que mantenemos: soy la hija de Catherine y John, la mujer de Richard, la madre de Michael. También establecemos más relaciones sociales que los hombres y profundizamos más en ellas. Conocemos a más gente a un nivel emocional profundo que los hombres y estamos más sensibilizadas para percibir las emociones de los demás.

Tener tantas y tan profundas relaciones emocionales enriquece nuestra vida extraordinariamente y nos proporciona una importante base en la que apoyarnos en los tiempos de necesidad. Por desgracia, también hace que tengamos más gente de la que preocuparnos. El sociólogo Ron Kessler, de la Universidad de Harvard, ha llegado a la conclusión de que la probabilidad de sentirse emocionalmente afectado por los acontecimientos traumáticos de la vida de los demás es mayor en las mujeres que en los hombres.[11] Cuando un amigo o un familiar está gravemente enfermo o herido, o se enfrenta a una situación realmente estresante, es más probable que sean las mujeres y no los hombres las que se entristezcan, se depriman y se preocupen por esas personas.

Quizá todavía es más importante lo que ha descubierto la psicóloga Vicki Helgeson, de la Universidad Carnegie Mellon: es más probable que sean las mujeres y no los hombres las que crucen la línea que separa el estar emocionalmente conectado con los demás y el implicarse emocionalmente demasiado con los demás.[12] Esas mujeres basan su autoestima y su bienestar excesivamente en lo que los demás piensan de ellas y en cómo van sus relaciones. Esto hace que estén permanentemente preocupadas y angustiadas por las consecuencias

10. A. Feingold, «Gender Differences in Personality: A Meta-Analysis», *Psychological Bulletin*, nº 116, 1994, págs. 429-456.

11. R. C. Kessler y J. D. McLeod, «Sex Differences in Vulnerability to Undesirable Life Events», *American Sociological Review*, 1984, págs. 620-631.

12. V. Helgeson, «Relation of Agency and Communion to Well-Being: Evidence and Potential Explanations», *Psychological Bulletin*, 1994, págs. 412-428.

que puede tener en sus relaciones incluso el más insignificante de los cambios y hace también que, a veces, con la intención de contentar a los demás, acaben por tomar decisiones equivocadas en sus vidas. Mis investigaciones han mostrado que la tendencia a implicarse emocionalmente demasiado con los demás ayuda a que el pensamiento excesivo crónico se dé más en las mujeres.[13]

Denise, una fisioterapeuta larguirucha y vivaz de 29 años, es un buen ejemplo de ello. Todo lo que Denise necesita para empezar a pensar demasiado es que su marido, Mark, se levante con el pie izquierdo. Él no es una persona madrugadora y por la mañana, especialmente si la noche anterior le ha costado dormirse, suele estar un poco malhumorado. Se pasea de un lado a otro de la casa, enfurruñado, con su bata desaliñada, sin decirle una palabra a nadie, con el pelo revuelto, mientras bebe a sorbitos el café en su tazón de la National Public Radio. Una vez en la mesa del desayuno, como siempre y sin motivo, regaña a los niños por culpa de sus modales en la mesa.

A Denise, en cambio, le encantan las mañanas, es el momento del día en que mejor se siente. Se despierta a las 5.30, corre casi 5 kilómetros en su cinta caminadora y, después de una ducha rápida, se va alegremente a desayunar. Cuando entra en la cocina y se da cuenta de que Mark está malhumorado, la mente de Denise empieza a acelerarse:

> ¿Hice algo anoche que le molestara? No recuerdo haber hecho nada. Pero por la noche tengo tanto sueño que es posible que no recuerde lo que hice. ¿Hicieron los niños alguna trastada? Me pregunto si está preocupado por el trabajo. ¡Oh!, no quiero sacar el tema del trabajo: no puedo soportar que no se sienta bien en él.

Al final, Denise acaba preguntándole sumisamente qué le ocurre. Si está muy malhumorado, le suelta: «¡Nada!». Pero generalmente reconoce que está afectado por su típico estado de ánimo de las mañanas y así se lo dice a Denise. Sin embargo, ella siempre piensa que ésa no es toda la verdad y se pregunta qué es lo que le molesta en realidad. A veces, le da la lata intentando descubrir la razón por la que

13. S. Nolen-Hoeksema y B. Jackson, «Mediators of the Gender Difference in Rumination», *Psychology of Women Quarterly*, 2001, págs. 37-47.

está disgustado. Las mañanas en las que no hay nada que le disguste excepto el hecho de que es por la mañana, las preguntas y las sugerencias insistentes de Denise sobre lo que quizá va mal le molestan particularmente. Si consigue ser razonable, se limita a alejarse de Denise mientras le dice que tiene que vestirse. A veces, sin embargo, pierde los estribos y le dice que lo deje en paz y que no haga una montaña de un grano de arena.

Por supuesto, esto no hace sino darle a Denise más motivos para pensar demasiado. Puede pasarse lo que queda del día preocupándose por lo que le ocurre a Mark y fustigándose por haber llevado mal el altercado de esa mañana.

La solución para las mujeres no es, por supuesto, ser frías o poco compasivas con los demás. Pero las que nos definimos demasiado en términos de nuestras relaciones deberíamos encontrar una base más sólida para nuestra autoestima para no estar constantemente a merced de los inevitables baches de las relaciones. Sin embargo, eso sólo será posible cuando reconozcamos nuestra tendencia a caer en el pensamiento excesivo y desarrollemos estrategias para liberarnos de él.

## ¿Pensar demasiado es algo normal en las mujeres?

Tal vez las mujeres piensan más que los hombres simplemente porque son más emocionales. Incluso los maestros de parvulario nos cuentan que las niñas experimentan más emociones y las expresan más que los niños, y esta creencia se mantiene en los adultos de todas las edades. Éste es un mito cultural que, de hecho, podría tener algo de verdad, al menos por lo que a algunas emociones se refiere. La psicóloga Lisa Feldman Barrett, del Boston College, ha descubierto que las mujeres no sólo dicen que experimentan más emociones que los hombres, sino que, de acuerdo con lo que pudo observar directamente en mujeres y hombres de zonas y grupos de edades distintos, las mujeres hablan más de sus emociones y las expresan más que los hombres. Feldman Barrett y sus colegas entrevistaron a personas de distintas profesiones en siete localidades de Estados Unidos y de Alemania con el objetivo de que les contaran cómo se sentirían, y cómo creían que otra persona se sentiría, en cada una de las veinte situaciones que les plantearon.[14] Una de esas situaciones era, por ejemplo: «Tú y tu mejor amigo os dedicáis profesionalmente a lo mismo. Hay un premio que se da anualmente a la mejor presentación del año. Los dos os esforzáis para ganar el premio. Una noche comunican quién es el ganador: es tu amigo. ¿Cómo te sentirías? ¿Cómo se sentiría tu amigo?». Los participantes en el estudio escribieron sus respuestas a estas preguntas y los investigadores las analizaron teniendo en cuenta la cantidad de emociones expresadas. En todos los grupos, las mujeres demostraron tener más conciencia que los hombres tanto de sus propias emociones como de las de las demás personas que aparecían en esas situaciones.

¿Es la conciencia de nuestras propias emociones algo con lo que las mujeres nacemos? Bueno, es posible, pero también hay razones para creer que, desde una edad muy temprana, a las mujeres se nos acostumbra más que a los hombres a prestar más atención a nuestras emociones. Investigaciones realizadas por psicólogos del desarrollo como Eleanor Maccoby, de la Universidad de Stanford, y Judith Dunn, del Institute of Psychology de Londres, han mostrado que una de las mayores diferencias entre el modo en que los padres tratan a sus hijas y el modo en que tratan a sus hijos es que, así como los padres prestan atención a la expresión de tristeza y angustia de las niñas y la apoyan, desalientan la de los niños. Muchos teóricos han sostenido que desalentar la expresión de las emociones y los sentimientos negativos no es saludable para los niños, porque con ello aprenden a negar y a reprimir sus sentimientos de tristeza y miedo.[15] Hasta cierto punto no hay duda de que eso es verdad.

Pero cada vez hay más razones para creer que los padres no benefician a sus hijas mimando sus emociones negativas. Hay padres que refuerzan excesivamente las expresiones de tristeza y ansiedad de sus hijas: por ejemplo, animándolas a que hablen sobre esos sentimientos y señalando todas las razones por las que sus hijas deberían sentirse tristes o angustiadas, y *no* ayudándolas a pensar en los posibles modos de cambiar las situaciones difíciles o de sobrellevarlas mejor.[16]

14. L. Feldman Barrett, R. D. Lane, L. Sechrest y G. E. Schwartz, «Sex Differences in Emotional Awareness», *Personality and Social Psychology Bulletin*, nº 26, 2000, págs. 1.027-1.035.

15. W. Pollack, *Real Boys: Rescuing Our Sons from the Myths of Boyhood*, Nueva York, Random House, 1998 (trad. cast.: *Comprender y ayudar a los chicos de hoy: cómo potenciar las cualidades de los futuros adultos*, Barcelona, Amat, 2002).

16. J. Dunn, I. Bretherton y P. Munn, «Conversations about Feeling States between Mothers and Their Young Children», en *Developmental Psychology*, 1987, págs. 132-139;

Además, hay padres que hablan tanto sobre sus propios sentimientos de tristeza o angustia que transmiten una sensación de impotencia y desesperación. Y, sobre todo, hablan más de esos sentimientos delante de sus hijas que de sus hijos. Las niñas captan esos mensajes con toda claridad: la infelicidad está por todas partes y no hay mucho que podamos hacer salvo concentrarnos en ello.

En nuestro estudio, les preguntamos a mujeres y a hombres hasta qué punto les parecían controlables sentimientos negativos como la tristeza y la angustia. El número de mujeres que respondieron que esas emociones eran incontrolables —que puede hacerse muy poco para controlarlas— fue significativamente mayor al de los hombres.[17] Por desgracia, cuando simplemente dejamos fluir nuestros sentimientos negativos y los pensamientos asociados a ellos, no tardamos en iniciar un episodio de pensamiento excesivo. Según nuestro estudio, cuanto más incontrolables se cree que son los sentimientos negativos, más probable es que se adquiera el hábito de pensar demasiado.

Hay muchas mujeres que se entregan a un pensamiento excesivo de desquite. Se sientan juntas y se alimentan los sentimientos la una a la otra, en lugar de animarse a manejarlos de un modo productivo o a buscar soluciones para resolver sus problemas. Si una amiga no hace más que avivar el fuego de nuestras cavilaciones negativas, posiblemente nos sentiremos comprendidas y apoyadas, pero también abrumadas e incapaces de hacer nada para solucionar los problemas a los que nos enfrentamos. Éste era el caso de Helen y Betsy. Helen es una mujer soltera de 38 años que vive en Chicago y que lleva seis años estancada en un empleo sin futuro trabajando como azafata de tierra en una importante compañía aérea. Cada mañana, mientras se viste para ir a trabajar, un terror frío y agudo le atraviesa la mente y el cuerpo ante la perspectiva de pasar otra jornada con un jefe estricto, unos compañeros de trabajo egocéntricos y unos clientes hostiles. Cada mañana piensa en todo lo que preferiría hacer: ir de compras, viajar, cualquier cosa le parece más interesante que su trabajo.

---

E. E. Maccoby y C. N. Jacklin, *The Psychology of Sex Differences*, Stanford, California, Stanford University Press, 1974.

17. Nolen-Hoeksema y B. Jackson, «Mediators of the Gender Difference in Rumination», *op. cit.*

Y, sin embargo, cada mañana se pone el uniforme, camina fatigosamente hasta su coche y conduce luego hasta el aeropuerto O'Hare.

¿Por qué Helen no busca otro trabajo? Ésta es una pregunta que se hace constantemente. Sus diálogos internos sobre esta cuestión son más o menos así:

> Debería empezar a buscar otro trabajo. Pero eso requiere tanta energía. No tengo energía. O motivación. Me siento como una tonta. No tengo los conocimientos técnicos necesarios para conseguir un trabajo mejor. Debería volver a la universidad. La universidad cuesta dinero. No tengo dinero porque trabajo en este estúpido puesto que está muy mal pagado. Podría pedir un préstamo. ¿Qué puedo ofrecer como garantía para un préstamo bancario? Siempre puedo recurrir a mis padres. Sí, claro, como si pudiera pedirles algo. Me lo recordarían cada vez que nos viéramos. Igual que me critican porque todavía no me he casado ni he tenido hijos. Probablemente tienen razón: mi vida es patética. ¡Estoy tan cansada!, estoy harta y cansada de todo.

Los pensamientos de Helen dan vueltas y más vueltas, y muchas veces no se detienen hasta que algún acontecimiento externo los interrumpe —la circulación que se detiene inesperadamente, el teléfono que suena, alguien que se le acerca en el trabajo—. Distraerse de sus pensamientos la ayuda a mejorar un poco su estado de ánimo, pero tan pronto como dispone de un poco de tiempo para pensar, reanuda su diálogo interior.

A veces llama a su amiga Betsy, porque sabe que la escuchará y comprenderá sus preocupaciones. Sin embargo, cuando termina una de sus conversaciones con Betsy, Helen suele sentirse peor. Todo lo que Betsy es capaz de decir como respuesta a las quejas de Helen es: «Desde luego, vaya, eso es terrible». Betsy siempre parece considerar que la situación es tan desesperada como cree Helen. Si Betsy hace alguna sugerencia sobre lo que Helen podría hacer para superar algunos de sus problemas, como acudir a una oficina de empleo, Helen le enumera todas las razones por las que su sugerencia no funcionaría y a menudo acusa a Betsy de no entender la situación. Entonces Betsy se siente culpable e inmediatamente se retira y vuelve a responder con sus «desde luego» y sus «vaya» a todo lo que Helen le dice. Al final de la jornada, a Helen sólo le queda energía para volver a casa, calentar algo de comida en el microondas, ponerse a ver sus programas preferidos de televisión y finalmente irse a la cama.

Los amigos pueden ser un buen antídoto para el pensamiento excesivo, y en el capítulo 4 explico cómo relacionarnos con los amigos para superar nuestra tendencia a pensar demasiado. Las mujeres debemos esforzarnos más que los hombres para evitar acabar pensando demasiado en grupo, puesto que tenemos la falsa creencia de que ése es el modo en que se supone que debemos apoyarnos las unas a las otras.

## Todavía hay esperanza

En este capítulo, he dado un montón de razones por las que pensamos demasiado. Pero todavía hay esperanza, ¡y mucha! El resto del presente libro proporciona estrategias concretas para superar el hábito de pensar demasiado y poder llevar una vida más productiva y más feliz. El primer paso es liberar nuestro cerebro de las garras del pensamiento excesivo.

# Segunda parte

## Estrategias para superar el hábito de pensar demasiado

El pensamiento excesivo puede llegar a ejercer un gran dominio sobre nosotras, pero podemos superarlo. En la segunda parte de este libro, describo los tres pasos necesarios para llegar a vencer el hábito de pensar demasiado: romper las ataduras con las que nos atrapa el pensamiento excesivo, elevarnos y conseguir una perspectiva mejor y evitar las trampas futuras mediante nuestros propios recursos.

4

# Cómo liberarnos

Liberarse del hábito de pensar demasiado puede resultar muy duro: debemos concentrar todos nuestros esfuerzos en evitar los pensamientos contraproducentes, por muy arraigados que estén. Pero es absolutamente decisivo que te liberes, si quieres evitar que esas reflexiones malsanas te arrastren al fondo de un pantano emocional y acaben por asfixiar tu espíritu.

En este capítulo, propongo algunas estrategias útiles para liberarnos del pensamiento excesivo. Algunas te resultarán más efectivas que otras. Pruébalas y modifícalas para que encajen con tu situación. Si te encuentras a ti misma diciendo: «Ninguna de ellas me motiva» o «Nada de esto me va a ayudar», piensa que son tu tendencia a pensar demasiado y tu estado de ánimo los que hacen que te sientas así. Muchos de los estudios realizados a partir de tratamientos a personas profundamente angustiadas —los primeros de los cuales fueron realizados por el psicólogo Peter Lewinsohn, del Oregon Research Institute— han mostrado que romper el ciclo del pensamiento excesivo y de pasividad es un decisivo primer paso hacia la liberación y la recuperación. Si pruebas algunas de estas técnicas, estoy convencida de que experimentarás una sensación de alivio tanto en la mente como en el cuerpo.

## Comprender que el pensamiento excesivo no es nuestro amigo

Cuando las personas están inmersas en el pensamiento excesivo, suelen tener la sensación de que han dado con algo realmente importante en sus vidas: «Me he quitado las gafas de cristales de color rosa. Por fin me estoy enfrentando a lo desastrosa que es mi vida en realidad». De esto nos dimos cuenta en uno de los experimentos que realicé con Sonja Lyubomirsky, de la Universidad de California, Riverside.[1] Cuando las personas que estaban deprimidas se pasaban aunque sólo fuera ocho minutos pensando demasiado, tenían la sensación de ser extremadamente perceptivas consigo mismas y con las relaciones que mantenían con los demás. «¡Ahora me doy cuenta de lo mal que va mi matrimonio!», «¡Ahora me doy cuenta de que nunca me van a ascender en este trabajo!», «Debo ser realista: no hay forma de que las cosas puedan irme bien en la universidad», «¡Mi infancia fue tan desastrosa que nunca conseguiré superarla!».

¿Tenían razón respecto a la agudeza de su percepción? No. Pensar demasiado no nos arranca las gafas de cristales rosas ni hace que veamos la vida con más claridad. Al contrario: reduce nuestra visión de tal modo que sólo somos capaces de ver las cosas negativas de nuestra vida. El pensamiento excesivo hace que todo parezca sombrío, gris y abrumador. Deteriora nuestra motivación para hacer cosas positivas e incapacita nuestra mente a la hora de buscar soluciones para nuestros problemas.

Sin embargo, la sensación de que estamos realizando importantes descubrimientos sobre nuestra vida puede hacer que nos resulte mucho más difícil liberarnos del hábito de pensar demasiado. No nos parece bien dejar a un lado las convincentes ideas a las que damos vueltas y más vueltas únicamente porque pensar demasiado nos hace sentir mal. Nos da la sensación de que tenemos motivos profundos para estar irritadas y tristes: tenemos derecho a estar furiosas o deprimidas. Desde luego, tenemos derecho a tener nuestros sentimientos. Pero pensar demasiado no hace más que avivarlos hasta que se convierten en un enorme fuego que escapa por completo a nuestro control. Podemos caer en una depresión de la que luego nos resulte imposible salir, o perder los estribos hasta extremos que luego lamentaremos.

Antes de emplear alguna de las estrategias que describo en este capítulo, es preciso reconocer que el pensamiento excesivo no es nues-

1. S. Lyubomirsky y S. Nolen-Hoeksema, «Self-Perpetuating Properties of Dysphoric Rumination», *Journal of Personality and Social Psychology*, nº 65, 1993, págs. 339-349.

tro amigo. No nos proporciona visiones profundas, sino que nos hace perder el control de nuestros pensamientos y sentimientos. Nos miente y nos seduce para que pensemos y hagamos cosas que no nos benefician.

Cada vez que caigamos en un episodio virulento de pensamiento excesivo, deberíamos intentar algo tan banal como decir: «Pensamiento excesivo, ¡tú no eres mi amigo! ¡Me haces daño! ¡Vete!». Si tienes hijos pequeños, acuérdate de cuando les enseñabas a mostrarse firmes ante los niños que les molestaban y dedícale las mismas palabras a tu pensamiento excesivo: «¡Esto no me gusta nada! ¡Quiero que pares!». Luego lleva a la práctica una de las estrategias que aparecen en este capítulo para distanciarte todavía más de tu pensamiento excesivo.

## Dale un respiro

Una de las estrategias más sencillas pero más importantes para liberarnos del hábito de pensar demasiado es darle a nuestro cerebro un respiro y distraernos haciendo algo que nos resulte agradable. A lo largo de mis investigaciones, he descubierto que distraer positivamente a las personas de su pensamiento excesivo durante sólo ocho minutos es extraordinariamente eficaz para levantarles el ánimo y romper el ciclo de pensamientos repetitivos.[2]

También hemos descubierto —y esto es todavía más importante— que romper las ataduras del pensamiento excesivo haciendo que la gente se concentre en distracciones agradables mejora sus pensamientos: las personas se vuelven más positivas y equilibradas y menos negativas y parciales. Mejora además su capacidad para resolver problemas, lo que las hace más hábiles a la hora de encontrar soluciones a sus problemas y les da más energía para llevar a la práctica esas soluciones. Así, aunque las distracciones agradables suelen librarnos del pensamiento excesivo y de los estados de ánimo negativos sólo por poco tiempo, crean el marco idóneo para que podamos librarnos de ellos durante períodos de tiempo más largos porque nos

2. S. Nolen-Hoeksema y J. Morrow, «Effects of Rumination and Distraction on Naturally Occurring Depressed Mood», *Cognition and Emotion*, nº 7, 1993, págs. 561-570.

ayudan a ser más capaces de superar esos problemas en los que pensamos demasiado.

Janice, una atractiva ama de casa afroamericana de 39 años que vivía en Decatur, Illinois, solía sentarse a la mesa de la cocina cada mañana, después de que los niños se hubieran ido a la escuela, bebiendo su café a sorbitos y cavilando morbosamente sobre todo lo que había pasado en los últimos días. Después de pasarse hora y media así, se sentía abrumada y derrotada, incapaz de pensar claramente en cómo atacar los problemas de su vida, como las malas notas de su hijo en matemáticas o la incapacidad de su madre para cuidar de sí misma. Sin embargo, finalmente aprendió que apartarse de sus pensamientos haciendo las tareas de la casa o preparando algún plato complicado le permitía hacer frente a las tensiones de la vida de un modo mucho más eficaz:

> Dispongo sólo de una determinada energía mental. Si consigo concentrarme mucho en algo, como preparar pan o pasteles, y me concentro mucho en lo que estoy haciendo físicamente, me queda poco espacio para quedarme atrapada en mis problemas.

Todo el mundo puede encontrar su camino o su propio mecanismo para distraerse y no pensar demasiado. Una de las distracciones preferidas de muchas de las personas que participaron en mis estudios era hacer ejercicio. El ejercicio físico, ya sea correr, remar, jugar al tenis o practicar cualquier otro deporte, proporciona un estímulo bioquímico a nuestro cerebro y es una distracción saludable para no pensar demasiado. Asegúrate de elegir un ejercicio que le convenga a tu cuerpo (quizá deberías consultar con tu médico antes de empezar a practicar un deporte). Los deportes que requieren toda tu atención —como un partido de squash que suponga algún reto para ti o una escalada especialmente difícil— son más efectivos a la hora de distraerte del pensamiento excesivo que los deportes que pueden practicarse automáticamente y que requieren menos atención. Los corredores de fondo acostumbran a poner el piloto automático y acaban pensando demasiado mientras corren. Si ya has practicado un deporte individual durante mucho tiempo, tal vez necesites cambiar tu rutina a menudo para mantener tu mente tan activa como tu cuerpo.

Los *hobbies*, como la jardinería, el modelismo o la pintura, pueden ser distracciones muy efectivas. Entregarte por completo a la distracción que hayas elegido es vital. Intenta algo nuevo que te obligue a desarrollar nuevas habilidades. Tanto los *hobbies* como el ejercicio físico pueden hacer que te sientas más realizada y mejor contigo misma, y eso ayudará a que te suba la moral y evitará que vuelvas a caer en el pensamiento excesivo.

Hay personas que saben librarse del pensamiento excesivo quedándose absortas en la lectura de un libro o viendo una película. Otras encuentran algún trabajo que les sirve tanto de distracción como para alimentar su autoestima. Jugar con tus hijos puede mantener tu mente alejada de tus cavilaciones y también ayudarte a que te fijes únicamente en lo que es importante en tu vida. Si no tienes hijos, entretente con alguna mascota: ve a correr con tu perro o cómprale a tu gato un juguete nuevo.

Ayudar a los demás es una distracción magnífica, además de un importante modo de expresar tus valores. Preséntate como voluntario para servir sopa en un hogar de acogida para personas sin hogar. Ayuda a algún grupo dedicado al cuidado medioambiental a limpiar los bosques. Llévale la comida a alguna persona mayor a la que no le sea posible salir de casa. Tal vez veas tus preocupaciones bajo una luz distinta después de pasar algún tiempo con personas menos afortunadas que tú o tras poner en práctica tus valores en acciones comunitarias.

Las distracciones nos liberan del pensamiento excesivo al romper las conexiones entre los nodos de negatividad de nuestro cerebro, de un modo parecido a lo que sucedería si se cortara la línea telefónica que comunica las casas de un vecindario. Si esos nodos de negatividad no pueden comunicarse con los demás, tampoco pueden alimentarse entre ellos para aumentar nuestro estado de ánimo negativo y proporcionarnos más material sobre el que pensar demasiado.

Naturalmente, no es saludable que continuamente evitemos pensar en nuestras preocupaciones y nos entreguemos sin descanso a distracciones varias. Gran parte de las investigaciones psicológicas desde los tiempos de Freud se han centrado en personas que crónicamente niegan sus sentimientos negativos o los evitan, y evidentemente no es nada recomendable hacerlo. Pero lo que me preocupa son las personas que están en el otro extremo: las personas que se pasan demasiado tiempo pensando en sus emociones y preocupaciones y cuyo estado de ánimo, así, se desploma en espiral hasta la depresión profunda, la angustia y la agresividad. Para esas personas, las distracciones ocasionales son una herramienta muy útil para detener esa caída y para encontrar el camino hacia un tratamiento más efectivo de sus problemas.

Hay modos poco saludables de distraerse. Algunas personas, en su mayoría mujeres, se dan atracones de comida con la intención de no pensar en sus problemas. Aunque al principio comer sienta bien, después suele hacernos sentir muy mal. Físicamente, puede que nos sintamos hinchadas y que no nos encontremos bien. Emocionalmente, es probable que nos sintamos deprimidas, que nos enfademos con nosotras mismas, que tengamos la sensación de haber perdido el control. Al final, los atracones de comida no harán más que darnos más motivos para pensar demasiado.

Algunas mujeres tratan de ahogar sus penas en el alcohol. Tal vez funcione a corto plazo, pero a largo plazo generalmente acaba siendo peor el remedio que la enfermedad. El alcohol actúa en el sistema nervioso central como un depresivo y hace que nuestro estado de ánimo decaiga, lo cual puede generar todavía más pensamientos negativos. El alcohol a menudo nos lleva a preocuparnos más de nosotras mismas y eso no desanima en absoluto al pensamiento excesivo. Además, los problemas relacionados con el consumo frecuente de alcohol nos dan todavía más razones para pensar demasiado. Como he comentado en el capítulo 1, las personas que tienen el hábito de pensar demasiado son más propensas a darse a la bebida y a tener problemas sociales relacionados con el consumo de alcohol (como la pérdida del empleo).

Éste era el caso de Paula, una agente inmobiliaria de 28 años. Los episodios de pensamiento excesivo de Paula solían girar en torno a su ex marido, Vince, un auténtico imbécil del que Paula se divorció cuando descubrió que la estaba engañando con una muy buena amiga de la pareja. Paula y Vince habían trabajado mucho para poder comprarse una casa, y Paula tenía la esperanza de poder volver a la universidad para sacarse un máster cuando tuvieran una posición económica más confortable. Ese día nunca llegó, en parte porque Vince se había gastado el dinero en caprichos: una lancha motora para el verano, un equipo de esquí de los caros para el invierno, el club de golf, el balneario y un período de vacaciones en una multipropiedad. «Relájate, diviértete un poco, no estés tan tensa», solía decirle a Paula cuando discutían por el dinero que él despilfarraba.

Cuando Paula descubrió que Vince le era infiel, quedó destrozada, aunque la noticia no la sorprendió del todo. Él le suplicó que le perdonara y que no le dejara, pero Paula estaba tan enfadada y tan dolida que pidió el divorcio tan pronto como pudo y rechazó hablar de reconciliación con Vince. De eso hace dos años. Desde que el divorcio se hizo efectivo, Paula ha dudado más de una vez de si hizo lo correcto. Está claro que Vince era una fuente de problemas y que ella se merecía protegerse a sí misma. Pero no es capaz de quitarse de encima las preguntas que le rondan por la cabeza a altas horas de la madrugada o en los momentos del día en que se encuentra sola:

> ¿Cómo es posible que no me diera cuenta de que Vince me estaba engañando? Ahora lo veo tan claro. Tal vez si yo no hubiera estado tan ciega las cosas no se hubieran ido al traste tan deprisa. Le odio por lo que le ha hecho a mi vida. Íbamos a tener una buena vida, una bonita casa, hijos, una vida holgada. Nos divertíamos, aunque a veces no pudiéramos permitírnoslo del todo. Y ahora no tengo nada. Ni marido, ni casa, ni hijos. Yo sola nunca podré permitirme ir a la universidad. ¿Por qué no quise cooperar en intentar recomponer nuestro matrimonio?

A menudo, cuando no consigue librarse de este tipo de pensamientos y su estado de ánimo decae a toda velocidad, Paula se sirve un vaso de vino de la botella que siempre tiene a punto en la nevera. Intenta beber sólo por la noche. Pero como tiene un horario muy flexible, a veces pasa por casa a mitad de la jornada laboral para tomarse una copa y «relajarse». Sin embargo, el alcohol no la relaja demasiado. Lo que suele ocurrir es que Paula acaba pasándose un par de horas sentada en el sofá de su casa, bebiendo y recriminando a Vince y a sí misma por la separación.

En los últimos seis meses el tiempo que le dedica a la bebida ha aumentado tanto que casi todos los días de la semana se toma al menos un par de copas, aunque tenga que enseñar algún piso o reunirse con algún cliente más tarde. Durante el día, en lugar de vino toma vodka, a pesar de que un cliente, al darse cuenta de que a Paula le olía el aliento a alcohol a las dos de la tarde, le comentó: «Debe de haber sido una comida de trabajo muy divertida». Durante los últimos seis meses, Paula ha faltado un par de veces a reuniones con clientes muy importantes simplemente porque se le pasaron por alto o porque se quedó dormida después de haber estado algunas horas bebiendo en su casa. Sus ventas han caído en picado y su jefe lo ha notado. Paula es presa de una mezcla de pensamiento excesivo, irritación, depresión y alcohol, y se está hundiendo rápidamente.

Necesita quitarse de encima el sentimiento de culpa y la irritación no resuelta hacia Vince y reconstruir su vida sin él. Sin embargo, no podrá hacerlo hasta que logre dejar de consumir alcohol como vía para ahogar sus pensamientos. El alcohol no sólo no nos distrae del pensamiento excesivo, sino que lo alimenta.

Sin embargo, hay muchas distracciones saludables y positivas que pueden ayudarnos a librarnos temporalmente del hábito de pensar demasiado. Debemos esforzarnos en encontrar las que nos levantan el ánimo, liberan nuestra mente y nos proporcionan rápidamente la sensación de control y de gratificación.

## Levántate y ponte en marcha

En mis investigaciones, nos hemos dado cuenta de que las distracciones que requieren concentración y actividad son más eficaces a la hora de liberarnos del pensamiento excesivo. Por ejemplo, Jannay Morrow y yo realizamos un estudio en el que asignamos dos tipos de ejercicios de distracción a personas con depresión: uno que requería que se levantaran y se pasearan por la habitación, y otro que podían llevar a cabo mientras estaban tranquilamente sentadas ante un escritorio.[3] El ejercicio físico funcionó mejor a la hora de aligerar su estado de ánimo depresivo y su pensamiento excesivo. ¿Por qué? Tal vez la actividad física tiene ciertos efectos bioquímicos —la segregación de ciertas sustancias químicas del cerebro como la norepinefrina o la serotonina— que repercuten positivamente en el estado de ánimo y en el modo de pensar. También es más difícil que volvamos a caer en el pensamiento excesivo cuando vamos de un

3. J. Morrow y S. Nolen-Hoeksema, «The Effects of Response Styles for Depression on the Remediation of Depressive Affect», *Journal of Personality and Social Psychology*, nº 58, 1990, págs. 519-527.

lado para otro y nos concentramos verdaderamente en lo que estamos haciendo.

Si en mitad de la noche empezamos a cavilar, puede ayudarnos muchísimo levantarnos y pasear arriba y abajo. Si hace un cuarto de hora o veinte minutos que estás echada en la cama pensando demasiado, levántate y sal de tu dormitorio. No caigas en la trampa de pensar que si sigues echada unos cuantos minutos más podrás dejar a un lado tus preocupaciones y acabar por dormirte. Y, sobre todo, no caigas en la trampa de pensar que dándole vueltas a tus problemas durante toda la noche conseguirás entenderlos mejor. Pensar en mitad de la noche muy raras veces nos aporta algo bueno, y casi siempre va acompañado de angustia y miedo. Es más, si perdemos muchas horas de sueño, al día siguiente estaremos cansadas, con lo que nos costará mucho más concentrarnos y enfrentarnos a las situaciones. Levántate, ve a algún lugar tranquilo, como la sala de estar, y lee algo que te distraiga. No trabajes ni leas nada que pueda angustiarte. Cuando empieces a tener sueño, vuelve a la cama e intenta dormir.

Si hay espacios que normalmente te ayudan a pensar demasiado, como tu despacho, puedes intentar cambiar su aspecto. Por ejemplo, cuando yo entro en mi despacho y veo montones de papeles encima de mi escritorio, suelo sentirme abrumada y a pensar que tengo demasiado trabajo por hacer. Ordenar mi escritorio y deshacerme de los papeles superfluos me parece que calma esas preocupaciones. No sé si lo que me ayuda es la sensación de tener las cosas bajo control, la actividad física que representa ir de un lado a otro de la habitación o cambiar el aspecto de mi despacho: probablemente son las tres cosas juntas. Sea como sea, caerás menos en tu pensamiento excesivo en un espacio concreto si cambias su aspecto.

Algunas veces, cuando te encuentres dándole vueltas y más vueltas a las cosas, te bastará con salir de la habitación. Ve a dar un paseo o una vuelta en coche, o sal a comer fuera. Lo importante es que hagas algo agradable que te aparte aunque sólo sea durante un rato del estímulo directo de tu pensamiento excesivo y que te sirva de distracción.

## Haz de policía del pensamiento

A veces estamos en situaciones en las que resulta difícil encontrar alguna distracción que nos aleje de nuestro pensamiento excesivo o levantarnos e ir de un lado a otro. Veamos, por ejemplo, el caso de Carolyn, una atractiva ejecutiva de 40 años de una empresa de inversiones de Wall Street que estaba sentada escuchando una presentación mortalmente aburrida. El tipo que hacía la presentación estaba ahí de pie, con el mismo traje negro de lana y la misma corbata de ejecutivo que llevaban los demás hombres de la sala. No dejaba de soltar tonterías acerca del comportamiento de los mercados. Carolyn estaba convencida de que ese hombre no había pasado mucho tiempo en el patio de operaciones de la bolsa ni trabajando en inversiones en primera línea.

Mientras estaba ahí sentada, Carolyn empezó a pensar en la pelea que había tenido con su novio Ned la noche anterior. Habían estado echados en el sofá de piel de su espacioso piso, viendo una película. En realidad Ned no estaba atento. En lugar de eso miraba a Carolyn, que estaba especialmente atractiva esa noche, con unas mallas negras, una sencilla camiseta ligeramente ajustada y los cabellos negros que le caían delicadamente a ambos lados del rostro. Ned empezó a acercársele cariñosamente, pero ella le dijo que estaba muy cansada y que no le apetecía tener relaciones sexuales esa noche. Ned puso mala cara durante el par de horas que duró la película. Carolyn había notado que él estaba disgustado, pero en lugar de mostrarse conciliadora, se enfadó con él y lo acusó de ser egoísta. Él contraatacó acusándola de no tener suficiente apetito sexual. Luego, en lugar de quedarse a pasar la noche con ella, se levantó y se marchó a su casa. Carolyn se pasó despierta la mitad de la noche dándole vueltas y más vueltas a la discusión y preocupándose de que a la larga ese incidente acabara perjudicando la relación.

Mientras le daba vueltas a su discusión con Ned, Carolyn empezó a preocuparse de que Ned estuviese en lo cierto: en realidad ella no tenía bastante apetito sexual. De hecho, llevaba dos semanas sin mostrar ningún interés por el sexo y la noche anterior no le apetecía en absoluto hacer el amor con él. Cuanto más pensaba en todo esto, peor se sentía. Empezó a pensar en que su madre le había contado que había perdido todo interés por el sexo cuando tenía unos 40 años. ¿Era algo genético? ¿Se estaba convirtiendo en una mujer frígida como su madre?

Carolyn se dio cuenta de que estos pensamientos se estaban adueñando de ella, pero la presentación en la que se encontraba no la distraía en absoluto. Normalmente detenía su tendencia a pensar demasiado yendo al gimnasio o leyendo un buen libro, pero no podía hacer nada de eso en medio de la presentación. Así que gritó «¡Para!», no en voz alta, por supuesto, sino en su cabeza. Eso interrumpió sus pensamientos por un momento. Cuando empezaron a colarse en su mente de nuevo, Carolyn nuevamente gritó «¡Para!» en el interior de su cabeza. En el papel que tenía delante, dibujó un signo de *stop* y escribió en su interior **stop** en negrita. Interrumpir así su tendencia a pensar demasiado le permitió echar un vistazo a la sala y encontrar un modo de desviar su atención. Decidió escuchar al hombre que estaba haciendo la presentación y anotar todos los argumentos que se le ocurrieran en contra de lo que dijese. Al parecer, esto absorbió bastante su atención, de modo que Carolyn consiguió pasar el resto de la presentación sin cavilar acerca de Ned.

Todos tenemos la capacidad de crear nuestro propio signo interior de *stop* y, de este modo, poner fin a la espiral negativa. Hay personas que se compran un pequeño signo de *stop* en una tienda de juguetes y lo guardan en su escritorio o en el monedero para poder sacarlo cada vez que necesitan hacer de «policía del pensamiento». Otras personas dibujan su propio signo de *stop* y lo pegan con cinta adhesiva a la parte interior de su escritorio o en la pared de su despacho.

Tal vez no te funcione decir «¡Para!», pero sí pensar en alguna otra expresión. Inténtalo con «¡No!» o «¡No debo seguir por ahí!» o «¡Basta!». Piensa en algo que creas que puede frenar en seco tus pensamientos. Detendrá tu pensamiento excesivo por poco tiempo, pero con suerte será suficiente para que puedas interceder por ti de algún otro modo cuyo efecto sea más duradero.

## No dejes que tus pensamientos se salgan con la suya

Si puedes interrumpir tu pensamiento excesivo durante unos instantes, probablemente tu mente dispondrá del tiempo suficiente para pensar en expresiones o en conceptos más elaborados que puedan ayudarte a distanciarte todavía más de tus preocupaciones. Si le estás dando vueltas y más vueltas a algún conflicto que has tenido con alguien, dejándote llevar por el tipo de pensamiento excesivo centrado en un sentimiento de afrenta, te puedes decir a ti misma: «No dejaré que se salgan con la suya y que acaben dominando mis pensamientos». Refuerza este pensamiento teniendo presente que esas personas se saldrán con la suya justamente si sigues pensando demasiado, porque con ello conseguirán convertirte en una persona desdichada. Que te distancies un poco de tus pensamientos de enfado no significa que te hayas dado por vencida o que hayas cedido a las exigencias de los demás. Simplemente significa que no dejarás que otras personas dominen tus pensamientos o hagan que tu estado de ánimo decaiga. Una vez que te hayas distanciado del conflicto, podrás reconsiderarlo con mucha más capacidad mental para encontrar soluciones adecuadas.

Los pensamientos de Kay le hablaban a gritos de una carta que había recibido esa misma mañana en relación con su costumbre de cortar el césped. Hacía cuatro años que Kay cortaba el césped de su casa cada sábado por la mañana y no había recibido queja de ninguno de sus vecinos. Siempre esperaba hasta las once de la mañana para empezar a cortarlo para no despertar a nadie y, al cabo de una hora y media, ya había terminado. Le gustaba hacer el ejercicio físico que comportaba cortar el césped y, teniendo en cuenta que el terreno de la zona era muy arenoso, estaba orgullosa de cómo el césped respondía a sus cuidados.

Esa mañana había recibido una carta oficiosa de la junta directiva de la asociación de propietarios en la que se le decía que había habido «quejas» en relación con el día en que cortaba el césped y en la que se le comunicaba que debería cortarlo únicamente de lunes a viernes entre las nueve de la mañana y las cinco de la tarde. Naturalmente, Kay no podía hacerlo porque a esas horas estaba trabajando. Para cumplir con la exigencia tendría que contratar a alguien que le cortara el césped y no le apetecía cargar con ese gasto:

> ¿Por qué mis vecinos no han venido a hablar conmigo si les molesto cuando corto el césped? ¿Cómo se atreven a decirme cuándo puedo cortar mi propio césped? ¡Cabrones pretenciosos! ¡No deben de tener nada mejor que hacer! ¡No hacen más que entrometerse en la vida de los ve-

cinos! ¡Como no tienen que trabajar durante la semana para ganarse la vida!

Aunque probablemente alguno de los pensamientos de Kay estaba justificado, se apoderaron literalmente de su mente durante un par de horas, de modo que no pudo concentrarse en su trabajo y se le hizo un nudo en el estómago. Pensó en todo lo que le gustaría decirles a sus vecinos y en pagarles con la misma moneda delatándolos a la junta directiva. Entretanto, empezó a encontrarse mal físicamente, su estado de ánimo empeoró y parecía que iba a perder el día.

De modo que primero se gritó: «¡Basta!». Luego se dijo a sí misma que no quería que esas personas dominaran sus pensamientos. Ya descubriría el modo de luchar contra todo eso, pero no podría hacerlo mientras la cabeza le fuera a toda velocidad. Por el momento, todo lo que quería era sentirse mejor y volver a ser dueña de su mente.

Cuando su cerebro pudo descansar del pensamiento excesivo durante algunas horas, a Kate se le ocurrió consultar el reglamento interno de la asociación para ver si la junta tenía derecho a obligarla a dejar de cortar el césped durante los fines de semana. Una lectura rápida no era suficiente para tener claro con qué derechos contaba Kate para debatir la decisión de la junta, de modo que esa misma tarde, durante el partido de *softball* de su hijo, le enseñó el reglamento interno a un abogado amigo suyo. Él le dijo que consideraba que podría solucionar el problema enviando a la junta una carta en la que dijese que había consultado un abogado y que se había asegurado de que tenía todo el derecho de cortar el césped durante los fines de semana. Kay siguió el consejo de su amigo. La junta no ha vuelto a molestarla desde entonces.

Si tu pensamiento excesivo se centra en una determinada situación, puedes decirte: «¡No dejaré que esta situación se adueñe de mi vida!» o alguna otra frase que te ayude a recuperar el control. La clave está no en dejar que el pensamiento excesivo acabe dominando y dirigiendo tu conciencia, sino en tomar decisiones claras sobre cuándo y cómo pensar en la situación que te está molestando.

## Anótalo en tu agenda

Cuando veas que no puedes dejar a un lado las importantes cuestiones por las que tanto te preocupas, ponle un horario a tu pensamiento excesivo: posiblemente conseguirás tener algo más de control si te reservas algunos momentos para no hacer nada más que pensar. Entonces podrás decirte: «No estoy evitando mis problemas, sino que, en lugar de intentar evaluarlos ahora que tengo otras cosas que atender, me reservo algún momento en el que esté tranquila para reflexionar sobre ellos». Esto puede liberarte de tu pensamiento excesivo durante el tiempo suficiente para que tu atención se concentre en actividades que debes atender primero: tu trabajo, cuidar de tus hijos, dormir un poco.

Muchas personas, cuando llega la hora que se habían reservado para pensar, descubren que las cuestiones a las que daban tantas vueltas, por alguna razón, ya no les parecen tan importantes. Probablemente esa misma mañana, cuando estaban inmersas en un episodio de pensamiento excesivo con vida propia, no tenían ni la menor duda de que estaban echando a perder su vida, o de que la relación con su hijo era un completo desastre. Cuando el pensamiento excesivo centrado en un sentimiento de afrenta las atrapaba, estaban convencidas de que habían sido de algún modo maltratadas e incluso podían pensar en varios métodos para vengarse de sus maltratadores. Pero cuando volvieron a considerar todas estas cuestiones durante la hora que se habían reservado para pensar, sus problemas ya no les parecieron ni tan importantes ni tan abrumadores. Sus maltratadores parecían más humanos y la necesidad de castigo ya no era tan acuciante. Todo esto era así porque librarse del pensamiento excesivo a primera hora del día había permitido que su estado de ánimo mejorara y que su mente se aclarara, de modo que, cuando llegó la hora que se habían reservado para pensar, pudieron abordar sus preocupaciones desde una perspectiva más equilibrada.

Si decides reservarte una hora para pensar, procura que no sea justo antes de irte a la cama. No debes tener esos pensamientos angustiosos revoloteando por tu cabeza mientras intentas dormirte. Convendría que eligieras para pensar algún momento del día en el que sueles sentirte relativamente bien y en el que puedas sentarte tranquilamente a solas o en compañía de algún amigo de confianza para reflexionar sobre tus preocupaciones. Si ves que durante la hora que te habías reservado para pensar empiezas a pensar demasiado con excesiva intensidad, quizá deberías tomarte descansos cortos para no caer en el profundo pozo de la desesperación. Si piensas que es probable que acabes cayendo en ese pozo, es muy importante que, en la hora que te dediques a pensar, cuentes con la ayuda de algún confidente o de un terapeuta.

## Delega tus preocupaciones

¿Os acordáis de Phyllis, la coqueta mujer de 70 años de la que hablamos en el capítulo 2 y que le dijo a una de nuestras entrevistadoras que le entregara sus preocupaciones a Nuestro Señor y que siguiera luego con su vida? Una de las sorpresas con la que me encontré en mis investigaciones es que, a pesar de que nuestra sociedad actual se proclama no religiosa, un 40% de las personas a las que entrevistamos en nuestros estudios sobre grupos dijo que se dedicaba a rezar o a la meditación espiritual para librarse de sus angustias y de su pensamiento excesivo.[4] Incluso personas que no seguían ninguna religión en particular confesaron que solían decir alguna plegaria en busca de apoyo y ayuda cuando se sentían abrumadas por las preocupaciones. Hay muchas personas que, sin ser creyentes de ninguna religión oficial, tienen la sensación de que están conectadas con algún poder superior capaz de guiarlas en tiempos de necesidad.

Si rezando no te sientes bien o si eres ateo, tal vez deberías considerar la posibilidad de hacer meditación. Hay muchos tipos de meditación. El psicólogo Alan Marlatt, de la Universidad de Washington, enseña a sus pacientes a meditar como un medio para superar las adicciones y los comportamientos compulsivos, y describe los dos tipos básicos de meditación: la meditación concentrativa y la meditación vipassana (*insight*).[5] En la meditación concentrativa, fijamos la atención en el momento preciso en que nos encontramos, o en una frase o una imagen que mantenemos en la mente, mientras dejamos que nuestro pensamiento

4. S. Nolen-Hoeksema, datos no publicados, Universidad de Michigan, 2002.

5. G. A. Marlatt y J. Kristeller, «Mindfulness and Mediation», en W. R. Miller (comp.), *Integrating Spirituality in Treatment,* Washington, D.C., American Psychological Association Books, 1999.

excesivo vaya disminuyendo naturalmente. Relajamos nuestro cuerpo dejando que la tensión se vaya y respirando regularmente. Podemos concentrarnos en cada respiración, sentir el frescor del aire cuando entra por la nariz y su calidez cuando sale. Si algún pensamiento angustioso penetra en nuestra mente debemos, sin alterarnos, volver a centrar nuestra atención en la respiración, o en la imagen o frase que hemos elegido. Cuando hayan transcurrido unos diez minutos, sentiremos nuestro cuerpo profundamente relajado y nuestra mente más aligerada.

En la meditación vipassana, o lo que el psicólogo John Teasdale del Medical Research Council de Inglaterra llama *mindfulness meditation* [meditación de atención], intentamos ser intensamente conscientes de todos nuestros pensamientos, imágenes, sensaciones físicas y sentimientos a medida que van apareciendo.[6] En lugar de luchar con esos pensamientos y sensaciones, los aceptamos con la actitud de un observador imparcial. Dejamos que amorosamente vayan pasando, sin evaluarlos, simplemente tomando nota de que se han producido. El objetivo es desarrollar nuestra habilidad para llegar a la «desidentificación mental», en la que nuestros pensamientos ya no nos controlan, ni tampoco enmascaran la percepción que tenemos de nosotros mismos. En lugar de eso, nuestros pensamientos son algo que observamos desapasionadamente.

Si no quieres ir a clases de meditación o visitar a un terapeuta que te enseñe a meditar, puedes consultar alguno de los libros de autoayuda dedicados a este tema, como *Instant Calm* (Plume Books, 1995), de Paul Wilson. Este libro contiene un montón de técnicas rápidas que te pueden ayudar a liberarte de los pensamientos negativos y calmar tu mente. Puedes romper temporalmente el ciclo del proceso del pensamiento excesivo con sólo tomar aire profundamente tres veces y concentrarte únicamente en la sensación que te produce el aire cuando entra y sale de tus pulmones. Otro libro útil, uno de los primeros sobre técnicas de relajación, es *The Relaxation Response* (Plume, 1975),* de Herbert Benson.

Tal vez todo esto te suene a música celestial. O quizá tienes la sensación de que tus problemas son tan graves que con algo tan simple

6. Z. V. Segal, J. M. G. Williams y J. Teasdale, *Mindfulness-Based Cognitive Therapy for Depression: A New Approach to Preventing Relapse*, Nueva York, Guilford, 2002.

* Trad. cast.: *Relajación*, Barcelona, Pomaire, 1977. (*N. del e.*)

como la meditación no tendrás ni para empezar. Sin embargo, las investigaciones realizadas por Alan Marlatt, John Teasdale y J. Kabat-Zinn han mostrado que la meditación puede ayudar a que personas afectadas por problemas psicológicos graves (depresiones profundas, ataques de pánico, trastornos obsesivo compulsivos, trastornos de la alimentación o adicción a las drogas) tengan más control sobre sus sentimientos, sus pensamientos y su comportamiento.[7] La meditación también representa una ayuda para muchas de las personas afectadas por enfermedades físicas, como el dolor crónico o enfermedades cardiovasculares. Para que la meditación te resulte beneficiosa no hace falta que creas en religiones orientales o de ningún otra índole.

¿Cómo funciona la meditación? Hay varias teorías, pero la verdad es que no lo sabemos realmente. La relajación que proporciona la meditación puede contrarrestar la tensión de la ansiedad, el enfado y la depresión. Que nos liberen de estos sentimientos durante un rato puede hacer que dejemos de pensar demasiado y convencernos de que realmente podemos sentirnos mejor. Algunas investigaciones sugieren que, gracias a la meditación, la actividad de nuestro cerebro se reparte entre los dos hemisferios de un modo más equilibrado y eso podría contribuir a que sus efectos sean beneficiosos. John Teasdale propone que cuando aprendemos a distanciarnos de nuestros pensamientos negativos mediante la meditación solemos tener la sensación de que somos nosotros quienes controlamos nuestros pensamientos y no los pensamientos los que nos controlan a nosotros. Esto nos permite descartar o superar modos autodestructivos de pensar y atacar nuestros problemas sintiéndonos más seguros y preocupándonos más de nosotros mismos.

## Apóyate en los demás

Uno de los modos de librarse del pensamiento excesivo más empleado por las personas que participaron en nuestros estudios era hablar con algún familiar o algún amigo de confianza. El 90% de las personas a las que entrevistamos dijo que había hablado de su ten-

7. J. Kabat-Zinn, *Full Catastrophe Living: Using the Wisdom of Your Body and Mind to Face Stress, Pain, and Illness*, Nueva York, Delacorte Press, 1990.

dencia a pensar demasiado con alguien al menos alguna vez, y el 57% dijo que, para romper los ciclos de pensamiento excesivo, casi siempre o siempre hablaba de ello con alguien.[8]

Hablar con otra persona, si se trata de una persona que nos haga sentir aceptadas y entendidas, puede ayudarnos a superar las cavilaciones negativas, y también a organizar nuestros pensamientos y adoptar una perspectiva mejor que nos permita solucionar nuestros problemas. Por ejemplo, supongamos que una amiga nos pide que le demos más detalles de la situación que nos ha puesto de mal humor. Tal vez esté de acuerdo con nosotras en que hemos sido víctimas de esa situación. Sin embargo, enseguida nos ayuda a pensar en modos positivos de reaccionar y a ganar la seguridad suficiente para que podamos llevar a cabo lo que nos parezca mejor.

No obstante, hablar con los demás sobre nuestro hábito de pensar demasiado también puede ser contraproducente. A veces los amigos, cuando se sientan a nuestro lado y alimentan nuestras emociones, en lugar de ayudarnos a alcanzar una nueva visión de nuestros problemas no hacen más que atizar las llamas de nuestras preocupaciones. Lo importante es que aprendamos a reconocer cuándo nos hemos puesto a pensar demasiado con nuestros amigos y que seamos capaces de pedirles directamente ayuda para escapar de nuestros pensamientos circulares y alcanzar una posición desde la que podamos evaluar más eficazmente nuestras preocupaciones y sus posibles soluciones.

Terri sabía que necesitaba hablar con alguien. Su marido, Joe, y ella habían tenido una pelea terrible mientras desayunaban, una pelea que culminó con la petición de divorcio de Joe. Estaba muy claro que hacía meses que su matrimonio tenía problemas, pero aun así la declaración de Joe dejó a Terri anonadada. Esa mañana, mientras iba en su monovolumen a la ciudad para hacer algunos recados, Terri repasó una y otra vez lo que Joe le había dicho a la hora del desayuno, así como todo lo que se habían dicho mutuamente en las demás peleas que habían tenido a lo largo de los últimos meses. Como estaba más atenta a los ecos de su cabeza que a la conducción, estuvo a punto de embestir a un coche por detrás. Decidió entonces dirigirse a casa de Sue.

Sue y Terri eran amigas desde la época del instituto. Las dos eran del tipo «intelectual», más interesadas en el club literario que en los

8. Nolen-Hoeksema, datos no publicados, 2002.

equipos de atletismo. Las dos habían ido a universidades de prestigio y las dos habían vuelto a su ciudad de origen después de la universidad. Sue había elegido quedarse en casa con sus hijos y Terri trabajaba de economista. No eran amigas íntimas, pero Terri sabía que Sue era la persona perfecta cuando necesitaba a alguien para que la tranquilizara y la ayudara a pensar con claridad.

Con sólo abrir la puerta principal, Sue ya vio que Terri estaba alterada. La invitó a pasar y preparó café. Terri respiró profundamente y dijo: «Joe quiere el divorcio. ¿Qué voy a hacer? No quiero que las cosas vayan como hasta ahora, ¡pero tampoco quiero que mi matrimonio se acabe! ¡No puedo pensar! ¡Me siento tan indefensa!».

Sue le dijo a Terri que respirara profundamente y que bebiese un poco de café. Luego le pidió que le contara todo lo que había ocurrido esa mañana y que le dijera cuáles eran según Terri los problemas más importantes de su matrimonio. Sue básicamente se limitaba a escuchar, pero cuando Terri empezaba a fustigarse por «haber echado a perder su matrimonio» o expresaba absoluta impotencia y desesperación, Sue le pedía que respirase profundamente de nuevo, que se tranquilizara y que intentara ceñirse a los detalles concretos. Estuvieron hablando durante unas cuantas horas. Cuando acabaron, Terri estaba mucho más tranquila y sentía que Sue la apoyaba y la ayudaba a sentirse reafirmada. Sue la había ayudado a decidir cómo iba a responder ante Joe a corto plazo: le escribiría una nota y le diría que quería que se esforzaran juntos para intentar salvar su matrimonio. Luego, Sue ayudó a Terri a encontrar el número de teléfono de un consejero matrimonial que había sido útil a una amiga común. Cuando Terri salió de casa de Sue no estaba segura de poder salvar su matrimonio, pero tenía la sensación de que había recuperado lo suficiente el control como para poder pasar el día y enfrentarse a Joe por la noche.

Si quieres que un amigo te ayude a superar un episodio de pensamiento excesivo y a recuperar el control, deberías decirle algo así como: «No sé por dónde tirar, me siento muy indefensa y no sé qué hacer. Me gustaría que me ayudaras a planear cuidadosamente algunas cosas para tener más control sobre algunos de mis problemas». Si, incluso después de pedirle directamente este tipo de ayuda, tu amigo no hace más que repetir tediosos «desde luego...» o empieza a contarte sus preocupaciones («Oh, a mí me ocurrió algo parecido, deja que te lo cuente»), es mejor que busques otro amigo con quien hablar. Busca a amigos como Sue, amigos que sepan cómo manejar las tensiones, que puedan admitir que sufren tensiones, pero cuyas angustias y preocupaciones no lleguen a abrumarles totalmente.

## Ponlo por escrito

Como alternativa a hablar con los demás, a muchas personas les resulta útil poner sus pensamientos por escrito. Al traducir nuestros temores a frases o expresiones trazamos límites a su alrededor. En lugar de estar revoloteando sin control por nuestra cabeza, esas preocupaciones acaban contenidas en los signos que hemos escrito encima de un papel. Anotarlas puede proporcionarnos la sensación de que las controlamos: no son ellas las que nos controlan, sino que, al traducirlas a palabras y plasmarlas en una hoja de papel o en la pantalla del ordenador, nosotros las controlamos a ellas. Hay personas que afirman que escribir es como depurar el cerebro y proporcionarle una gran sensación de alivio. Judi, una secretaria de 50 años que suele cavilar sobre el bienestar de sus hijos ya mayores, nos dijo:

> Una vez que lo he escrito, lo he sacado fuera y lo he dejado marchar, está en manos de Dios. Pero, para mí, dejar fluir mis sentimientos es la mejor estrategia para sobrellevar las situaciones difíciles, y un modo de hacerlo es ponerlos por escrito y así reconocer intelectualmente cuáles son esos sentimientos. Luego, cuando he hecho todo eso, me siento mejor. Es como una purga, así es como yo lo llamo.

Ver sobre el papel los pensamientos que siempre están dando vueltas en tu cabeza también puede ayudarte a organizarlos. Algunos de esos pensamientos tal vez te parezcan ridículos cuando los veas escritos. Otros puede que destaquen como el centro de tus preocupaciones. Si los anotas, te alejas de ellos durante un rato y luego vuelves a pensar en ellos, será incluso más probable que seas capaz de separar las preocupaciones realmente importantes de las que son irracionales.

Las investigaciones de James Pennebaker, de la Universidad de Texas, Austin, muestran que escribir sobre nuestros pensamientos y sentimientos más profundos y sobre las experiencias de nuestro pasado mejora nuestra salud física y también nuestra salud emocional.[9] Pero Pennebaker llega a la conclusión de que escribir es útil únicamente si salimos del pensamiento excesivo y tratamos de entender y resolver nuestros problemas. No podemos limitarnos a repetir nuestros pensamientos y sentimientos negativos sobre el papel una y otra vez: debemos empezar a poner en tela de juicio esos pensamientos para distinguir el pensamiento excesivo con vida propia de las preocupaciones realistas y pensar en lo que podemos hacer como respuesta.

Primero, escribe sólo tus preocupaciones, temores y pensamientos de fracaso y enfado; luego déjalos ahí y ve a hacer algo. Todavía estarán ahí cuando vuelvas, y tanto tus ojos como tu mente los verán con mucha más claridad.

## Descubre lo que te gusta y úsalo

Cuando entrevistamos a personas entregadas al cuidado de algún ser querido que estaba a las puertas de la muerte, les hicimos un montón de preguntas sobre cómo sobrellevaban el estrés que supone estar cuidando a alguien a quien se quiere de veras y saber que su muerte es inminente. Hubo varias personas que dieron respuestas muy parecidas a las siguientes palabras de Letitia, una serena mujer afroamericana de 37 años cuya hermana de 45 años, Annie, se estaba muriendo a causa de un tumor en el cerebro:

> Cada día encuentro algo agradable que hacer por mí. Puede ser algo tan sencillo como comerme una empanada. He hecho el propósito de mirar el cielo y fijarme en su belleza cada día. Recuerdo algo divertido que Annie y yo hicimos en el pasado, como esa vez que fuimos a comprar juntas y Annie encontró ese vestido negro ajustado que le sentaba tan bien. Algo insignificante, algo que aporte un poco de alegría en medio de la angustia y las preocupaciones.

Una investigación nueva y revolucionaria muestra que buscar activamente modos de infundir emociones positivas pasajeras cuando se es-

9. J. W Pennebaker, *Opening Up: The Healing Power of Confiding in Others*, Nueva York, Morrow Books, 1990 (trad. cast.: *El arte de confiar en los demás*, Madrid, Alianza, 1994).

tán viviendo situaciones de gran tensión mejora no sólo el bienestar psicológico, sino también la resolución de problemas y la salud física. La psicóloga Susan Folkman, de la Universidad de California, San Francisco, ha llamado a este fenómeno *estrategias de emociones positivas.*[10] Ha descubierto que los hombres cuyas parejas fueron víctimas mortales de sida mostraban una disminución más rápida de los síntomas depresivos si se esforzaban en aportar emociones positivas a sus vidas.

De un modo parecido, en nuestra investigación sobre el duelo, descubrimos que las personas que, como Letitia, encontraban modos de aportar emociones positivas a la experiencia del cuidado y de la pérdida de un ser querido se recuperaban mejor con el tiempo. A las personas que participaban en el estudio les preguntamos con qué frecuencia empleaban cada uno de los cuatro tipos concretos de estrategias de emociones positivas:

1. Intentaba recordar los buenos tiempos pasados con mi ser querido.
2. Me decía cosas que me hacían sentir mejor.
3. Buscaba los aspcctos positivos de la situación.
4. Empleaba mi sentido del humor.

Las personas que dijeron emplear de forma activa estas estrategias de emociones positivas para poder sobrellevar el período de cuidados y la pérdida del ser querido se adaptaban más deprisa a la pérdida pasado algún tiempo, independientemente del grado de depresión que hubieran experimentado en el momento de la pérdida.

En su teoría de las emociones positivas, Barbara Fredrickson, de la Universidad de Michigan, plantea que emplear las emociones positivas para sobrellevar los estados de ánimo negativos no sólo ayuda a mejorar nuestro estado de ánimo, sino que nos permite pensar mejor y, de este modo, responder a los desafíos del entorno y tomar iniciativas con mayor facilidad.[11] Algunos estudios experimentales muestran que ayudar a que las personas angustiadas tengan emociones positivas pasajeras (pasándoles escenas divertidas de películas) ayuda a

10. S. Folkman y J. T. Moskowitz, «Stress, Positive Emotion, and Coping», *Current Directions in Psychological Science*, nº 9, 2000, págs. 115-118.

11. B. L. Fredrickson, «What Good Are Positive Emotions?», *Review of General Psychology*, nº 2, 1998, págs. 300-319.

que su cuerpo y su mente se recuperen más rápidamente del estrés. Esto hace pensar que las emociones positivas posiblemente también reducen los efectos negativos de las tensiones crónicas en los sistemas fisiológicos de nuestro cuerpo.

Una fascinante investigación realizada a partir del estudio de unas monjas católicas apoya la idea de que las emociones positivas benefician la salud física. Los investigadores Deborah Danner, David Snowdon y Wallace Friesen, de la Universidad de Kentucky, consiguieron obtener 180 autobiografías breves de monjas de dos conventos de Estados Unidos, escritas poco después de que las hermanas pronunciaran sus votos definitivos entre 1931 y 1943, cuando tenían entre 18 y 32 años.[12] Los investigadores evaluaron cada autobiografía en función de la cantidad de emociones positivas que la monja había relatado al escribir sobre su vida. Luego relacionaron el contenido positivo de la autobiografía con una medida de salud muy concreta: si la monja en cuestión había muerto o no en el año 2000. Es importante notar que las monjas habían cursado aproximadamente los mismos estudios, habían disfrutado de las mismas prestaciones sanitarias y tenían más o menos la misma posición socioeconómica. La tendencia a expresar emociones positivas estaba fuertemente correlacionada con la longevidad. Era 2,5 veces más probable que las monjas que habían mencionado pocas emociones positivas en las biografías de su juventud estuvieran muertas en el año 2000, y además murieron una media de diez años antes que las monjas con muchas emociones positivas.

Emplear las emociones positivas puede ayudarte a sobrellevar mejor tu vida en general. Las personas tenemos modos muy distintos de aportar esas emociones a cada momento. Aquí tienes unas cuantas ideas:

— Ir a la peluquería.
— Ir a hacerse un masaje.
— Tomar un baño de burbujas.
— Jugar con niños pequeños.
— Ver una película divertida.
— Contar chistes.
— Ir a dar un paseo por algún lugar bonito.

12. D. D. Danner, D. A. Snowdon y W. V. Friesen, «Positive Emotions in Early Life and Longevity: Findings from the Nun Study», *Journal of Personality and Social Psychology*, nº 80, 1998, págs. 804-813.

— Mirar el álbum de fotos de tus seres queridos.
— Escuchar tu música preferida (con el volumen bien alto).
— Tocar algún instrumento.

Las emociones positivas pueden abrir tus pensamientos de modo que, cuando calmes tu hábito de pensar demasiado y consigas ver las cosas desde una perspectiva más amplia, serás más creativa a la hora de entender tus problemas y de encontrarles soluciones adecuadas.

## Una breve guía de referencia

Hemos presentado muchas estrategias en este capítulo. Aquí tienes un breve resumen:

| **Estrategia** | **Descripción** | **Ejemplo** |
|---|---|---|
| Comprender que el pensamiento excesivo no es nuestro amigo. | Darnos cuenta de que pensar demasiado no nos ayuda a ver las cosas con más claridad, sino que nos nubla la vista. | Di: «¡Pensamiento excesivo, no eres mi amigo! ¡Me haces daño! ¡Vete!». |
| Dale un respiro. | Emplear distracciones positivas para dejar de fijar la atención en el pensamiento excesivo durante un rato. | Lee algún libro absorbente. Date permiso para dedicarte a tu *hobby* favorito. Ayuda a alguien. |
| Levántate y ponte en marcha. | Tomarse el ejercicio físico como una distracción; abandonar temporalmente la situación que genera nuestro pensamiento excesivo. | Sal de la cama y lee algo que te distraiga si empiezas a pensar demasiado por la noche. Si estás en el trabajo y no puedes dejar de pensar demasiado, ve a dar un paseo. |
| Haz de policía del pensamiento. | Decirnos a nosotros mismos con firmeza que de momento debemos dejar de pensar demasiado. | En silencio, grita: «¡Para!». Guarda en tu escritorio un signo de *stop* de juguete. |

| Estrategia | Descripción | Ejemplo |
|---|---|---|
| No dejes que tus pensamientos se salgan con la suya. | Decirnos que no dejaremos que nuestros pensamientos nos dominen. | Date cuenta de que si sigues dándole vueltas al conflicto, tus adversarios habrán ganado la batalla. |
| Anótalo en tu agenda. | Dejar de pensar demasiado hasta que llegue la hora que nos hemos reservado para hacerlo. | Di: «Esperaré hasta las seis para pensar, así que ahora puedo centrarme en el trabajo». |
| Delega tus preocupaciones. | Rezar o meditar para poder superar nuestro pensamiento excesivo. | Pídele a Dios que te ayude con tus preocupaciones. Aprende a meditar para distanciarte de tu pensamiento excesivo. |
| Apóyate en los demás. | Hablar con los demás de las preocupaciones que ocupan nuestro pensamiento excesivo. | Busca a un amigo que sepa llevar bien el estrés y pídele ayuda para organizar tus pensamientos. |
| Ponlo por escrito. | Anotar nuestros pensamientos. | Lleva un diario de tus pensamientos en el ordenador. |
| Descubre lo que te gusta y úsalo. | Buscar actividades que nos proporcionen emociones positivas. | Ve a darte un masaje. Escucha tu música preferida. Disfruta de una película divertida. |

Estas técnicas te ayudarán a liberarte del hábito de pensar demasiado a corto plazo. Sin embargo, con ellas no resolverás los problemas que ocupan tu pensamiento excesivo. Para hacerlo, necesitas conseguir una mejor perspectiva y atacar los problemas de un modo eficaz. El capítulo 5 se centra en cómo puedes conseguirlo.

# 5

# Alcanzar una perspectiva mejor

Cuando hayas conseguido liberarte del pensamiento excesivo, te resultará muy tentador no pensar en absoluto en tus problemas, porque no querrás considerar las cuestiones que te ponen triste, te angustian o te irritan. Esto ocurre especialmente si estás acostumbrada a dar soluciones rápidas a tus sentimientos: «Oye, ya no me siento mal. ¡No quiero volver a pensar en esas historias!». Pero los problemas no resueltos vuelven para atormentarte y todavía te dan más razones para que pienses demasiado. Por eso, cuando hayas conseguido liberarte, es importante que te enfrentes a tus problemas y que empieces a buscar soluciones. En este capítulo, describo estrategias que te permitirán tomar decisiones claras y empezar a actuar para mejorar tu vida.

## Enfoca bien

El *efecto de lente distorsionadora* del pensamiento excesivo nos hace ver nuestros problemas desde la perspectiva menos esperanzadora. Nos fijamos en las interpretaciones más negativas de nuestra situación y en los problemas que prevemos que tendremos cuando intentemos superarla. Al mismo tiempo, apartamos de nuestra mente los puntos de vista más positivos. Como resultado, nos refrenamos y no hacemos lo que estaría en nuestra mano para manejar eficazmente la situación.

El único modo de arreglar esas lentes distorsionadoras es conseguir unas lentes nuevas que nos permitan enfocar bien y, así, adquirir una visión más realista y esperanzada de nuestra situación. El primer paso en este proceso consiste simplemente en decidirnos a cambiar nuestra perspectiva diciéndonos: «Tengo el derecho a elegir cómo considerar esta situación y voy a ejercerlo». Cuando adoptemos esta posición de fuerza, sentiremos que tenemos más control sobre la situación y que ya no estamos tan a merced de nuestro pensamiento excesivo. Seremos libres de pensar en la situación con más claridad y de tomar decisiones mejores sobre cómo responder ante ella.

A algunas de nosotras nos da la sensación de que no tenemos la valentía o la confianza suficientes para elegir cómo queremos ver cierta situación o determinado problema. ¿Cómo sé cuál es el modo correcto? ¿Cómo puedo no hacer caso de lo que dicen los demás y adoptar mi propia posición? Es un hecho que hay personas que han nacido con más confianza en sí mismas que otras. Pero tanto la valentía como la seguridad en uno mismo son músculos que se fortalecen con el ejercicio. Decidirnos a enfocar mejor y a elegir nuestra propia perspectiva en lugar de dejar que alguien la elija por nosotras alimentará nuestra fortaleza emocional, de modo que la próxima vez lo haremos con más facilidad y naturalidad.

Consideremos la impresionante experiencia de cambio de perspectiva de Lori, una enfermera de 38 años con mucha energía, de cabello corto castaño y liso y ojos azules y brillantes. Lori es la madre de Andrew, un niño de 8 años que ha heredado los ojos azules de Lori y el cabello rubio y rizado de su marido. A Andrew lo que más le apasiona en la vida es el fútbol y juega en el mismo equipo infantil desde que estaba en el jardín de infancia. Es bastante bueno, pero para Lori lo más importante es que a Andrew le encanta jugar al fútbol, le gusta mucho hacer ese ejercicio y se lleva estupendamente con sus compañeros de equipo. Los niños tontean por el terreno de juego y, aunque a veces marcan algún gol, generalmente se limitan a evitar tropezar con la pelota o con sus compañeros. Ese año, el padre que hasta entonces había entrenado al equipo de fútbol de Andrew se iba a vivir a otra ciudad, de modo que el equipo iba a quedarse sin entrenador. Como Lori había jugado al fútbol en el instituto y también en la universidad, los demás padres insistieron en que fuera ella la entrenadora. En realidad Lori no quería: no había entrenado nunca a niños de esa edad y en general no le gustaba ser el centro de atención. Pero Andrew se lo suplicó, y el equipo la necesitaba, de modo que accedió. Se compró unos cuantos de libros sobre cómo entrenar a niños, asistió a un par de las conferencias sobre el entrenamiento que se daban los sábados por la mañana y empezó a trabajar con el equipo.

Los entrenamientos fueron muy provechosos. Los niños ganaron todos los partidos de la temporada de primavera excepto uno y además se lo pasaban en grande jugando. De hecho, derrotaban a los demás equipos de su categoría por tanto margen que los partidos no les planteaban grandes retos. Lori pensó que los niños estaban preparados para jugar con los equipos de más categoría de la ciudad y se lo propuso a los otros padres. La mayoría estuvo de acuerdo y expresó su deseo de que sus hijos se enfrentaran a equipos que representaran un desafío mayor y mejoraran así sus habilidades futbolísticas.

Sin embargo, hubo unos pocos padres que se opusieron. Tenían miedo de que sus hijos se quedaran atrás si competían con equipos más fuertes, a pesar de que Lori había trabajado con ellos a conciencia durante toda la temporada de primavera y sus capacidades habían mejorado considerablemente. Uno de esos padres, Mitch, llamó a los otros padres insistiéndoles en que no dejaran que sus hijos compitieran en esa nueva categoría con el equipo de Lori. Acusaba a Lori de ser «demasiado competitiva» y de que «se preocupaba sólo por ganar». También decía que, si competían en esa categoría, Lori sólo dejaría jugar a Andrew y a los niños más fuertes, y los niños menos capacitados se quedarían en el banquillo.

Lori se enteró de esas llamadas telefónicas por algunos de los padres. Durante varias noches, estuvo despierta durante horas, presa de uno de esos pensamientos excesivos centrados en un sentimiento de afrenta, dándole vueltas a lo que debía de estar pasando a sus espaldas.

> ¿Cómo es posible que Mitch diga esas cosas? ¿Cómo puede creerse lo que está diciendo? No tienen ninguna prueba de ello, ¿verdad? ¿Qué debería hacer, enfrentarme a Mitch? No puedo soportar los enfrentamientos. Además, ¿qué iba a decirle? Sus acusaciones son tan ridículas. Podría decirle que está quedando como un tonto. Podría decirle que sólo se preocupa de su hijo, que no le importa en absoluto el equipo. Quizá debería llamar a los otros padres y exponerles mi versión de la historia. Pero no quiero dar la impresión de que estoy a la defensiva: esto les haría pensar que Mitch tiene razón. ¿Qué puedo hacer? ¡Se está cargando el equipo!

Después de pasarse toda una semana así, Lori se dio cuenta de que estaba permitiendo que Mitch y esa absurda situación la hicieran sentir como si fuese la víctima indefensa de una conspiración. Sabía que tenía que dejar de ver las cosas de ese modo y enfocar mejor; de lo contrario, esa situación acabaría por destrozarla. En primer lugar decidió que sólo pensaría en esa situación a una determinada hora del día: su particular hora de las preocupaciones. Cuando esas preocupaciones empezaron a asomarse de nuevo hacia las tres de la mañana, las dejó a un lado y se dijo que todavía no había llegado la hora de las preocupaciones y que ya se enfrentaría a esos pensamientos al día siguiente, a su hora. Cuando llegó la hora, Lori decidió que, en lugar de sentirse como una víctima, tenía que enfocar mejor la situación. Decidió que la única perspectiva sensata era ésta: Mitch se estaba comportando de un modo ridículo, pero si quería que su hijo no jugara en una categoría más competitiva, a ella le parecía bien. Además, si otros padres querían sacar a sus hijos del equipo, estaban en su derecho. Ella iba a hacer lo que creía que era mejor para esos chicos y seguiría adelante. Lori empezó a dormir profundamente de nuevo y consiguió que su equipo se enfrentara a equipos de una categoría superior con el apoyo de la mayoría de los padres.

Una vez que Lori se hubo liberado de las ataduras del pensamiento excesivo al relegarlo a la hora de las preocupaciones, consiguió una mejor perspectiva, encontró un modo más saludable de manejar la situación y fue capaz de enfocar las cosas mejor, en lugar de dejar que Mitch le impusiera su perspectiva contraria. Si Lori hubiera continuado dejando que las acusaciones de Mitch y las dudas que esas acusaciones generaron determinaran su visión, habría seguido cavilando y dándole vueltas a la situación. Quizás hubiera tirado la toalla y abandonado el equipo para evitar la controversia. O tal vez habría cedido y habría dejado que su equipo siguiera jugando en la misma categoría, aunque supiera que eso no era lo mejor para los niños.

Cuando enfocamos mejor, apartamos nuestra mirada de las perspectivas negativas y conseguimos tener una visión más adecuada de la situación.

En resumen, Lori enfocó mejor y resolvió su problema con éxito gracias a:

- Pensar demasiado solamente a una determinada hora del día y durante un tiempo prefijado.
- Decidir comprometidamente no ver la situación desde una perspectiva victimista.
- Esforzarse en no tener en cuenta los comentarios ridículos de Mitch.
- Creer en su propia visión de la situación.
- Tomar la firme decisión de responsabilizarse de sus decisiones y acciones.

## Reconoce tus emociones y sigue adelante

Es irónico que en estos tiempos en los que todo el mundo cree merecerlo todo pensemos tan a menudo en si está justificado que sintamos ciertas emociones. ¿Está bien que estemos enfadadas? ¿Qué derecho tengo a estar deprimida? ¿Qué me ocurre? ¿Por qué estoy tan angustiada? Las mujeres somos especialmente propensas a preguntarnos si tenemos derecho a estar enfadadas. Hace cuarenta años que el movimiento feminista nos viene diciendo que tenemos ese derecho y, al menos por lo que parece a primera vista, creemos que lo tenemos. Pero en nuestro interior muchas de nosotras nos sentimos mal cuando ejercemos ese derecho, porque ello significa que hemos violado reglas de trato que muchas de nosotras seguimos casi sin darnos cuenta: nunca deberíamos disgustar a otra persona y debemos gustar a todo el mundo. Esta ambivalencia se traduce en pensamiento excesivo después de aquellas ocasiones en que hemos ejercitado nuestro derecho a estar enfadadas. Nos ocurre algo, perdemos los estribos y, durante días, le damos vueltas y más vueltas a si estuvo bien enfadarnos tanto.

El primer paso para liberarnos de estos pensamientos es aceptar que tenemos cierto sentimiento y punto, no intentar construir un argumento sin fisuras que demuestre que ese sentimiento estaba justificado. Otra clave para controlar esas cavilaciones es reconocer que nuestros sentimientos y emociones no tienen por qué mandar en nuestras acciones. Podemos aceptar que estamos enfadadas, tristes o angustiadas. Pero somos libres de elegir la mejor respuesta ante una situación, la respuesta que satisfaga nuestros objetivos en esa situación, en lugar de la respuesta automática motivada por nuestros sentimientos.

Ilustraré todo esto con la historia de Rhonda. Rhonda escribe libros de texto de la rama de ciencias del bachillerato. Tiene 50 años y es una mujer modesta, de voz suave, que no suele ser nada absorbente con los demás ni se jacta de nada ante ellos. Sin embargo, está muy orgullosa de su trabajo, especialmente de su libro *General Science*, del que ahora se publicará la sexta edición. Recientemente, Rhonda ha estado en contacto por correo electrónico con una joven editora, Hannah, con la que ha trabajado en las revisiones de *General Science* para la séptima edición. Rhonda estuvo molesta con la editorial durante meses por el modo en que habían llevado las cosas: se tomaban decisiones y luego se cambiaban sin ninguna razón aparente. Le habían pedido que hiciera cosas que eran responsabilidad de la editorial. Y luego le encargaron a Hannah que le comunicase a Rhonda el deseo de la editorial de que rescribiera todas sus notas en un formato distinto a cómo las había presentado hacía sólo unos meses. Rhonda lo escribe todo ella misma —no tiene secretaria—, de modo que eso significaba invertir horas en un trabajo tedioso que consideraba totalmente innecesario. Rhonda le envió a Hannah por correo electrónico un mensaje en el que perdió los estribos: le decía que de todas las experiencias por las que había pasado en relación con los libros que había escrito ésa era la más desagradable y acusaba a la editorial de pretender que hiciera de secretaria y de editora, además de escritora. Después de eso empezó a pensar demasiado.

> ¿Fui arrogante o poco razonable con respecto a ese trabajo? ¿Qué derecho tienen a pedirme que vuelva a escribir de nuevo todas las notas? ¡Nunca me habían pedido que hiciera nada por el estilo! ¡Han sido insoportables durante todo el proceso de edición! Debería decirle esto al editor y pedir que se disculpen. Pero ¿y si no se disculpa? ¿Y si defiende su actuación? ¿Se me ocurrirán ejemplos suficientes para convencerle de que tengo razón?

Para detener ese torrente de pensamientos, Rhonda al principio intentó simplemente no hacerles caso. Pero esto no funcionó, porque al cabo de nada ya estaba pensando: «¡Pero no tengo por qué decir que estoy equivocada cuando no lo estoy!».

En lugar de eso, primero tuvo que aceptar el hecho de que estaba furiosa y que tenía derecho a estarlo. Cuando aceptó sus propias emociones, se sintió libre para pensar con más claridad en la acción que había realizado. Aunque estaba muy enfadada, se dio cuenta de que probablemente perder los estribos con Hannah no era lo mejor que podía haber hecho. Su objetivo principal era llegar a publicar su libro, no perder el tiempo en discusiones. Cuando se dio cuenta de esto, Rhonda dejó de darle vueltas al asunto y consiguió emprender acciones directas e inmediatas para mejorar la situación. Una vez que Rhonda se hubo disculpado con Hannah por haber perdido los estribos y le hubo explicado más detenidamente las razones por las que estaba disgustada, Hannah reconoció que ella también creía que le habían mandado hacer mucho trabajo innecesario y ayudó a Rhonda a encontrar la manera de no tener que hacerlo todo ella sola.

Si Rhonda hubiera seguido cuestionando su primera reacción de enfado en lugar de aceptar ese enfado, su relación con Hannah quizá no se habría arreglado nunca. Tal vez Hannah hubiera tomado represalias contra Rhonda, saboteando el proyecto de su libro o forzándola a hacer todo el trabajo. Cuando Rhonda aceptó sus emociones, sus ideas se aclararon y pudo elegir una respuesta adecuada que fuera sincera, pero también compatible con su objetivo de trabajar con Hannah para la publicación de su libro.

## No te compliques (al menos al principio)

Cuando no podemos despegarnos ni un momento del pensamiento excesivo con vida propia, vemos problemas donde no los hay, o al menos los vemos más grandes de lo que son en realidad. Es muy probable que esos pensamientos con vida propia aparezcan y crezcan cuando estamos disgustados sin saber muy bien por qué. No ha sucedido nada que haya podido disgustarnos y no conseguimos identificar una causa que justifique nuestros sentimientos, al menos en un principio. Pero cuando pensamos demasiado, empezamos a encontrar todo tipo de razones: el trabajo, las relaciones, la salud.

A veces, la razón de que no nos sintamos bien es asombrosamente simple. Tal vez se deba a que tenemos la menstruación. Quizá no hayamos dormido lo suficiente, o simplemente hemos bebido demasiado. Puede que sea por algún alimento que hemos ingerido. O por algún acontecimiento esporádico y aislado, pero que sin embargo nos ha hecho sentir mal: nuestro jefe estaba de mal humor o nuestro hijo ha suspendido un examen. Pero en lugar de reconocer esas explicaciones simples de nuestro estado de ánimo, no dejamos de mirarnos el ombligo hasta que nos vienen a la cabeza razones mucho más graves y complicadas: el fracaso de nuestro matrimonio, de nuestra carrera profesional, la pobreza de nuestro espíritu.

Cuando estemos de mal humor sin motivo aparente y empecemos a cavilar sobre las posibles causas de nuestro estado de ánimo, tomemos en consideración antes que nada las causas más simples. ¿Hemos bebido algo recientemente? ¿Estamos cansadas o hambrientas? ¿Estamos en esos días del mes? Si la respuesta a estas preguntas es que probablemente sí, debemos ser muy prudentes a la hora de dejar que nuestros pensamientos fluyan descontroladamente. Tal vez necesitemos hacer una siesta, comer un poco, o mantenernos ocupadas durante un rato con algo que no tenga que ver con nuestro pensamiento excesivo. Nuestros problemas reales todavía estarán ahí cuando volvamos, pero los que son producto de nuestro pensamiento excesivo habrá desaparecido, o serán mucho más pequeños que antes.

## Deja de compararte con los demás

Todos tenemos tendencia a compararnos con los demás. La comparación social nos la han ido inculcando desde la niñez. Los padres dicen abiertamente que uno de sus hijos es más listo, más atlético o más sociable que otro. Ya desde los primeros cursos, las notas que sacamos en los exámenes no son más que un dato en una estadística, de modo que nuestros resultados no quieren decir nada si no se los compara con los de los demás. En el instituto, la universidad o la escuela profesional superior, muchas de las oportunidades —becas, ingreso en universidades de prestigio, puestos en el equipo de la universidad— dependen de que seamos mejores que los demás estudiantes. Solemos ser conscientes de cuál es nuestra posición respecto a los demás en un montón de aspectos: el sueldo, la posición en la empresa, la habilidad jugando al tenis.

El nuevo y fascinante trabajo de Sonja Lyubomirsky, de la Universdad de California, Riverside, muestra las diferencias fundamentales entre el uso que las personas felices y las infelices hacen de la comparación social.[1] Las personas infelices están muy pendientes de la comparación social. Son más sensibles a su posición respecto a los demás y se preocupan más de cómo quedan en la comparación. Además, su estado de ánimo depende más de la información sobre su posición social. Para las personas infelices que piensan demasiado es más importante en qué posición quedan cuando se les compara con los demás que cuáles son realmente sus resultados. Por ejemplo, en un estudio de laboratorio, Sonja les pedía a estudiantes universitarios que intentaran resolver algunos acertijos de difícil solución y luego les informaba de cómo lo habían hecho y también de cómo lo había hecho otro de los estudiantes que participaban en el experimento. Los estudiantes infelices se sentían *peor* cuando su valoración era *muy buena* pero había otro estudiante cuya evaluación era *todavía mejor*, que cuando su evaluación era mala pero la de otro estudiante era peor. Es decir, las opiniones de los estudiantes infelices sobre sí mismos dependían más de la posición en que quedaban cuando se comparaban con los demás estudiantes que de cuáles eran realmente sus resultados.

Por otro lado, las personas felices hacen poco caso de la información fruto de la comparación social. La visión que tienen de ellas mismas, en cambio, se basa en valores internos más estables. Si satisfacen sus estándares internos, entonces son felices. Si por el contrario no los satisfacen, entonces son menos felices, pero se ponen manos a la obra para conseguir sentirse mejor o para mejorar sus actuaciones futuras.

La moraleja es, obviamente, que evitemos compararnos con los demás. A veces eso es difícil, especialmente si tenemos en cuenta lo mucho que nos han entrenado para conseguir tener un buen puesto en la manada. El sentimiento de merecimiento alimenta la comparación social: si alguien tiene algo que nosotros no tenemos, o se le trata mejor que a nosotros, nuestra obsesión por el merecimiento hace que pensemos demasiado en por qué no tenemos lo que nos merecemos.

1. S. Lyubomirsky, «Why Are Some People Happier than Others?: The Role of Cognitive and Motivational Processes in Well-Being», *American Psychologist*, nº 56, 2001, págs. 239-249.

Y si vivimos en un vacío de valores, nos resulta muy difícil identificar nuestros estándares internos y tenemos más tendencia a juzgarnos a partir de los estándares de la cultura moderna.

Si te das cuenta de que estás pensando demasiado en cuál es tu posición en relación con los demás, da un paso hacia atrás y pregúntate: «¿Es realmente importante? ¿Quiero preocuparme por eso? Y qué si esa persona tiene algo de lo que yo carezco: ¿no puedo estar satisfecho con lo que tengo? ¿Cuáles son mis objetivos últimos en este terreno?».

## No esperes a que te rescaten

Todos hemos visto montones de películas en las que cuando la hermosa mujer se encuentra en una situación crítica, a un paso de que se la trague un dinosaurio, o de que la ataque el malo, o de seguir viviendo una existencia deprimente y solitaria, de pronto entra en escena el atractivo actor para salvarla. Como fantasía está muy bien, pero en la vida real ese tipo de cosas no suelen ocurrir. Entretanto, demasiadas mujeres se quedan esperando a que las rescaten. No es frecuente que tengamos que enfrentarnos a las fauces de un dinosaurio, y esperemos no ser nunca rehenes de ladrones de banco. Algunas mujeres están en manos de los malos: maridos o novios que les pegan, un sistema social en el que les resulta imposible acceder a la formación y al trabajo que necesitan mientras deben hacerse cargo de sus hijos ellas solas. Pero muchas de nosotras nos sentimos prisioneras de fuerzas invisibles: la sensación de aburrimiento y mediocridad, los reproches por haber tomado en el pasado ciertas decisiones, la persistente sensación de que las cosas podrían ir mejor. Pensamos demasiado, reflexionamos y nos preocupamos. Y caemos en los «si al menos...».

> Si al menos perdiera algunos kilos, quizá podría encontrar novio. Si al menos encontrara un trabajo mejor, entonces sería feliz. Si al menos conociera a algún chico... Si al menos sonara el teléfono...

Quedarte esperando a que te rescaten de tu infelicidad es una garantía para prolongarla. Básicamente tienes dos opciones: hacer que te guste tu situación actual o cambiarla. Si te encuentras en una situación opresiva —en particular, en una relación en la que eres víctima de maltratos—, es sumamente importante que hagas un cambio. Probablemente necesitarás ayuda, por ejemplo, la de una asistente social o un abogado especializado en la defensa de mujeres que te ayude a ganar seguridad y a darte cuenta de las opciones de las que dispones para empezar una nueva vida. Pero si tienes a tu alcance algún modo de buscar ayuda, por favor, no te quedes esperando a que te rescaten.

Si tu situación no es tan desesperada, es probable que dispongas de un montón de opciones. Hacer que te guste tu situación actual puede que sea la opción que demuestra más madurez. Estamos tan acostumbradas a las soluciones rápidas que nos resulta sencillo creer que un cambio rápido de las circunstancias —un nuevo trabajo, un nuevo amante, quedarse embarazada de nuevo— es siempre el modo de salir del problema. Pero es muy importante sopesar los costes de estos cambios, así como los beneficios potenciales, y ser realistas respecto a si un cambio de este tipo es la mejor opción. Quizás encontrar modos para estar satisfechas con lo que tenemos ahora, o ir haciendo pequeños cambios graduales en lugar de hacer cambios radicales, es el camino más adecuado hacia nuestro desarrollo personal. Si estás cansada de tu trabajo, en lugar de decidir dejarlo, piensa en las formas en que podrías cambiarlo para hacerlo más estimulante. Si estás cansada de tu pareja, en vez de buscarte otra, revisa tu comportamiento en la relación para ver si tendrías algún modo de hacerla más apasionante. Si no estás satisfecha con tu vida familiar, en lugar de convencerte de que otro hijo sería la solución para todo, pon a prueba otras estrategias y actividades que puedan hacer que tu familia se sienta más unida y que los vínculos entre vosotros sean más profundos.

Si necesitas que tu situación cambie para que tu vida sea mejor, tú eres quien debe llevar a cabo ese cambio. Las siguientes estrategias te ayudarán a empezar ese proceso.

## Deja que fluyan

Cuando tengas problemas concretos que debas resolver, te será de utilidad emplear la ahora ya anticuada técnica del *brainstorming* (dejar fluir las ideas sin inhibición alguna) para empezar a generar soluciones. Más que pensar en una posible solución para superar el problema e inmediatamente diseccionarla y analizarla hasta que no te quede ni sombra de duda de que no va a funcionar, deja fluir tus ideas, anótalas en un papel o escríbelas en el ordenador, cuéntaselas a un amigo o grábalas en una cinta a medida que se te vayan ocurriendo. Es una buena idea dejar que fluyan tanto las ideas tontas como las que no lo son. Luego puedes retroceder y evaluar los pros y los contras de cada posible solución.

Como asistente social del departamento de bienestar del condado de Los Ángeles, Doreen, de 43 años, se vuelca totalmente en los demás y está muy comprometida con su trabajo. Sin embargo, es un trabajo muy estresante. Al final del día, Doreen suele sentir una combinación de enfado con las personas que no están motivadas para ayudarse a sí mismas, y de lástima por las que no son capaces de ayudarse a sí mismas pero a las que se deja fuera de las listas de bienestar social. Intenta dejar las tensiones en el trabajo, pero últimamente la acompañan a casa en forma de irritabilidad hacia su marido, Frank, y sus dos hijos. Muchas noches, después del trabajo, Doreen o bien pierde los estribos con alguno de sus hijos por algo sin importancia, como que no haya apagado el televisor cuando le ha llamado para ir a cenar, o se encierra en el estudio durante toda la noche esforzándose en que los miles de detalles de la casa que le resultan molestos no la obliguen a salirse de sus casillas.

El sábado, Doreen se liberó de su pensamiento excesivo hablando de ello con el cura de su parroquia. El cura se mostró comprensivo, pero la animó a que hiciera algo para superar el estrés y para controlar su comportamiento. Doreen volvió a casa y anotó en una lista todas las posibles soluciones que le vinieron a la cabeza:

1. Dejar mi trabajo.
2. Trabajar a media jornada.
3. Conseguir que mis hijos no sean tan irritantes.
4. Pedirle a Frank que controle más a los niños.
5. Encontrar un trabajo menos estresante.
6. Encontrar algún modo de liberar la tensión antes de llegar a casa.

Entonces Doreen empezó a evaluar los distintos puntos de la lista. Sabía que tanto el punto 1 como el 2 eran imposibles. No podía dejar el trabajo o trabajar sólo media jornada: la familia necesitaba los ingresos que recibía por trabajar a jornada completa. Pasó al punto 5 de la lista: encontrar un trabajo menos estresante. En el periódico, había un montón de anuncios de trabajos en empresas de servicios, por ejemplo de gerente de tienda. Pero cuando Doreen se planteaba hacer un trabajo así se sentía invadida una profunda sensación de pérdida. A pesar de que su empleo como asistente social a veces era muy frustrante, cuando ayudaba a alguien a encontrar lo que necesitaba para mejorar su vida sentía una gran gratificación. El trabajo de Doreen encajaba con su profunda y arraigada convicción religiosa de que estamos en este planeta para ayudar a los menos afortunados. No quería dirigir una tienda. Quería seguir ayudando a la gente, y quería hacerlo en su trabajo. A menos que las directrices de bienestar social y otras políticas sociales cambiaran radicalmente, lo cual al parecer no iba a ocurrir pronto, lo más probable era que todos los trabajos dedicados a ayudar a los menos privilegiados fueran estresantes.

Esto significaba que su solución al parecer debía centrarse en los modos de controlar mejor el estrés en casa. Las soluciones 3 y 4 de la lista —conseguir que sus hijos cambiaran o que su marido les controlara— eran soluciones en las que ya había pensado cuando le había dado vueltas y más vueltas a su situación. Doreen caía en pensamientos como: «Me esfuerzo tanto por los demás en mi trabajo y para alimentar esta familia que me merezco un poco de paz y tranquilidad. Estos niños tienen que comportarse mejor. No hay disciplina en casa». Cuando consiguió liberarse del pensamiento excesivo y ver los casos desde una perspectiva más amplia, Doreen, gracias a la luz clara y el aire fresco del pensamiento nítido, se dio cuenta de que sus hijos y Frank no eran el problema. Escribió una nota mental para tener esos pensamientos presentes la próxima vez que se sorprendiera a sí misma pensando demasiado.

Doreen empezó a pensar en si había algún modo de poner en práctica la solución 6 de su lista. No había duda de que conducir de vuelta a casa no la liberaba de su estrés. Tenía que pelearse con el tráfico de las autopistas de Los Ángeles al menos durante una hora cada tarde. Mientras conducía, escuchaba una emisora de radio en la que no emitían más que noticias. Enterarse de cómo los políticos se gastaban el dinero en proyectos innecesarios no hacía más que incrementar la irritación y la sensación de desesperación de Doreen en relación con el destino de nuestra sociedad.

Doreen decidió hablar con Frank sobre su comportamiento y sobre su deseo de liberarse de su estrés antes de llegar a casa. Frank se sintió muy aliviado de que Doreen estuviera asumiendo la responsabilidad de su comportamiento. Le propuso algunas ideas: escuchar algún CD de música relajante en lugar de las noticias de la radio; salir del trabajo un poco antes y detenerse en el gimnasio para hacer algo de ejercicio antes de llegar a casa; e incluso podían pensar en una señal con la que Frank le haría saber a Doreen que estaba empezando a mostrarse irritable. Cuando la empleara, Doreen iría, por ejemplo, a dar la vuelta a la manzana con paso enérgico para desahogarse. A Doreen le parecieron muy buenas ideas. Más que eso: la conmovió que Frank quisiera colaborar para ayudarla. Esto la motivó todavía más a buscar soluciones adecuadas para eliminar su estrés.

Como Doreen, tú también puedes elaborar una lista de posibles soluciones a tus problemas, evaluarlas e identificar las que en principio te parecen eficaces, siempre y cuando te hayas liberado antes de tu pensamiento excesivo y hayas conseguido ver las cosas desde una perspectiva más amplia.

## Apunta más alto

Nuestro pensamiento excesivo suele concentrarse en los detalles de una situación: él me dijo, ella me dijo, yo debería haberle dicho, etc. Doreen podría haberse perdido en los detalles buscando al responsable de su estrés: su hijo no debería haber encendido la Nintendo cuando Doreen quería ver el partido de béisbol; Frank no se acordó de que esa tarde Doreen tenía una reunión y que, por tanto, era él quien tenía que prepararles la cena a los niños; Doreen se había pasado todo un mes para convencer a un drogadicto de que siguiera un programa de rehabilitación, pero lo único que consiguió fue una negativa en el último momento.

En lugar de eso, Doreen eligió prescindir de los detalles y concentrarse en su deseo, más profundo, de servir a los demás y así cumplir con sus convicciones religiosas. Eso le permitió dejar de dar vueltas a los detalles de su estrés y centrarse en las posibles soluciones. Algunos de nosotros no tenemos creencias religiosas que nos guíen, pero la mayoría todavía tenemos valores. Puede que los valores del merecimiento o de la cultura de masas los hagan menos visibles, pero las investigaciones de los psicólogos Abigail Stewart, de la Universidad de Michigan, y Dan McAdams, de la Universidad Northwestern, dejan claro que la mayoría de nosotros, especialmente a medida que nos vamos haciendo mayores, tenemos el deseo de mejorar la vida de los demás y de dejar como legado algún cambio positivo en el mundo.[2] Cómo vivimos con este deseo dependerá de las capacidades y los medios con que contemos.

Nuestros valores más elevados nos proporcionan herramientas poderosas para evaluar cómo deberíamos manejar las situaciones difíciles con las que nos enfrentamos. Cuando nos hayamos liberado de las ataduras con las que nos sujetaba el pensamiento excesivo y hayamos alcanzado una mejor perspectiva, seremos libres para ponernos en contacto con esas creencias y para defenderlas. Entonces podrán proporcionarnos respuestas a algunas de las preguntas espinosas a las que dábamos tantas vueltas y guiarnos para realizar cambios eficaces en nuestras vidas.

¿Cómo ponernos en contacto con esos valores? Es conveniente pasar un rato a solas tranquilamente, sin pensar demasiado pero haciéndonos preguntas como éstas: «¿Qué es lo que realmente me importa?, ¿Por qué?, ¿Qué legado me gustaría dejar cuando haya fallecido?, ¿Qué me gustaría que la gente dijese de mí ahora?». Piensa en las personas en tu vida y en la sociedad en general a las que admiras —no estrellas de cine o personas millonarias, sino esas personas que han hecho contribuciones destacadas a la vida de los demás, a la tierra, o a las artes y la cultura—. ¿Qué valores representan? Conviene leer las biografías y autobiografías de esos personajes para entender sus motivaciones. Si un grupo religioso o espiritual o una organización comunitaria nos atrae, debemos investigarla más. El conjunto de valores que estamos buscando no nos lo va a ofrecer nadie en una bandeja. Estamos buscando valores que signifiquen algo para nosotras, que sinta-

2. A. J. Stewart y E. A. Vandewater, «The Course of Generativity», y D. P. McAdams, H. M. Hart y S. Maruna, «The Anatomy of Generativity», ambos en D. P. McAdams y E. de St. Aubin (comps.), *Generativity and Adult Development*, Washington, D.C., American Psychological Association Books, 1998.

mos como verdaderos y duraderos y en los que estemos dispuestos a basarnos cuando debamos tomar decisiones.

## Basta con que hagas algo (aunque sea poca cosa)

Una vez que has trazado un plan para solucionar un problema, tal vez te resulte abrumador llevarlo a la práctica. La sensación de que debes arreglar el problema inmediata, total y definitivamente puede inmovilizarte por completo. A menudo, si nos concentramos en hacer algo modesto, conseguimos superar esa sensación de inmovilidad. Del mismo modo en que es bien recibido incluso un triste dólar cuando una causa vale la pena, llevar a cabo una actividad modesta que pueda hacer mella en nuestros problemas puede ser una gran ayuda para romper el ciclo del pensamiento excesivo.

Charlene no sabía qué hacer cuando la despidieron de la fábrica de coches donde trabajaba. Era consciente de que las posibilidades de volver a tener trabajo eran mínimas porque al parecer la empresa estaba a punto de cerrar y los buenos empleos en su sector sólo se encontraban en empresas de alta tecnología. A los 55 años, con sólo un título de bachillerato y sin conocimientos de informática, no veía cómo podría conseguir un trabajo en una empresa de alta tecnología. Charlene se pasó varios días pensando en lo injusto que era que la hubieran despedido después de treinta y cinco años de servicio y en que los empleados más jóvenes podrían encontrar un nuevo trabajo. Se limitó a quedarse sentada en su casa, con el televisor encendido, atiborrándose de comida basura y de refrescos. Sin embargo, pronto se cansó de esta vida y decidió que tenía que hacer algo, lo que fuera, para resolver su situación laboral. Charlene se puso a navegar por Internet y dio con la página de la cámara de comercio de su ciudad. Allí encontró un artículo sobre los cursos de programación de la escuela universitaria local. Decidió consultar la página de la escuela universitaria, aunque estaba casi segura de que allí no iba a encontrar nada para ella. Sin embargo, para su sorpresa, la descripción de los cursos la dejó fascinada. También descubrió que en la escuela universitaria podía matricularse en un programa de asistencia a personas desempleadas de mediana edad que intentasen cambiar su trayectoria profesional. Estaba de mejor humor incluso que antes de que la despidieran.

Hacer algo modesto que nos acerque a la solución de nuestros problemas es un modo de dar el primer paso. Este pequeño esfuerzo hace que nos resulte más sencillo desplazar el otro pie y, luego, todo nuestro cuerpo. Las pequeñas victorias se van acumulando hasta que muy pronto empezamos a ver el final del problema y cómo llegar a él. La energía y motivación crecientes que conseguimos de las pequeñas victorias pueden ayudarnos a superar otros reveses que se presenten en el futuro.

## Sigue adelante

Otro factor que puede arrastrarnos a pensar demasiado en lugar de actuar es el deseo de tener la seguridad de que nuestras acciones van a ser efectivas. En un estudio, les pedimos a los miembros de un grupo de personas con el hábito de pensar demasiado y a los de un grupo de personas que no tenían ese hábito que desarrollaran estrategias para resolver un complicado problema local: la falta de viviendas adecuadas para los estudiantes en el campus de la universidad.[3] Se propusieron posibles soluciones en los dos grupos. Sin embargo, las personas con el hábito de pensar demasiado estaban menos seguras que las otras de que sus soluciones fueran adecuadas. Eran más reacias a comprometerse con las soluciones que habían propuesto y a comunicárselas a los demás. Decían que necesitaban más tiempo para pensar y más información antes de decidirse por una solución. Las personas que no tenían la tendencia a pensar demasiado eran capaces de aceptar que su propuesta podía no funcionar, pero que siempre era preferible intentar hacer algo lo mejor posible que cruzarse de brazos.

La situación de Sarah muestra lo inmovilizadora que puede ser la duda. Una nueva crisis familiar había conducido a Sarah, un ama de casa de 49 años, y a su hermana Joyce, de 46 años, a una situación sin solución aparente. La madre de ambas, una mujer de 82 años, se había roto la cadera como consecuencia de una caída, y el padre, un hombre de 89 años, estaba demasiado delicado para cuidar de su esposa. Sarah y Joyce siempre habían tenido planteamientos de vida di-

3. A. Ward, S. Lyubomirsky, L. Sousa y S. Nolen-Hoeksema, «Can't Quite Commit: Rumination and Uncertainty», *Personality and Social Psychology Bulletin,* en prensa.

ferentes. Sarah, cuidadosa y metódica, solía tener su vida bajo control y programaba las actividades familiares con semanas de antelación. La casa de Sarah siempre estaba limpia, ella llevaba su corto pelo rubio siempre bien arreglado y sus vecinos sabían que cuando la necesitasen podían contar con ella. Joyce era la hermana alocada. Había decidido ser agente de viajes para poder ir a lugares exóticos y trasladarse de una agencia de viajes a otra cuando se cansara de trabajar siempre en la misma. Cada vez que Sarah veía su hermana, ésta llevaba el pelo distinto, a veces con mechas de color morado o verde.

Las dos querían muchísimo a sus padres. De algún modo, sus padres supieron valorar las diferencias de cada una de sus hijas y cultivarlas, a pesar de que Sarah y Joyce, de pequeñas, casi no podían soportarse. Ahora las dos hermanas debían hacerle frente al problema de qué hacer con el cuidado de sus padres. Habían hablado de ello algunas veces por teléfono, pero en esas conversaciones casi siempre habían acabado discutiendo a gritos sobre los agravios que cada una había inferido a la otra en el pasado. Después de una de esas conversaciones, Sarah se pasó horas atrapada por un pensamiento excesivo centrado en el sentimiento de afrenta, recordando una y otra vez sus palabras y las de Joyce, pensando en lo disgustada que estaba y en lo poco sensible que era su hermana, preguntándose por qué había dicho ciertas cosas, etc. Como sabía que tendría que volver a hablar con Joyce, Sarah de vez en cuando ensayaba mentalmente lo que iba a decirle. A veces sus palabras eran razonables y tranquilizadoras, pero en ocasiones eran amargas y acusadoras. En realidad Sarah no sabía si debía hablar con su hermana. ¿Y si no conseguía decir lo que quería decirle en realidad? ¿Y si su hermana empezaba a gritarle? Sarah estuvo días poniéndose excusas para no llamar a Joyce y sintiéndose cada vez más frustrada consigo misma y más culpable de que las necesidades de sus padres todavía no se hubieran cubierto adecuadamente.

Al final Sarah decidió que tenía que hacer algo, aunque corriera el riesgo de alejarse de su hermana todavía más. Pensó que un buen modo de liberarse de la duda y de dar un primer paso sería escribir en un papel un guión de lo que quería decirle a Joyce. Se esforzó en ver las cosas con perspectiva, en no fijarse en los detalles de sus anteriores encuentros con Joyce y en concentrarse en sus objetivos, mucho más importantes, de resolver el problema del cuidado de sus padres.

Ensayó con el guión delante de un espejo. Esto la ayudó a reconocer los puntos en los que sus pensamientos y sus palabras no eran lo bastante claros. Revisó su guión en esos puntos. También se dio cuenta de que algunas de las cosas que quería decirle a Joyce, en lugar de resolver la situación, no harían más que causar conflictos. A medida que las iba diciendo, veía en el espejo que su rostro se iba tensando cada vez más. Hizo nuevas revisiones del guión y siguió realizando ensayos.

Sarah se preparó también un premio para recompensarse una vez que hubiera tenido esa conversación con Joyce: una caja de bombones Godiva. Quedó con Joyce, representó su guión y se llevó una sorpresa: Joyce se sintió aliviada cuando su hermana le propuso algunas ideas concretas para que pudieran ocuparse del cuidado de sus padres. Las dos se separaron con una sonrisa en los labios.

Si no hubiera decidido dejar a un lado la duda y seguir adelante intentando que Joyce participara en la resolución del problema, Sarah todavía estaría dándole vueltas al tema de su familia. Es importante señalar que Sarah se esmeró mucho en pensar exactamente cómo quería comportarse con Joyce. No se limitó a actuar impulsivamente. Cuando le vino a la cabeza el plan que consideraba mejor, dejó a un lado las dudas y se puso en marcha.

## Rebaja tus expectativas

Monica es una chica inteligente de 27 años, con mucha energía, de ojos de un color avellana muy vivo y con una larga cabellera negra. Se ha esforzado mucho en conseguir su trabajo de profesora ayudante en uno de los departamentos de sociología más prestigiosos del país. Tuvo que trabajar de camarera para pagarse la matrícula de la universidad porque sus padres, que habían emigrado desde Guatemala, no podían hacerse cargo del gasto. Como sus notas en la universidad eran espléndidas, se ganó el respeto de los profesores, de modo que las cartas de recomendación que le prepararon fueron muy entusiastas. Gracias a ello consiguió una beca completa para los cursos de posgrado, en los que, gracias a la combinación de su inteligencia y su diligencia, siguió destacando. Cuando se graduó recibió varias ofertas de empleo.

Monica tenía la sensación de que se estaba adaptando bien a las tensiones del primer año como profesora ayudante. Los profesores titulares en general la apoyaban y no la cargaban con demasiadas clases ni con trabajo administrativo excesivo. Varios de los estudiantes de posgrado parecían interesados en trabajar con Monica; en particular, una estudiante llamada Belinda, que estaba en el cuarto año del programa de doctorado. Belinda acudió a Monica quejándose de que ninguno de los profesores titulares la dejaba llevar a cabo sus propias ideas y que, en lugar de eso, todas esperaban que Belinda les ayudara a acabar sus trabajos. Monica sabía que eso solía ocurrir. Belinda le caía bien —tenían más o menos la misma edad y era divertido estar con ella y charlar—, así que cuando le pidió si quería dirigirle la tesis, Monica accedió.

Al cabo de unas semanas, sin embargo, empezaron las tensiones entre Monica y Belinda. Monica le mandó a Belinda algunas lecturas que consideraba pertinentes para los temas sobre los que Belinda quería investigar y le sugirió que realizara los análisis preliminares de unos datos que le entregó. Cuando Monica volvió a ver a Belinda habían pasado dos semanas y ésta no había hecho ningún progreso ni en sus lecturas ni en el análisis de datos. Cuando Monica le preguntó por qué, ella le dijo que se había tomado unas cortas vacaciones porque había surgido la oportunidad de un vuelo muy económico a St. Thomas. Pero, si no quería quedar en mala posición en el programa de doctorado, Belinda tenía que presentar la propuesta de su tesis al final de ese semestre, del cual ya había transcurrido la mitad. Monica le dijo que era preciso que se concentrara en su trabajo. Belinda montó en cólera y le respondió que ya empezaba a hablar como los profesores titulares y que muy pronto ya no tendría vida fuera del departamento.

Durante las siguientes semanas, en las que los aplazamientos y las excusas de Belinda no pararon de sucederse, Monica empezó a pensar demasiado en la situación:

> ¿Por qué Belinda tira piedras sobre su propio tejado? ¿Por qué no consigo motivarla? ¿Podré trabajar bien con estudiantes de doctorado? ¿Tiene razón Belinda en que me preocupo demasiado por el trabajo y la productividad? No hay duda de que estoy trabajando más que nunca. No quiero convertirme en una adicta al trabajo, pero ¿por qué no puede dar-

se cuenta de que es sumamente importante para ella acabar algún trabajo este semestre?

Afortunadamente, Monica decidió hablar con Ellen, una profesora titular muy agradable e inteligente que le llevaba unos veinte años y que la apoyaba mucho. Monica insistía en que no entendía a Belinda y en que se sentía culpable por no poder ayudarla más. Ellen dejó pasar unos segundos y pausadamente le dijo: «Mira, la mayoría de los estudiantes no son como tú. No me refiero sólo a la inteligencia. La mayoría de los estudiantes no entienden que no basta con la inteligencia para triunfar: hace falta trabajar mucho, tener voluntad para aprender del trabajo de los demás y perseverar. Monica, tú eso ya lo sabes, pero Belinda no, y puede que nunca lo sepa». Las palabras de Ellen ayudaron a Monica a superar su pensamiento excesivo y a aceptar que no podía conseguir que Belinda triunfara si se negaba a aprender de ella. Monica decidió tener una charla sincera con Belinda para decirle todo lo iba a esperar de ella si seguía dirigiendo sus trabajos. Después de esa charla, Belinda parecía estar decepcionada y resentida, pero Monica sabía que la actitud que había adoptado era más saludable para ella y potencialmente más útil para Belinda.

Del mismo modo, muchas de las preguntas que nos planteamos cuando estamos atrapadas por el pensamiento excesivo centrado en un sentimiento de afrenta giran en torno al comportamiento de otras personas: ¿cómo es posible que nuestro hijo sea demócrata si en nuestra familia hemos sido todos republicanos durante generaciones?, ¿cómo es posible que nuestro jefe piense que estarías dispuesta a mentir en el informe anual de la empresa para el gobierno? A veces la única respuesta a estas preguntas es la que Ellen le dio a Monica: la mayoría de la gente no es como tú. Si aceptamos esto, probablemente podremos ahorrarnos el esfuerzo de intentar entender el modo en que el comportamiento de otras personas encaja con nuestras expectativas: simplemente no encaja. Y esto puede ayudarnos a que tomemos decisiones más lúcidas en relación con lo que deberíamos hacer en respuesta al comportamiento de los demás, en el caso de que haya algo que debiéramos hacer.

## Perdona y sigue adelante

¿Cómo han podido hacerme esto? Ésta es una de las preguntas que se plantean con más frecuencia en el pensamiento excesivo. ¿Cómo pudieron tus padres educarte como lo hicieron? ¿Cómo pudo tu familia tratarte así? ¿Cómo pudieron abandonarte tus amigos? ¿Cómo pudo traicionarte tu profesor, o tu jefe, o tu pareja?

Si pudiéramos ver el interior del corazón y del alma de las personas que nos han tratado injustamente y entender qué las llevó a comportarse de ese modo, quizá conseguiríamos calmar un poco nuestro pensamiento excesivo y nuestro dolor emocional. Esto es lo que a veces ocurre en el transcurso de una psicoterapia, cuando analizamos nuestro pasado y conseguimos entender de qué modo hemos llegado a ser como somos y cuáles pueden haber sido las motivaciones de los demás. Sin embargo, también puede ocurrir cuando le hacemos frente a alguien que nos hizo daño en el pasado y somos capaces de hablar en profundidad con esa persona de lo que ocurrió y de las razones por las que ocurrió.

Normalmente, sin embargo, no podemos llegar a conocer el corazón y el alma de los demás, y aunque lo consigamos es posible que no aceptemos nunca su comportamiento. Por ejemplo, Fran finalmente entendió que su padre era alcohólico y que cuando le pegaba generalmente lo hacía porque estaba borracho. Pero comprenderlo no la ayudaba a responder las preguntas que le planteaba su pensamiento excesivo:

> ¿Por qué mi padre no pudo conseguir ayuda para superar su alcoholismo? ¿Por qué tuvo que ocurrirme esto a mí? ¿Cómo voy a superar esto?

Lo único que finalmente la ayudó a superar sus cavilaciones sobre el comportamiento de su padre fue perdonarle sus malos tratos. Fran reconocía que el comportamiento de su padre era censurable, difícil de aceptar, algo que muchas personas no perdonarían nunca. Pero ella necesitaba perdonarle y seguir adelante.

Perdonar a los demás por el daño que han causado sus errores no encaja con la obsesión por el merecimiento que se ha ido desarrollado en nuestra cultura durante los últimos veinte años. De acuerdo con esa obsesión tenemos derecho a que las cosas nos vayan como queremos y, cuando no es así, tenemos derecho a castigar públicamente a los responsables de nuestro disgusto. Perdonar a los demás significa renunciar a ese derecho al castigo. A muchas de nosotras esto nos parece emocionalmente duro, porque durante toda nuestra vida nos han estado enseñando a no ceder, a no dejar pasar, a no dar marcha atrás. Cuando se ha cometido una injusticia con nosotras, y especialmente cuando se trata de una injusticia notable —fuimos sexualmente agredidas, nos abandonaron, fuimos despedidas injustamente—, perdonar a los autores de esa injusticia puede parecernos imposible.

Un primer paso decisivo es darnos cuenta de que perdonar a los demás por sus acciones no significa que las toleremos o que para nosotras sean aceptables. Tampoco significa que el autor de esas acciones pueda no considerarse responsable de ellas. Quizá todavía quieras denunciarlo, poner una demanda, o simplemente enfrentarte al responsable de esas acciones. Pero, según el psicólogo Michael McCullough, de la Universidad Southern Methodist, perdonar significa renunciar al deseo de vengarse por vengarse y liberarse de la soga con que el enfado y el odio tienen agarrados nuestro corazón y nuestra mente.[4]

Otro potente desencadenante del pensamiento excesivo son nuestros sentimientos de culpabilidad y de vergüenza, de modo que a veces lo que hay que hacer es perdonarnos a *nosotros mismos.* La sociedad moderna nos da infinitas razones para que nos arrepintamos y nos avergoncemos de cómo nos hemos comportado en ocasiones con los demás y de algunas de nuestras elecciones.

> ¿Cómo pude decirle cosas tan terribles a mi hijo? ¿Perjudico a mis hijos trabajando todo el día mientras crecen? Mis padres, que ya son mayores, quieren verme más a menudo: ¿cómo puedo ser capaz de estar meses sin ir a verles? ¿Y si fallecen?

Entender por qué te comportas como lo haces puede ayudarte a evitar que te comportes del mismo modo en el futuro. Pero entenderte no

4. M. E. McCullough, «Forgiveness as Human Strength: Theory, Measurement, and Links to Well-Being», *Journal of Social and Clinical Psychology*, nº 19, 2000, págs. 43-55; M. E. McCullough, «Forgiveness: Who Does It and How Do They Do It?», *Current Directions in Psychological Science*, nº 10, 2001, págs. 194-197.

siempre te ayudará a que dejes de pensar demasiado en tu sentimiento de culpabilidad, del mismo modo que entender por qué otras personas te maltrataban no conseguía liberarte del pensamiento excesivo basado en el enfado. Puede que entiendas la razón por la que le gritaste a tu hijo y, aún así, sigas sintiéndote culpable por haberte permitido hacerlo. Puede que entiendas que necesitas trabajar y, a pesar de ello, sigas sintiéndote culpable cada vez que tus hijos o tus padres te reclaman que pases más tiempo con ellos. Es en este punto en el que entra en juego el perdón. Si somos capaces de perdonarnos, podremos empezar a actuar en lugar de seguir embarrancados en el pensamiento excesivo. Cuando perdonamos, nos desprendemos de nuestro deseo de venganza y castigo, y nos concentramos en la recuperación y el restablecimiento. Adquirimos entonces una nueva perspectiva de las cosas y tenemos el espacio mental suficiente para evitar que el estrés que acumulamos en el trabajo afecte la estabilidad en casa. Disponemos de la energía y la creatividad necesarias para conseguir repartir equilibradamente nuestro tiempo entre el trabajo y nuestros hijos y padres. Y ya no es tan probable que permitamos que nuestro sentimiento de culpabilidad se transforme en un sentimiento de enfado contra las personas que nos hacen sentir culpables.

Importantes nuevas investigaciones parecen indicar que perdonar a los demás no mejora únicamente nuestra salud mental, sino también nuestra salud física. Los psicólogos Charlotte vanOyen Witvliet, Thomas Ludwig y Kelly Vander Laan, del Hope College, llevaron a cabo un estudio en el que pidieron a los participantes que identificasen a alguna persona a la que culpaban de haberles maltratado, ofendido o herido y que describieran lo que esa persona les había hecho.[5] Luego se seleccionó al azar a la mitad de los participantes y se les pidió que se imaginaran que adoptaban una postura de perdón con la persona que les había ofendido, que intentaban entender a su ofensor y ser empáticos con él y que finalmente le concedían el perdón. A la otra mitad de los participantes se les pidió que imaginaran que no adoptaban una actitud de perdón hacia la persona que les había ofendido, que repasaban una y otra vez en su mente la ofensa que les habían

5. C. vanOyen Witvliet, T. E. Ludwig y K. L. Vander Laan, «Granting Forgiveness or Harboring Grudges: Implications for Emotion, Physiology, and Health», *Psychological Science*, nº 12, 2001, págs. 117-123.

hecho y que acumulaban resentimiento hacia esa persona. Los psicólogos tomaron diversas medidas de indicadores fisiológicos de la ansiedad, la tensión y el funcionamiento del corazón de los participantes que incluían las pulsaciones del corazón y la tensión sanguínea. Los resultados mostraban que el aumento de las pulsaciones del corazón, la tensión y otros indicadores de estrés eran considerablemente mayores en las personas que habían imaginado que no perdonaban que en las que habían imaginado que sí lo hacían. Según los investigadores, las personas que no perdonan nunca pueden experimentar una hiperactividad cardiovascular y una excitación psicológica crónicas. A su vez, la excitación crónica está relacionada con un mayor riesgo de enfermedades cardiovasculares y de problemas del sistema inmunológico.

La buena noticia es que podemos conseguir estar más dispuestos a perdonar, y esto puede repercutir positivamente en nuestra salud. Por ejemplo, el psicólogo Carl Thoreson, de la Universidad de Stanford, cuando trabajó con hombres que habían sufrido al menos un ataque al corazón, se encontró con que la salud del corazón de sus pacientes mejoró después de ayudarles a que se liberasen de su sentimiento de culpa, hostilidad y enfado perdonando más a los demás.[6]

## Identifica las voces de otras personas

A menudo nuestras preocupaciones no son propiamente nuestras, sino que son las voces de otras personas que nos dicen lo que deberíamos hacer, pensar y sentir. No estoy hablando del tipo de voces que oyen las personas que tienen esquizofrenia. Me refiero a unas voces que suenan como si se tratara de nuestros propios pensamientos e ideas: ¡deberías decir lo que piensas y dejar de ser tan tímida!, ¡no saldrás nunca adelante si no te quitas de encima algunos kilos!

A menudo las voces que oímos las mujeres nos dicen que debemos ser agradables con todo el mundo, que debemos asegurarnos de que todo el mundo está contento y salvar nuestras relaciones a cualquier

6. C. E. Thoresen, F. Luskin y A. H. S. Harris, «Science and Forgiveness Interventions: Reflections and Recommendations», en E. L. Worthington, Jr. (comp.), *Dimensions of Forgiveness,* Filadelfia, Templeton Foundation Press, 1998.

precio. Cuando alguien cercano está disgustado tendemos a pensar: ¿qué es lo que he hecho mal?, ¿cómo puedo arreglarlo? Nos complicamos horriblemente la existencia intentando hacer felices a nuestra pareja, a nuestros hijos, a nuestros padres o a nuestros compañeros de trabajo. Entonces nos sentimos mal por habernos complicado tanto la existencia y otra vez vuelta a empezar.

En la mayoría de los casos, las preocupaciones que son la voz de otra persona llegan en forma de lo que David Burns, psiquiatra de la Universidad de Stanford, ha apodado «la tiranía de los deberías».[7] Deberías ser mejor madre. Deberías ser más atractiva. Deberías tener más éxito profesional. Deberías tener más estudios. No deberías ver la televisión. No deberías tomarte un día de descanso para ir de compras.

¿Cómo escapar de este pensamiento excesivo centrado en los «deberías»? Cuando oigas que empiezas a decirte: «Debería...», intenta detenerte y pregúntate: «¿Y quién lo dice?». ¿Quién dice que no puedes tomarte un día de descanso? ¿Tu padre, que siempre te ha empujado a que trabajes mucho y que no le concede valor alguno a todo el trabajo que haces? ¿Quién dice que deberías ser más atractiva? ¿Las empresas que intentan venderte sus remedios contra la falta de atractivo? ¿Quién dice que deberías tener más estudios? ¿El esnob de tu hermano, que se ha pasado casi toda la vida en la universidad sólo porque le gusta ese tipo de vida?

A veces no es nada fácil identificar de dónde provienen esas voces. Pueden estar tan arraigadas en nosotros, formar parte de la idea que tenemos de nosotros mismos hasta tal punto que no somos capaces de darnos cuenta de dónde vienen. La psicoterapia puede ayudarte a descubrir los orígenes de tus voces y las situaciones que las desencadenan. Con esa introspección, sin embargo, no conseguirás más que eso. Para poder superar esas voces, necesitas ponerlas en tela de juicio y elegir sólo las que quieras escuchar.

7. D. Burns, *Feeling Good: The New Mood Therapy*, Nueva York, Morrow, 1980 (trad. cast.: *Sentirse bien: una nueva fórmula contra las depresiones*, Barcelona, Paidós, 1998).

## Una breve guía de referencia

Aquí tienes una breve guía de las estrategias para conseguir una mejor perspectiva que hemos tratado en este capítulo:

| Estrategia | Descripción | Ejemplo |
|---|---|---|
| Enfoca bien. | Ajustar las lentes distorsionadoras del pensamiento excesivo hasta que consigamos tener una perspectiva razonable de la situación. | Marie se negó a creer las duras críticas que le dedicó su jefe y atribuyó sus malas pulgas a su inminente divorcio. |
| Reconoce tus emociones y sigue adelante. | Aceptar nuestras emociones negativas sin dejar que nos dominen. | Brenda aceptó que estaba deprimida por haber perdido su trabajo, pero se prometió a sí misma que empezaría a buscar trabajo de todos modos. |
| No te compliques (al menos al principio). | Empezar por buscar explicaciones sencillas a nuestro malestar. | Carla estaba tentada de darle demasiadas vueltas a su ansiedad, pero consultó su calendario y se dio cuenta de que podía tratarse del período premenstrual. |
| Deja de compararte con los demás. | Intentar no juzgarnos basándonos en cómo les va a los demás o en lo que tienen. | Willa Jean decidió que, en lugar de comparar su sueldo con el de su hermana, determinaría cuál era el sueldo que ella consideraba justo por el trabajo que hacía. |
| No esperes a que te rescaten. | En lugar de esperar a que los demás cambien la situación en que nos encontramos, cambiarla nosotros o aceptarla. | Aisha dejó de esperar a que su matrimonio mejorara su situación económica y la mejoró ella sola volviendo a la universidad y sacándose un título. |

| Estrategia | Descripción | Ejemplo |
|---|---|---|
| Deja que fluyan. | Repasar a fondo las posibles soluciones a nuestros problemas. | Aisha empezó por hacer una lista de todos los posibles modos de incrementar sus ingresos antes de decidirse a volver a la universidad. |
| Apunta más alto. | Ponernos en contacto con nuestros valores más elevados para evaluar las posibles soluciones a nuestros problemas. | Patti pensaba en cómo su abuela, a la que respetaba muchísimo, manejaría sus actuales problemas matrimoniales. |
| Basta con que hagas algo (aunque sea poca cosa). | Realizar una acción modesta para empezar a superar nuestros problemas. | Stevie llamó a un terapeuta de familia para hablar sobre los problemas de su hijo en la escuela. |
| Sigue adelante. | Poner en práctica alguna solución para nuestros problemas aunque no estemos seguras de que funcione. | Paulina empezó el nuevo régimen que el médico le mandó seguir a pesar de que no estaba segura de que la ayudara a perder peso. |
| Rebaja tus expectativas. | Darnos cuenta de que las demás personas no siempre comparten nuestros valores o nuestros principios. | Gilda aceptó que su hija quizá nunca llegaría a ser tan buena en matemáticas como lo era ella. |
| Perdona y sigue adelante. | Intentar perdonar a los que nos han maltratado para poder dejar de pensar demasiado en la ofensa. | Nicole perdonó a su madre por ser emocionalmente fría y distante y renunció a intentar cambiarla. |
| Identifica la voz de las otras personas. | Reconocer cuando nuestro pensamiento excesivo es el resultado de los demás diciéndonos cómo deberíamos sentirnos, actuar o pensar. | Cuando Vonda se dijo que no debería hacer algo, se preguntó: «¿Quién lo dice? ¿Es lo que yo quiero?». |

Estas estrategias te ayudarán a empezar a resolver los problemas en los que hoy piensas demasiado. Pero ¿qué ocurrirá mañana? ¿Cómo podrás evitar volver a pensar demasiado en los problemas que surjan en el futuro? El capítulo 6 te ofrece algunas estrategias para que evites caer en las trampas del pensamiento excesivo modelando de nuevo tu vida, tus actitudes y tu futuro.

6

# Cómo evitar las trampas futuras

A medida que transcurre nuestra vida y nos vamos enfrentando a nuevos retos y dilemas, corremos el riesgo de dejarnos atrapar de nuevo por el pensamiento excesivo. A veces conseguimos silenciar la voz interior de la duda y la preocupación por un tiempo. Pero un día, después de que algo suceda en nuestra vida —una valoración decepcionante en el trabajo, un conflicto con un amigo, la muerte de un ser querido—, esa voz nos habla de nuevo y volvemos a caer en las arenas movedizas del pensamiento excesivo. En este capítulo aprenderás qué hacer para no hundirte de nuevo en el pensamiento excesivo.

## No sigas por ahí

Nuestras preocupaciones suelen centrarse siempre en los mismos temas y acostumbran a ser determinadas situaciones las que las desencadenan. Para algunas personas son los conflictos en las relaciones con los demás. No pueden soportar que alguien esté molesto con ellas, de modo que cualquier conflicto tiene el potencial de hacerlas caer de nuevo en el pensamiento excesivo. Para otras, es la falta de éxito. Se ponen el listón demasiado alto, de modo que el menor revés puede llevarlas a preguntarse si tienen las condiciones necesarias para alcanzar sus objetivos.

No es posible evitar totalmente esas zonas de peligro, puesto que en la vida diaria nos encontramos continuamente con conflictos, fracasos y rechazos. Sin embargo, podemos estructurar las cosas de forma que se reduzcan las posibilidades de que los continuos retos de la vida vuelvan a arrastrarnos hasta el cenagal del pensamiento excesivo.

Marla era una excelente técnica de laboratorio que trabajaba en el laboratorio de investigación de una importante empresa farmacéutica. Estuvo trabajando allí durante ocho años, hasta que terminó su máster en biología. Entonces, a la edad de 33 años, le propusieron ocupar el puesto de supervisora del laboratorio: tendría más responsabilidades y un sueldo más elevado. Marla gustaba mucho a sus compañeros de trabajo. Era alta y de aspecto atlético, y siempre había sido la capitana del equipo de béisbol de la empresa. Tenía mucho sentido del humor y dibujaba unas tiras cómicas sobre política muy divertidas que colgaba en el tablón de anuncios de la cafetería. Era también una profesional muy capaz y le encantaba el reto de poner en marcha nuevos experimentos y de resolver problemas técnicos.

Sin embargo, no estaba nada segura de si podría llegar a ser una buena supervisora. Aunque se sentía cómoda discutiendo con otros científicos del laboratorio sobre el modo más adecuado de llevar a cabo un experimento —ése era su terreno y no dudaba de sus opiniones—, sabía que ser supervisora significaba además hacer evaluaciones del rendimiento de los demás técnicos y negociar sus salarios, áreas plagadas del tipo de conflictos que Marla más despreciaba. Se acobardó ante la idea de tener que discutir con sus compañeros de trabajo sobre la evaluación que había hecho o de su salario. También le daba miedo la perspectiva de tener que discutir con sus superiores sobre los recursos que necesitaba el laboratorio, o sobre los trabajos que debían asignarse. Le dieron dos semanas para que decidiese si quería ocupar el puesto de supervisora y se las pasó cavilando sobre lo que haría y diría en esas espinosas situaciones de responsabilidad.

Cuando casi habían transcurrido las dos semanas, Marla decidió no desempeñar un papel que estaba segura que la llevaría constantemente a pensar demasiado. Rechazó el trabajo de supervisora, pero negoció con sus superiores para tener más responsabilidades en el laboratorio. Estaba encantada con sus nuevas responsabilidades y aliviada por no haber caído en el pozo del pensamiento excesivo.

No siempre es una buena idea evitar la fuente de nuestro pensamiento excesivo. A veces hacerlo significa renunciar a importantes oportunidades que en el fondo querríamos aprovechar. Pero hay algunos lugares a los que simplemente no deberíamos acercarnos porque los beneficios que podríamos obtener no son tan grandes como la probabilidad de hundirnos en el pensamiento excesivo crónico.

## Elimina las lagunas

Si Marla hubiera querido aceptar ese puesto —pero no se hubiera sentido segura de su capacidad para manejar los conflictos con sus compañeros que sin duda conllevaba—, ¿qué debería haber hecho? Si se hubiera limitado a aceptar el trabajo y hubiera acabado presa de un pensamiento excesivo crónico, habría sido infeliz y potencialmente ineficaz en su puesto. Una idea mejor hubiera sido que Marla adquiriera las capacidades que debe tener un directivo y que a ella le faltaban para de este modo disfrutar tanto del trabajo como de la tranquilidad mental que deseaba.

Una vez que hemos conseguido salir del fango del pensamiento excesivo y alcanzado una mejor perspectiva de las cosas, estamos en una buena posición para ver claramente cuáles son nuestros puntos flacos y hacer algo al respecto. A menudo esto pasa por aceptar la ayuda de profesionales que puedan ayudarnos a superar esas debilidades. Tal vez debamos tomar algunas clases para mejorar las capacidades requeridas por nuestro trabajo o para adquirir el título que necesitamos si deseamos cambiar de sector profesional. Si entre tus puntos flacos hay algún mal hábito, como beber demasiado o atiborrarte de comida, es muy conveniente que vayas a algún terapeuta para que te ayude a desarrollar hábitos más adecuados. Los terapeutas también pueden ayudarnos a controlar nuestro enfado o a mostrarnos más firmes con los demás. Si tu punto flaco tiene que ver con la relación que mantienes con tus hijos, quizá deberías visitar a alguien especializado en terapia familiar: te ayudará a aprender a tratar a tus hijos con más ternura y de un modo más eficaz. Si cuando piensas demasiado no dejas de plantearte preguntas espirituales, quizá te convenga hablar con un consejero religioso para que te ayude a encontrar respuestas que te proporcionen algo de paz.

Una estrategia decisiva para evitar perder la perspectiva adecuada es llevar a cabo nuestros planes —si es preciso pidiendo ayuda a los demás— de modo que las principales fuentes u objetos de nuestras preocupaciones dejen de inquietarnos del todo. No podemos dejarnos llevar por la satisfacción que nos proporcionan las soluciones rápidas y que probablemente lamentaremos cuando empecemos a tener algún control sobre nuestro pensamiento excesivo. No podemos limitarnos a apagar los pequeños fuegos y pensar que los problemas crónicos ya no volverán a aparecer. Tenemos que centrarnos en la labor ardua y prolongada de eliminar las lagunas que hay en nuestro carácter y en nuestras capacidades, en las que nos embarrancamos una y otra vez.

## Olvídate de los objetivos que te perjudican

Tal vez algunos de los objetivos por los que has estado esforzándote durante toda tu vida no hacen más que causarte sufrimiento y avivar tu pensamiento excesivo. Puede ser muy difícil reconocer cuáles son esos objetivos, y todavía más renunciar a ellos. A veces los empleamos para definirnos. Pero olvidarnos de los objetivos que nos perjudican suele ser imprescindible para evitar caer en el pensamiento excesivo crónico.

Durante mis primeros años como profesora ayudante en Stanford, mi marido y yo vivíamos en la residencia de estudiantes universitarios como una especie de profesores consejeros mientras ahorrábamos para comprarnos una casa. Allí conocí a un montón de estudiantes de primer curso jóvenes e inteligentes que ya desde el primer día estaban totalmente convencidos de que iban a entrar en la facultad de medicina, y de que finalmente llegarían a ser médicos. No se les podía convencer de que ampliaran sus miras, de que exploraran la magnífica variedad de cursos y oportunidades que ofrecía Stanford. No, tenía que ser la facultad de medicina o nada.

Luego llegaba el batacazo con la biología y la física. La mitad de los estudiantes del curso preparatorio suspendían esas asignaturas, y muchos de los que las superaban lo hacían con notas de las que no se sentían nada satisfechos. Al final, muchos de esos estudiantes se veían obligados a abandonar su sueño de ser médicos y a tomar en consideración otras carreras. Quizá los casos más lamentables eran los de los estudiantes que pasaban bien los cursos preparatorios, pero que no acababan de encajar porque no ponían el corazón en ello. Normalmente esos estudiantes provenían de familias que habían depositado en sus hijos la esperanza de que llegaran a ser médicos.

Éste era el caso de Trin, una hermosa mujer de origen vietnamita de cabello negro y brillante y sonrisa tímida. Trin llegó a la residencia el día en que todo el mundo se estaba instalando y anunció en medio de todo ese caos que iba a ser neuróloga. Había sido su sueño desde que había hecho de ayudante de investigación para un neurocirujano de la ciudad donde vivía. La determinación que se veía en su mirada cuando hablaba de su objetivo hacía que la mayoría de nosotros lo pensáramos dos veces antes de advertirle que, teniendo en cuenta que todavía no llevaba ni un día en la universidad, debería estar abierta a la posibilidad de que su futuro lejano fuera por otros derroteros.

Trin había obtenido mucha de la gran fuerza de su espíritu de su familia, que se había instalado en la parte norte del Medio Oeste de Estados Unidos después de escapar de Vietnam en 1970 como *boat people*. Cuando Vietnam cayó en manos de los comunistas, toda la familia, entre ellos Trin, entonces todavía un bebé, y sus seis hermanos mayores, se metieron como pudieron en pequeños botes y se lanzaron al mar. Tuvieron que vender sus pertenencias a toda prisa, cambiaron el dinero que obtuvieron por oro y lo cosieron en el interior de los bolsillos de la ropa de los padres de Trin. Cuando ya estaban muy lejos de la orilla, el mar agitado provocó el hundimiento del barco. Los padres de Trin se vieron obligados a despojarse de sus abrigos, y por tanto del oro, para evitar ahogarse. Milagrosamente, había cerca un barco pesquero que puso a toda la familia fuera de peligro. Unos meses más tarde, y después de haber pasado por varios campos de refugiados, Trin y su familia llegaron a Estados Unidos, donde les «adoptó» una parroquia del Medio Oeste. Allí poco a poco rehicieron sus vidas: su padre encontró trabajo, primero como conserje, más tarde de dependiente y finalmente como gerente de una tienda. Aunque ya en párvulos Trin destacaba por su inteligencia, tuvo que luchar para captar la atención de sus padres y ganarse su respeto, puesto que era la más joven de los hermanos y la única chica.

Más adelante, Trin fue admitida en Stanford. Este hecho, unido a su experiencia de haber trabajado con un neurocirujano, acabaron de cristalizar su sueño de ser una famosa neurocirujana —rica, internacionalmente respetada por su trabajo y finalmente quizá profesora en una importante universidad—. Trin no veía conexión alguna entre sus objetivos y el ansia por obtener el amor de su padre que la había acompañado durante toda la vida. Había elegido su carrera racionalmente, basándose en sus capacidades e intereses.

No había duda de que Trin tenía capacidad. No tuvo problemas para aprobar las asignaturas de biología, química y física que se exigían a los alumnos en los primeros cursos preparatorios de medicina. Pero los que la conocíamos bien nos preguntábamos si era eso lo que deseaba en el fondo. Aunque podía sacar las mejores notas en cualquier asignatura que eligiese, no parecía que Trin tuviera la pasión por el trabajo que esperamos ver en todo el que se consagra a una meta tan ambiciosa. Las únicas veces que sus ojos se iluminaron fueron en una de las sesiones de lectura de poesía que ocasionalmente organizábamos en la residencia y en la conferencia sobre la historia de las primeras mujeres que se instalaron en el suroeste de Estados Unidos que dio un profesor visitante. Si por alguna razón Trin no sacaba muy buena nota en algún examen, volvía a la residencia y empezaba a pensar demasiado:

> ¿Cómo he podido ser tan estúpida? ¿Por qué no repasé más el capítulo sobre mecánica cuántica? He dejado que me distrajeran: tendré que dejar la residencia para poder estar sola y tranquila y conseguir estudiar. Pero entonces tendré que prepararme yo misma la comida y eso me quitará tiempo para estudiar. Tengo que mudarme a una residencia más tranquila, fuera del campus y lejos de tanto ruido y actividad.

Cuando Trin estaba en el tercer curso de la universidad, sucedió la tragedia. Su padre se mató en un accidente de coche cuando volvía a casa después del trabajo. Todos los hijos que quieren a sus padres se quedan aturdidos y totalmente abrumados cuando inesperadamente pierden a su padre o a su madre. Sin embargo, a Trin no sólo le invadió el dolor y la tristeza, sino que se convirtió en un barco sin timón. Dejó la universidad, aunque no de forma oficial, sino simplemente desapareciendo. Perdió toda su motivación para seguir con sus estudios o con cualquier otra cosa en la vida. Se limitaba a pasar el rato en el apartamento de su novio, dando algún paseo muy de vez en cuando o viendo un poco la televisión, aunque normalmente no hacía más que mirar por la ventana.

Hacía seis meses que su padre había fallecido cuando volví a verla. Estaba todavía más delgada, y llevaba el pelo muy corto. Sin embargo, lo primero en lo que me fijé fueron sus ojos. Esa mirada de absoluta determinación, esa actitud de «quítate de en medio, ahora voy a clase» se habían evaporado. En lugar de eso, en su mirada había una suavidad, una profundidad que sólo había observado las contadas ocasiones en que Trin, sentada en silencio, escuchaba música clásica o leía algún libro de poesía en lugar de su habitual libro de texto de biología. Le pregunté qué le había ocurrido.

«He estado como flotando durante dos meses. Por suerte, Sean [su novio] ha evitado que me autodestruyera. Incluso he pensado más de una vez en suicidarme. Todavía veía a mi padre, le oía cuando ya no estaba ahí. Intentaba decirme algo, pero no conseguía entenderle, estaba muy asustada. Pensé que me estaba volviendo loca.» Entonces, las lágrimas empezaron a rodar silenciosamente por sus mejillas.

> Después, hace algunas semanas, mientras dormía, oí que mi padre me decía: «Trin, Trin, estoy aquí, escucha hija. Haz lo que te dicte el corazón. Haz lo que te dicte el corazón». No sabría decir si se trataba de un sueño, simplemente sabía que le había oído: «Haz lo que te dicte el corazón». Pero ¿qué quería decir con eso? Estuve durante toda la noche echada en la cama, despierta, pendiente de si oía su voz, preguntándole lo que había querido decir. Pero no oí nada más, excepto el eco de sus palabras: «Haz lo que te dicte el corazón».
>
> Estuve mucho tiempo paseando por la montaña, intentando oír a mi padre. Dejé de verlo y oírlo: era como si me hubiera dicho lo que debía y luego se hubiera ido de verdad. Quería que volviera, quería hacerle algunas preguntas. Pero así era él. Decía una cosa una vez y sólo una vez, y luego seguía con lo suyo. «¿Qué me dictaba mi corazón?», seguía preguntándome. Sólo tenía una respuesta clara: no era la medicina. No llevaba la medicina en el fondo de mi corazón. «¿Cómo puede ser?», me pregunté. La medicina me ha motivado desde que estaba en el instituto. Sirvo para ello. Podría convertirme en una médica brillante. Pero no llevaba la medicina en el corazón. La primera vez que me di cuenta de esto pensé: «He perdido a mi padre y ahora he perdido mi vocación, mi profesión».
>
> Pero en lugar de sentirme vacía y apenada, me sentí totalmente aliviada. Era como si algo que me había estando sujetando por el pescuezo durante años de pronto me hubiera soltado. Mi padre me había soltado. No era exactamente él quién me agarraba; era lo que yo creía que él quería de mí, lo que yo pensaba que tenía que hacer por él. Pero ahora él se ha ido. De modo que también se ha ido la razón que yo tenía para dedicarme a la medicina.

Siempre había visto a Trin como una chica muy madura, pero en ese momento me quedé ahí con la boca abierta, asombrada por su capacidad de introspección y por el crecimiento que había experimentado. Le pregunté: «¿Y qué es lo que va a ocupar el puesto de la medicina?».

«Todavía no lo sé —me respondió—. Vuelvo a la universidad para descubrirlo. He dejado la medicina y me he matriculado en literatura inglesa. Mi madre y mis hermanos creen que he perdido la razón pero yo creo que la he encontrado.»

Al final Trin se licenció en Stanford en literatura estadounidense. Su otro logro, sin embargo, fue olvidarse de un objetivo que en el fondo no deseaba, pero que había dirigido todos los aspectos de su vida: ser médico. Podría haberlo conseguido, pero como no lo llevaba en el corazón, alcanzar ese objetivo no le habría proporcionado un placer perdurable e intenso.

Muchos psicólogos han argumentado que la principal razón de que las personas se queden atrapadas en el pensamiento excesivo es que no pueden olvidarse de objetivos imposibles o perjudiciales.[1] A menudo esos objetivos son aspectos esenciales del concepto que tenemos de nosotras mismas. Jennifer Crocker, de la Universidad de Michigan, los llama «contingencias de la autoestima».[2] Establecemos que debemos satisfacer esas contingencias para sentirnos bien con nosotras mismas: tenemos que conseguir un sueldo mejor o tener el aspecto de las modelos que aparecen en las revistas de moda. Los problemas empiezan cuando esas contingencias, u objetivos, que nos hemos fijado nosotras mismas nos llevan a comportarnos de un modo autodestructivo o bien son imposibles de alcanzar. Puede que la cantidad de kilos que te has propuesto perder sea exagerada, pero aun así tú continúas sin comer hasta que acabas por perjudicar tu salud. Crocker ha comprobado que las mujeres cuyas contingencias de autoestima tienen que ver con alcanzar una delgadez extrema son más vulnerables a la hora de desarrollar algún trastorno de alimentación.

1. Véase C. S. Carver y M. F. Scheier, *Attention and Self-Regulation: A Control-Theory Approach to Human Behavior*, Nueva York, Springer, 1981); o R. S. Wyer, Jr., (comp.), *Advances in Social Cognition*, Hillsdale, N. J., Erlbaum 1981.

2. J. Crocker y C. T. Wolfe, «Contingencies of Self-Worth», *Psychological Review*, nº 108, 2001, págs. 593-623.

Quizá tu matrimonio se está desmoronando, pero tú no eres capaz de dejar de verte como una mujer felizmente casada, con un marido triunfador, unos hijos maravillosos y una bonita casa. De modo que empiezas a pensar:

> Tengo que salvar este matrimonio. Quizá si adelgazase un poco Jerry me encontraría atractiva de nuevo. Pero es como si nada de lo que hago pudiera hacerlo feliz otra vez. Me está engañando, lo sé. ¿Qué voy a hacer si me deja? ¡No puedo soportarlo!

A menudo las mujeres esperamos alcanzar objetivos imposibles en nuestras relaciones, por ejemplo conseguir que todos los que nos rodean sean felices. Si alguien está disgustado, aunque sólo sea un amigo, solemos compartir su dolor, intentamos solventarlo, y entretanto pensamos demasiado en ello. Si alguien se enfada con nosotras, aunque sólo sea el dependiente de una tienda, nos sentimos responsables y empezamos a darle vueltas a su comportamiento. Básicamente, lo que debemos hacer es olvidarnos del objetivo de que todas las relaciones y encuentros que tengamos con otras personas sean positivos y de no ser nunca la fuente del dolor de otra persona. Simplemente no es posible, y pretenderlo aporta mucho sufrimiento a nuestra vida.

A veces nos sentimos atrapadas por ciertos objetivos porque consideramos que son la única solución a problemas importantes. Tienes que salvar tu matrimonio porque no tienes dinero y necesitas los ingresos de tu marido para alimentar a tus hijos. No puedes dejar ese empleo que tanto odias porque tu formación es insuficiente y podrías llegar a perder tu casa si te quedas sin trabajo. Como es más probable que las mujeres vivan en la pobreza, asuman la responsabilidad de los hijos y hayan recibido menos formación o no estén tan preparadas para el mercado laboral como los hombres, suelen tener menos alternativas para librarse de situaciones perjudiciales. Pero el pensamiento excesivo nos impide ver las alternativas que existen a nuestros problemas actuales. Cuando pensamos demasiado, no somos capaces de ver los modos de obtener más ayudas del Estado o de conseguir formación laboral para contar con opciones mejores y librarnos de la desagradable situación en la que vivimos en la actualidad. De modo que incluso cuando estamos atrapadas por objetivos imposibles a causa de las circunstancias en las que vivimos, escapar del pensamiento excesivo es crucial. Entonces puede que seamos capaces de ver cómo olvidarnos de esos objetivos y crear más opciones para nuestras vidas.

¿Cómo puedes saber si tus objetivos son beneficiosos? Los psicólogos han identificado varias características propias de los objetivos beneficiosos —los objetivos perseguidos y alcanzados por las personas felices—. En primer lugar, es preciso, como en el caso de Trin, que tus objetivos procedan de ti misma, no de tu familia, de tus amigos o de otras fuentes externas. Tal como hemos comentado en el capítulo 5, puede ser muy importante que te des cuenta de cuándo te estás diciendo: «Debería...», y que entonces te preguntes: «¿Quién lo dice?». Si la respuesta es que no lo dice nadie más que tú, deberías preguntarte si se trata de un objetivo que *tú* quieres alcanzar o si lo que sucede es que simplemente tú crees que los demás serán felices si lo alcanzas.

En segundo lugar, si quieres evitar pensar demasiado, tus objetivos deben ser realistas y factibles. Esforzarte constantemente por conseguir objetivos imposibles —caber en un vestido de la talla 38, cambiar la personalidad de tu madre, no molestar nunca a tu esposo o a tu compañero— sin duda te conducirá a pensar demasiado. Relaja un poco tus objetivos para que sean más razonables. Inténtalo con un vestido de la talla 40. Decídete a encontrar la forma de que la personalidad de tu madre no te moleste tanto. Date cuenta de que tener algún conflicto con tu compañero o en el matrimonio es normal y en muchos casos saludable. Al estudiar el «envejecimiento exitoso» —cómo personas mayores sobrellevan el deterioro de las capacidades físicas y la reducción de oportunidades que comporta envejecer— los psicólogos Paul y Margret Baltes, del Max Planck Institute y de la Universidad Libre de Berlín, llegaron a la conclusión de que las personas mayores más felices eran las que habían adaptado sus objetivos para que encajaran con la realidad de sus circunstancias.[3] Un corredor de toda la vida tuvo que renunciar al *footing* porque tenía problemas con sus articulaciones, pero desarrolló un programa alternativo de ejercicios menos fatigosos para mantenerse activo y sano. Una jardinera a la que le apasionaba su trabajo no pudo seguir cuidando el huerto de la comunidad, de modo que plantó sus hortalizas preferidas en el terreno

3. P. B. Baltes y M. M. Baltes, *Successful Aging: Perspectives from the Behavioral Sciences*, Nueva York, Cambridge University Press, 1990.

de 3 metros de lado que había detrás de su casa. Naturalmente, no tenemos que renunciar a un objetivo únicamente porque alguien nos haya dicho que no es realista. A muchas de las personas que más han triunfado en el mundo les dijeron que sus objetivos, sus esperanzas y sus sueños eran imposibles de realizar, que deberían renunciar a ellos. Hablar con amigos y familiares en cuya opinión confíes, y quizá con alguien imparcial como un terapeuta, puede ayudarte a discernir cuál de tus objetivos es realista (aunque sea muy ambicioso) y cuál no lo es.

En tercer lugar, si tus objetivos entran en conflicto, intenta reconocerlo y resolver ese conflicto o al menos suavizarlo. Las madres trabajadoras son perros viejos en cuestión de objetivos en conflicto. Quieren dedicarse a su profesión pero también quieren criar bien a sus hijos. Cuando se esfuerzan en uno de los objetivos les parece que lo hacen en detrimento del otro. De modo que empiezan a pensar demasiado:

> Nunca voy a ser titular si no escribo más artículos y consigo que me los publiquen. Siempre me falta tiempo. Esta semana ya he perdido dos días de trabajo porque Alex ha tenido una infección en el oído. ¿Cómo puedo ser tan desalmada con mi propio hijo? Él ahí, soportando el dolor, totalmente abatido, y yo pensando en que la semana próxima se acaba el plazo de la beca. No paso suficiente tiempo con él. Y cuando estamos juntos, estoy cansada y distraída. Me voy a perder su infancia.

Hay mujeres que eligen abandonar importantes objetivos porque entran en conflicto con otros objetivos también importantes. Tal vez decidan no tener hijos para poder dedicarse de ese modo a su carrera profesional, o quizá rebajen su exigencia profesional para dedicarles más tiempo a sus hijos. Éstas pueden ser elecciones positivas para algunas mujeres. Pero incluso cuando tomamos decisiones como ésas voluntariamente, tenemos tendencia a pensar una y otra vez en los remordimientos que sentimos, o en que hay quien dice que no hemos tomado la decisión correcta:

> Pensé que quería dedicarme exclusivamente a ser mamá. Sin embargo, no estoy segura de que esta elección haya sido la mejor. La verdad es que no me sale de forma natural. Me cuesta tanto encontrar cosas que ha-

cer con los niños durante todo el día. Mi hermana creyó que estaba loca cuando dejé mi puesto de dirección después de que naciera mi hijo. Ahora no sabe qué decirme. Probablemente piensa que no vale la pena hablar conmigo.

Cuando nuestros objetivos entran en conflicto, renunciar a alguno de ellos puede calmar un poco nuestro pensamiento excesivo, aunque no siempre es así. Otra estrategia es rebajar nuestras expectativas en cada uno de los objetivos para que, en su versión reducida, sea más fácil encontrar algún modo de satisfacer los dos. Supongamos que quieres llegar a ser profesora titular y también una buena madre; sin embargo, si te dejaras la piel en conseguir las dos cosas te volverías loca. Quizá podrías renunciar a obtener una plaza de titular en la mejor universidad del país y conformarte con una plaza de titular en una universidad respetable en la que el nivel exigido no fuera tan elevado. Y tal vez podrías renunciar a tu objetivo de tener cuatro hijos, como tu madre, y conformarte sólo con uno o dos.

En cuarto lugar, cuando fijes tus objetivos, procura perseguir éxitos en lugar de evitar fracasos. La psicóloga del desarrollo Carol Dweck, de la Universidad de Columbia, ha realizado una serie asombrosa de estudios en la que muestra las diferencias entre niños cuyo objetivo es conseguir tener éxito y niños cuyo objetivo es evitar los fracasos.[4] Los niños que quieren conseguir éxitos procuran hacer trabajos más desafiantes, son más creativos y aventureros, y se recuperan fácilmente de sus fracasos. Los niños que lo que quieren es evitar los fracasos, prefieren realizar trabajos que conocen a aventurarse con trabajos nuevos y posiblemente más interesantes. Cuando fracasan se quedan muy abatidos y se culpan por ello. Además, cuando las cosas no van como ellos esperaban, se ponen a pensar demasiado.

De forma parecida, si siempre nos concentramos en evitar el fracaso en lugar de intentar alcanzar el éxito, cualquier revés, por insignificante que sea, puede empujarnos a pensar demasiado:

No puedo creer que me presentase para ese nuevo puesto de dirección en la empresa. Debería haber sabido que no tenía ninguna oportunidad.

4. C. S. Dweck y E. L. Leggett, «A Social-Cognitive Approach to Motivation and Personality», en E. T. Higgins (comp.), *Motivational Science: Social and Personality Perspectives,* Filadelfia, Taylor & Francis, 2000.

Debería conformarme con mi actual trabajo, aunque no pueda soportarlo. Al menos es seguro. ¿Qué debe de pensar de mí ahora el jefe? He mostrado lo poco preparada que estoy comparada con los demás. ¡Incluso puede que ahora mi trabajo ya no sea seguro!

Si nos importa más conseguir éxitos que evitar fracasos, podremos tomarnos los reveses como fallos técnicos que inevitablemente nos acompañan en el camino hacia nuestros máximos objetivos. No estaremos tan pendientes de si hay indicios de que el cielo está a punto de caernos encima, de que lo peor está a punto de suceder. Y aunque suceda lo peor, tendremos una posición psicológica mejor para levantarnos, localizar de nuevo nuestro objetivo y seguir nuestro camino.

## Trátate con cariño

En el capítulo 4 he descrito el apasionante nuevo trabajo de Susan Folkman, de la Universidad de California, San Francisco, en el que demuestra que las personas que deciden crear oportunidades para experimentar emociones positivas incluso cuando están pasando por circunstancias extremadamente estresantes, como la enfermedad terminal de un ser querido, con el tiempo se sienten mejor que los demás tanto emocional como físicamente. He mencionado también a Barbara Fredrickson, de la Universidad de Michigan, que propone que las emociones positivas amplían nuestra perspectiva, con lo que nos hacen más creativos a la hora de resolver nuestros problemas. Forzarnos a tener experiencias positivas puede reportarnos beneficios tanto a corto plazo —mejorando nuestro estado de ánimo— como a largo plazo —ayudándonos a superar los obstáculos que nos vamos encontrando en la vida y probablemente reduciendo nuestro pensamiento excesivo.

Consideremos el caso de Debby, una ama de casa de 29 años de pelo rojizo que creció junto a una madre amargada y extremadamente crítica. Debby siempre había prometido que sería una madre mejor para sus hijos. Sin embargo, a lo largo de todo su embarazo, no dejó de preocuparse por si sería capaz de ser una buena madre, teniendo en cuenta que el modelo de madre que había tenido era desastroso. El embarazo transcurrió con toda normalidad y Debby tuvo un niño precioso al que llamó Thomas. Debby se entregó por completo al cuidado de Thomas, que iba creciendo sano y sin problemas. Pero cuando surgía el menor contratiempo, por ejemplo cuando empezaban a crecerle los dientes y tenía alguna dificultad para dormir, Debby caía presa de un pensamiento excesivo y no dejaba de preguntarse si su comportamiento como madre era el adecuado, lo que impedía que dejara de darle vueltas a la irritación que sentía hacia su madre.

> Soy un desastre como madre, ya dijo mi madre que esto ocurriría. Con una madre que se comporta así, de mayor mi hijo será un neurótico. ¿Por qué he tenido que cargar con una madre tan espantosa? ¿No podía habernos dado en adopción en lugar de hacer pedazos mi autoestima?

El día en que Thomas cumplía un año, Debby decidió que tenía que poner fin a esas cavilaciones. Estaba consiguiendo deprimirse, todo el día pendiente de si encontraba alguna señal que mostrase que Thomas no estaba bien o no era feliz, y fustigándose cada vez que algo no iba del todo bien. Debby decidió sacar partido a sus cualidades en lugar de pensar obsesivamente en sus posibles debilidades. En primer lugar, consiguió liberarse de los pensamientos negativos que la inmovilizaban contándoselos detenidamente a su hermana, Patty, que era unos años mayor que Debby y que se había distanciado emocionalmente de su madre hacía ya algunos años. Patty entendió las preocupaciones de Debby, pero la ayudó a que no les diera importancia por ser consecuencia de la amargura de su madre y no de la incompetencia de Debby como madre. Patty la animó a que buscase actividades que se le dieran bien y que le gustasen, y juntas repasaron algunas posibilidades. «Eres una buena atleta y muy manitas», le dijo Patty. Las palabras de su hermana animaron a Debby, que consiguió distraerse y no pensar en sus preocupaciones. En sólo unos días, Debby encontró un club deportivo en el que impartían cursillos de tenis (con servicio de guardería para Thomas) y se apuntó a clases de escultura en una pequeña universidad cercana.

A pesar de que había dominado su tendencia a pensar demasiado en sus capacidades como madre, Debby sabía que corría el riesgo de volver a caer en ello, así que planificó lo que haría si empezaba a tener la sensación de caer de nuevo en el pensamiento excesivo. En primer lugar, anotó las cosas que hacía para tener emociones positivas y para liberarse del pensamiento excesivo: jugaba al tenis con regularidad, hacía escultura y llamaba a Patty para charlar. Se comprometió con ella misma a hacer al menos alguna de esas cosas cuando sintiera que empezaba a ser presa de las cavilaciones. Entonces anotó algunas de las cosas importantes que había aprendido una vez que se hubo liberado de su pensamiento excesivo y alcanzó una mejor perspectiva de las cosas: que sus inseguridades no tenían *nada* que ver con sus capacidades; que todo el mundo la consideraba una buena madre; que, como no conseguiría cambiar a su madre ni ganarse su aprobación, no volvería a intentarlo; y que de vez en cuando podía ocurrir que no supiera qué hacer cuando Thomas tuviera un problema, pero que lo haría lo mejor que supiera. Cada vez que Debby sentía la atracción del pensamiento excesivo, empleaba esa lista para recordarse a sí misma sus cualidades y se ponía a hacer alguna de las actividades que la hacían sentir mejor.

Debby cultivó las emociones positivas en su vida de dos modos. En primer lugar, encontró nuevas actividades que le gustaba hacer. En segundo lugar, encontró el modo de responder ante sus miedos y preocupaciones y de recordarse a sí misma sus cualidades personales. Estas estrategias la ayudaron a dejar de fustigarse y a empezar a tratarse con más cariño, construyendo el tipo de vida positiva y el concepto de sí misma que quería transmitirle a su hijo Thomas.

Es importante que, cotidianamente y con regularidad, te fuerces a tener experiencias que te hagan sentir emociones positivas; no esperes a hacerlo cuando estés angustiada y seas víctima del pensamiento excesivo: entonces puede resultarte muy difícil pensar en cosas positivas. Quizá diariamente te convendría hacer ejercicio, meditación, practicar algún hobby, ir a dar un paseo por el bosque: cualquier cosa que sepas que te levanta el ánimo. Especialmente si tu programa diario actual te resulta pesado —haces lo mismo durante todo el día y día tras día, o bien no puedes tomarte un respiro en toda la jornada y estás continuamente bajo presión—, es crucial que te reserves aunque solo sean unos pocos minutos para hacer algo que te divierta y que te guste. El solo hecho de que regularmente hagas algo bueno por ti puede hacer que te sientas mejor y que tengas una sensación de control mayor. Tener más períodos de emociones positivas también te proporcionará más oportunidades para pensar creativamente sobre cambios que quizá quieres realizar en tu vida o sobre posibles formas de sobrellevar las tensiones actuales.

## Busca tu historia

A menudo nuestro pensamiento excesivo es un intento de entender nuestra propia historia: cómo hemos llegado hasta donde estamos, por qué somos el tipo de persona que somos, por qué nos han sucedido ciertas cosas. Parece que las mujeres necesitan tener una explicación —un relato, tal como lo llaman actualmente muchos psicólogos— de por qué sus vidas se han desarrollado del modo en que lo han hecho. Esto es especialmente cierto cuando nuestras vidas no parecen estar yendo demasiado bien. Necesitamos saber por qué nuestros hijos han empezado a tomar drogas, o por qué nunca nos gusta nuestro jefe, o por qué no conseguimos tener nunca una relación de pareja estable.

No hay duda de que un paso decisivo para superar nuestros problemas es entender las causas que los han provocado. Intentar descubrir la historia que hay detrás de nuestros apuros puede ser operativo, pero también puede no serlo, porque a veces nos lleva a pensar demasiado. Estar constantemente haciéndonos preguntas del tipo «¿por qué...?» sin saber encontrar la respuesta nos prepara para empezar a pensar demasiado. Nos dimos cuenta de ello en nuestro estudio sobre la pérdida de seres queridos.[5] Las personas que no conseguían encontrar respuesta a la pregunta «¿Por qué ha muerto este ser al que tanto quería?» tenían bastantes más probabilidades de seguir deprimidas muchos meses después del fallecimiento. En cambio, las personas que podían dar alguna respuesta a esa pregunta tendían a dejar de pensar demasiado y a sentirse algo aliviadas de la depresión que la pena les causaba aproximadamente un par de meses después del fallecimiento. En realidad no importaba demasiado lo que respondieran a la pregunta: podían dar una respuesta existencialista («Nacemos y luego morimos. Así es como funciona»), una respuesta religiosa («Era par-

5. C. G. Davis, S. Nolen-Hoeksema y J. Larson, «Making Sense of Loss and Growing from the Experience: Two Construals of Meaning», *Journal of Personality and Social Psychology*, nº 75, 1998, págs. 561-574.

te del plan divino») o incluso una respuesta científica («Fumaba tres paquetes diarios. Tuvo cáncer de pulmón y murió»). Al parecer, dar algún tipo de respuesta a la pregunta les ayudaba.

De modo que una estrategia para combatir tu hábito de pensar demasiado es intentar encontrar una historia que responda a las preguntas profundas del tipo «por qué» de un modo satisfactorio. «Pero —podrías decir— ¡esto es lo que he estado intentando hacer durante toda la vida!» Si has estado buscando respuestas a tus «¿Por qué?» y eso no ha hecho más que llevarte a pensar demasiado, probablemente ya es hora de que busques ayuda. La psicoterapia puede echarte una mano en esto. El psicoterapeuta Jerome Frank sugirió que una de las cosas que todas las psicoterapias tienen en común es que nos proporcionan una historia, un modo de entender nuestros sentimientos y nuestras vidas, lo cual nos da una sensación de comprensión y coherencia.[6] La historia elegida varía en función del psicoterapeuta. Un terapeuta psicodinámico te ayudará a explorar los conflictos y las experiencias de tu vida temprana que te han llevado a ser como eres. Un terapeuta cognitivista te ayudará a identificar los modos perjudiciales de pensar que están dirigiendo tus emociones y tu comportamiento. Es posible que la historia que propone un psicoterapeuta tenga más sentido que la que propone otro, de modo que quizá tendrás que acudir a más de uno antes de encontrar la historia que parece que encaja contigo. Pero, fundamentalmente, la psicoterapia consiste en entender nuestras propias historias. Además, cada psicoterapia ofrece un conjunto de recetas para ayudarnos a hacer cambios y, así, mejorar la historia de nuestra vida.

Actualmente hay muchas personas que recurren a la biología para entender su historia. La popularidad de las explicaciones biológicas de nuestros problemas psicológicos se basa en parte en los rápidos avances de la psiquiatría biológica en la determinación de los factores genéticos y bioquímicos que influyen en nuestros estados de ánimo y en nuestras personalidades. También creo que nuestra pasión por las explicaciones biológicas para todo lo que nos concierne es parte de nuestra obsesión por las soluciones rápidas. Si mi hijo bebe demasiado, tiene que ser porque el tío Sid era alcohólico y mi hijo ha hereda-

6. J. Frank, *Persuasion and Healing: A Comparative Study of Psychotherapy*, Baltimore, The Johns Hopkins University Press, 1973.

do sus genes. Si estoy deprimida, tiene que ser porque tengo un desequilibrio químico en el cerebro. Todo eso es verdad en algunos casos. En otros, estas simples respuestas biológicas nos permiten pasar por alto realidades dolorosas de nuestras vidas que preferimos no tener que afrontar. En lugar de eso, todo lo que tenemos que hacer es medicarnos un poco y así luego todo va a ir bien.

Hay muchos otros lugares a los que podemos recurrir para encontrar nuestras historias. Algunas personas encuentran satisfacción en las historias que nos ofrece la religión, ya sea la religión tradicional o el espiritualismo New Age. Otras asisten a cursos académicos, leen libros e investigan para estudiar las múltiples posibles explicaciones de las experiencias que han vivido. Hablar con amigos y familiares también puede ayudarte. Podrías descubrir que uno de tus hermanos sufre las mismas angustias y debilidades que tú, pero que nunca las había compartido contigo. Él ha conseguido tener su propia historia que explica cómo esas preocupaciones se han ido desarrollando con el tiempo, y podrías encontrar que en su historia hay elementos que también son aplicables a tu vida.

Sea cual sea la historia que escojas, es importante que te des cuenta de que las cosas rara vez son tan simples como querríamos. Tal vez seamos capaces de identificar las experiencias de nuestro pasado que han contribuido de un modo decisivo a nuestra personalidad. Quizá tengamos buenas razones para pensar que estamos genéticamente predispuestos a la depresión u otros problemas psicológicos. Pero los seres humanos somos sistemas biológicos y psicológicos complejos, y vivimos en sistemas sociales todavía más complejos. Tal como dijo una vez el escritor E. B. White: «No hay límite para la complicación de las cosas, porque una cosa siempre lleva a otra». Si nos aferramos demasiado a una explicación simple de quiénes somos, cuando aparezca alguna prueba que contradiga nuestra explicación puede que nos hundamos de nuevo en el pensamiento excesivo. Es preciso que reconozcamos la complejidad del sistema humano y que la asimilemos, tomándonosla como algo que nos proporciona múltiples posibilidades de cambio. Por ejemplo, si crees que el origen de tu depresión es en gran medida biológico, pero que la medicación que te tomas no te funciona, continuar abierta a la complejidad te permitirá considerar que la psicoterapia también podría ayudarte. Del mismo modo, si crees que las raíces de tu depresión están en tus experiencias de la infancia, pero después de años de psicoterapia todavía sufres cambios de humor, quizá te convenga, además de seguir con la psicoterapia, tomar algo de medicación para conseguir controlar más tus estados de ánimo.

## Amplía la base de tu autoestima

Es muy probable que nuestros episodios de pensamiento excesivo se centren en los aspectos de nuestra vida que más nos importan y que más pesan en el concepto que tenemos de nosotras mismas. Cuando este concepto se basa sólo en uno de los aspectos de nuestra vida —por ejemplo, en nuestro rol de madre o en el de profesional— somos especialmente vulnerables al pensamiento excesivo. En estos casos, es de suma importancia que en ese aspecto de nuestra vida todo nos vaya de perlas, porque es todo lo que tenemos. Si la imagen de nosotras mismas se basa exclusivamente en nuestro rol de madres, cuando empiecen a surgir problemas en ese ámbito —nuestro hijo tiene problemas de comportamiento o nos mostramos irritables con demasiada frecuencia— amenazarán la imagen global que tenemos de nosotras. Como consecuencia, estaremos extremadamente pendientes de si aparecen problemas en ese ámbito, nos quedaremos destrozadas cuando surjan y no tendremos ninguna otra fuente de autoestima o satisfacción a la que acudir para encontrar alivio y apoyo.

Sheila pensaba que había conseguido todo lo que había deseado. A los 31 años, estaba felizmente casada con un abogado de éxito, tenía dos hijos preciosos y llenos de salud y vivía en una casa encantadora en el mejor barrio de una de las ciudades más importantes del sur. Sheila había terminado sus estudios universitarios después de casarse con Dale, y durante un tiempo su título de empresariales le sirvió para trabajar como directora de marketing en una pequeña empresa de software. Cuando tuvo a su primera hija, Christine, Sheila abandonó su trabajo para dedicarle todo su tiempo. Se entregó por completo a Christine y estaba encantada de hacerlo. La niña tenía los mismos ojos azules y brillantes que su madre y probablemente, cuando le creciera el cabello, iba a ser rubia, como Sheila. Dieciocho meses después, nació su hijo Mark y Sheila, siempre pendiente de sus dos pequeños bulliciosos, ya no tenía ni un minuto para ella.

Dale trabajaba muchas horas, de modo que Sheila y los niños pasaban poco tiempo con él. Cuando Sheila dejó su empleo, la reducida red de amistades que había ido cultivando se rompió y, como estaba tan ocupada con sus hijos, no pudo hacer nuevos amigos. De modo que se sentía algo aislada y sola. «Pero —se decía— tengo a mis hijos, y casi no puedo seguir su ritmo, así que en realidad no tengo tiempo para los amigos.»

Aunque siempre andaba detrás de alguno de sus hijos, o estaba leyéndoles algún cuento, o dándoles de comer o jugando con ellos en el parque, Sheila tenía mucho tiempo para pensar y a veces acababa pensando demasiado:

> ¿Estoy haciendo lo correcto con mis hijos? ¿Debería llevarlos a una guardería? He leído un montón de veces que el desarrollo cognitivo temprano es muy importante para que les vaya bien en la escuela. Pero en el fondo quiero tenerlos conmigo todo el día. ¿Qué voy a hacer si van a una guardería? Yo les leo, pero no tienen relación con otros niños. ¿Les basta con jugar aquí en el parque? Mi madre no me llevó nunca a una guardería. Quizá por eso soy un poco tímida. Tal vez si no fuese tan tímida me sentiría más cómoda a la hora de buscar compañeros de juego para mis hijos.

Cuando Christine tenía ya 3 años, Sheila la llevó al pediatra para que le hiciera el habitual examen anual, y la vida de paz y satisfacción que hasta entonces había llevado con sus hijos se esfumó. El pediatra detectó un soplo en el corazón de la niña. A raíz de esto le tomó la tensión y descubrió que estaba extremadamente alta. Recomendó que un cardiólogo de pediatría visitara a Christine. Cuando Sheila regresaba a casa tras salir de la consulta del doctor, su mente empezó a acelerarse:

> ¿Qué significa esto? ¿Qué le ocurre a mi niña? ¿Por qué los médicos no lo habían detectado antes? ¿Cómo es posible que no me haya dado cuenta de que algo iba mal? ¿Qué tendrán que hacerle? ¡Oh!, no sé cómo llevar esto, no puedo soportarlo.

Como era habitual, esa noche Dale no llegó a casa hasta las nueve. Para entonces Sheila estaba loca de preocupación y muy enfadada con él porque no había estado allí cuando le había necesitado. Tan pronto como Dale hubo cruzado la puerta, a pesar de que le había dejado un mensaje en el contestador para avisarla de que volvería tarde, Sheila se salió de sus casillas porque no había llegado a la hora. Luego le soltó la noticia de que Christine tenía un soplo en el corazón y la tensión alta en un tono entre enfadado y asustado. Dale intentó tranquilizarla y le aseguró que todo iba a ir bien, pero sus promesas no la aliviaron demasiado. Sheila se pasó la noche despierta preocupándose y pensando demasiado en el problema de Christine, y luego en Mark:

> ¿Y si le ocurre también algo a Mark y todavía no lo han descubierto? ¡No puedo creer que no notara que le ocurría algo a Christine! ¿Qué clase de madre soy? ¡No he sido capaz de distinguir que el corazón de mi propia hija no estaba bien! ¿Debería insistir en que el cardiólogo le visitara también a él? ¿Lo que tiene Christine es genético? ¿Quién de nosotros dos se lo ha transmitido? En mi familia nadie ha tenido nunca problemas de corazón. ¿Y si tienen que operarla? No seré capaz de soportarlo. No puedo hacer frente a la imagen de mi hija abierta y sufriendo.

Esos pensamientos de preocupación y esas imágenes de espanto no la dejaron dormir en toda la noche, y a la mañana siguiente estaba completamente ida. Siguió teniendo episodios de pensamiento excesivo durante los días y las noches siguientes hasta que, dos semanas más tarde, llegó por fin el día en que Christine tenía visita con el cardiólogo. El médico examinó con atención a Christine y confirmó que tenía un soplo. Sheila estuvo a punto de romper a llorar. El cardiólogo intentaba explicarle a Sheila que los soplos en el corazón pueden ser consecuencia de un sinfín de factores y que no tienen por qué ser causa de alarma. Sin embargo, Sheila apenas podía escucharle, porque las espantosas imágenes de la operación de Christine empezaron a ocupar su mente. Luego el cardiólogo le tomó la tensión a Christine y la encontró normal. «¿Cómo? —exclamó Sheila—. Se suponía que la tenía alta.» El cardiólogo le contestó que la tensión suele ser algo bastante variable, que depende de todo tipo de condiciones, entre ellas la inquietud que genera hacerle una visita al pediatra, que es la persona que pone las inyecciones. El cardiólogo dejó pasar un rato, volvió a tomarle la tensión a Christine, y de nuevo la encontró normal. Dio por terminada la visita después de recomendarles que volvieran al cabo de un par de meses para un nuevo examen.

Cuando Sheila volvió a casa estaba agotada y confundida. ¿Convenía tener una segunda opinión? ¿Debía llamar al cardiólogo y pedirle que le repitiera todo lo que le había dicho sobre el soplo de Christine para asegurarse de que lo había entendido bien? ¿Qué debía hacer?

Llamó a su madre. Sheila todavía no le había contado que Christine tenía un soplo en el corazón porque no quería preocuparla, al menos hasta que el cardiólogo hubiera confirmado que tenía algún problema. Antes de que su madre hubiera acabado de decir «hola», Sheila empezó a soltarle todos los detalles de las visitas al pediatra y al cardiólogo, así como todos sus miedos y preocupaciones por Christine.

Finalmente, su madre le dijo: «Sheila, cariño, relájate. Cálmate. Te has puesto muy nerviosa con este asunto. Vamos, vuelve a contármelo todo con calma». Cuando Sheila llegó a la parte en que el cardiólogo le decía que tener un soplo en el corazón no significaba necesariamente algo de lo que preocuparse, su madre señaló que eso era muy alentador. También señaló que el hospital donde trabajaba ese cardiólogo era uno de los mejores del país en pediatría, de modo que había razones para creer que ese cardiólogo era bueno. Al cabo de un rato, Sheila tenía las ideas más claras y se sentía mucho más calmada.

Entonces su madre le preguntó: «Sheila, ¿por qué no me llamaste antes para hablar de todo esto?». Cuando Sheila le dijo que no quería preocuparla, su madre le respondió: «Cariño, vives tan aislada en esa preciosa casa con tus preciosos hijos que has perdido la perspectiva. Las personas que te quieren desean apoyarte. Y tú necesitas encontrar más personas con las que hablar, más cosas que hacer, y dejar de pasarte todo el día en casa con tus dos hijos. Si finalmente le encuentran algo malo a Christine, no serás capaz de sobrellevarlo y de estar junto a tu hija si estás tan escondida en ti misma, pensando únicamente en tus hijos y en tus preocupaciones».

Al principio, Sheila se enfureció con su madre por lo que le había dicho, por no haberla apoyado totalmente cuando lo necesitaba. Pero muy pronto se dio cuenta de que su madre tenía razón. Se había aislado tanto que no tenía a nadie con quien hablar aparte de sus hijos y Dale, cuando volvía a casa entrada la noche. La imagen que se había creado de sí misma era la de la madre perfecta con los hijos perfectos, y la posibilidad de que Christie estuviese enferma había roto esa imagen en mil pedazos. Necesitaba volver a hacer amigos y encontrar alguna actividad nueva que permitiera que ella y sus hijos estuvieran un rato separados, y que le diese a ella la oportunidad de reencontrar esos aspectos de sí misma que no eran «mamá».

Si, como Sheila, la imagen que tienes de ti misma está centrada únicamente en uno o dos roles, ya es hora de que busques más fuentes que alimenten tu autoestima en las que basar la imagen que tienes de ti misma. Esto no implica que tengas que desarrollar un centenar de actividades, la mitad de las cuales no significan nada para ti. Sólo debes encontrar algo en lo que quieras concentrar parte de tu energía y de tus recursos, como desarrollar una nueva habilidad (por ejemplo la cerámica), empezar una nueva relación (por ejemplo, visitando una residencia de ancianos) o colaborar con una organización que sirva a alguna causa (por ejemplo, formar parte de la Sociedad Protectora de Animales). Lo importante es encontrar nuevos roles que te pongan en contacto con tus necesidades y tus valores básicos, que te proporcionen la oportunidad de conocer otras personas y establecer nuevas relaciones y que alimenten la visión positiva de ti misma. Así, cuando algo vaya mal en alguno de los roles de tu vida, dispondrás de otros a los que acudir en busca de gratificación o en busca de amigos que te apoyen y que mantengan equilibrada la imagen que tienes de ti misma.

## Plantéate buscar nuevos amigos

Anteriormente he mencionado que un beneficio de añadir nuevos roles a nuestra vida es que podemos contar con nuevos amigos que nos apoyen en los momentos difíciles, que nos ayuden a ver nuestros problemas desde una perspectiva diferente o que nos den algún consejo. Tal vez no necesites añadir nuevos roles a tu vida, pero si tus amigos actuales alimentan tu pensamiento excesivo en lugar de ayudarte a superarlo, es posible que necesites encontrar nuevos amigos. Quizá te has convertido en el hombro sobre el que todo el mundo quiere llorar, en la amiga a la que todos acuden en busca de apoyo y en la que descargan sus problemas. El problema es que, cuando tú necesitas descargar los tuyos, los demás no saben qué actitud tomar. Quieren que tú seas la fuerte, la que siempre sabe sobrellevarlo todo. Si estás angustiada y preocupada, esto amenaza la necesidad que tienen de que seas la fuerte y no van a dejar que eso ocurra. Así que no hacen caso de tus preocupaciones: «Tú siempre acabas superándolo todo». O le dan la vuelta a la tortilla y empiezan a hablarte de sus preocupaciones: «Puede que esto te parezca terrible, pero yo sí que estaba destrozado ayer. Deja que te lo cuente».

Puede que tus amigos intenten ayudarte, pero simplemente no pueden porque están muy agobiados por sus propios problemas. Quieren escucharte, pero enseguida empiezan a sentirse abrumados por tu sufrimiento, o están demasiado preocupados por el suyo. Aunque a menudo es cierto que «las penas en compañía se llevan mejor» cuando varios amigos abatidos se sientan juntos, eso puede convertirse en una reunión para pensar demasiado destructiva para todos sus componentes.

Si la mayoría de tus amigos no te brinda el tipo de apoyo que alivia tu pensamiento excesivo, sino que más bien lo alimenta, ya es hora de que te plantees la posibilidad de encontrar nuevos amigos. Esto no significa que debas abandonar a los antiguos, pero tener algunos amigos que sepan darte el tipo de apoyo que necesitas cuando estás disgustada, que sepan ayudarte a dejar de pensar demasiado y a empezar a resolver tus problemas, y que te proporcionen un modelo que seguir para poder sobrellevar bien el estrés puede ser de gran valor cuando te libres del pensamiento excesivo.

## Crea una nueva imagen de ti misma

Lo más habitual es que pensemos demasiado en los aspectos de nuestra imagen que nos parecen deficientes. Al fin y al cabo, si confías en ti misma, no tendrás demasiadas razones para preocuparte y, en lugar de pensar demasiado en tus errores pasados, podrás verlos como oportunidades para crecer y estarás segura además de que puedes evitar que vuelvan a producirse. Por otro lado, las personas que han perdido totalmente la esperanza en ellas mismas y en su mundo seguramente tampoco piensan demasiado: están tan seguras de que son un completo desastre y de que la vida no vale en absoluto la pena que no tienen mucho a lo que darle vueltas.

Pero cuando en algún aspecto, como en el rendimiento en el trabajo, en la relación con la pareja o en nuestras capacidades como líder, no estamos absolutamente seguras de nosotras mismas, solemos pensar demasiado, y mucho. Nos preocupamos por cosas que han sucedido en el pasado, tirándonos de los pelos por nuestros errores, cuestionando nuestros motivos y los de los demás. Nos angustia el futuro y nos preguntamos si podremos satisfacer adecuadamente los retos que se nos planteen en adelante. A menudo, cuando les damos vueltas a nuestros puntos flacos, nos vemos como ineptas, o débiles, o avergonzadas, o abrumadas, y esa imagen se desliza o invade nuestra conciencia cuando empezamos a preocuparnos. Alimenta nuestra ansiedad, provocando o bien que evitemos las situaciones en las que podríamos fallar, o bien que nos sintamos abrumadas en el mismo instante en que empezamos a titubear.

Estas imágenes negativas son famosas por haber arruinado las actuaciones de algunos músicos como Sonia, una pianista de origen ruso de 18 años, ojos de un castaño oscuro y cabello castaño ondulado que, cuando actuaba, llevaba recogido en un moño. Sonia soñaba con ser una concertista de piano desde que estaba en Moscú siendo todavía una niña. Tenía muchísimo talento y estuvo en manos de los mejores profesores de Rusia durante su infancia. Cuando tenía 16 años, su familia se trasladó a Estados Unidos para que ella pudiera seguir su formación en Nueva York y pudiera iniciar su carrera. A los 18 años, Sonia tocaba en las salas de concierto más importantes de Norteamérica.

Pero se estaba labrando la reputación de ser impredecible. Algunas de sus actuaciones eran perfectas y Sonia daba la sensación de absoluta madurez y tranquilidad. Sin embargo, en otras, se equivocaba de pronto en medio de alguna pieza que había tocado cientos de veces. Entonces, en lugar de recomponerse y reanudar su actuación, seguía tocando como podía cometiendo errores, o salía corriendo del escenario hecha un mar de lágrimas y ya no volvía a aparecer.

La ansiedad que se apoderaba de Sonia antes de cada actuación llegó a ser tan acuciante que su madre tenía que empujarla literalmente para que saliera al escenario. Antes de cada actuación, Sonia se sentía abrumada por la imagen de sí misma sentada en el piano, siendo el blanco de las miradas de todos los espectadores que llenaban la sala y quedándose de pronto en blanco, sin ser capaz de recordar cómo se tocaba ninguna de las obras del programa. El terror se apoderaba de su cuerpo y su mente se quedaba completamente vacía, pero podía ver los rostros de las personas de la audiencia, que la miraban con indignación, irritación y lástima. Normalmente, cuando empezaba el concierto conseguía apartar esa imagen y concentrarse en la música. Pero si una pieza le presentaba alguna dificultad, esa imagen reaparecía de golpe, nublaba sus pensamientos e inmovilizaba sus manos.

Finalmente, cuando el agente de Sonia empezó a inquietarse ante la dificultad de encontrarle nuevos conciertos, le rogó que fuera a visitar a un terapeuta de Nueva York especializado en ayudar a músicos a superar la ansiedad generada por las actuaciones. Al comenzar , el terapeuta dio dos pasos importantes con Sonia. En primer lugar, hizo salir a su madre. Se dio cuenta de que la madre de Sonia la había estado presionado mucho desde la niñez para que actuase en público y consiguiera tener éxito y eso alimentaba sus problemas con las actuaciones. En segundo lugar, ayudó a Sonia a superar la imagen negativa que tenía de sí. Juntos revisaron hasta el último detalle de la imagen que Sonia tenía de sí misma equivocándose y quedándose paralizada ante el público. Eso resultaba extremadamente doloroso para Sonia, pero no dejó de intentarlo.

Mientras examinaban esa imagen, el terapeuta ayudaba a Sonia a realizar ejercicios de relajación para que pudiera contrarrestar la angustia que le provocaba. Luego trabajó con ella para desarrollar una imagen nueva y positiva de sí misma ante el teclado. No era una imagen en la que todo iba siempre a la perfección. Sonia ya había tenido esa imagen idílica e iba alternándola con la imagen negativa, de fracaso absoluto. En lugar de eso, el terapeuta la ayudó a desarrollar una imagen en la que cometía algún fallo en mitad de una pieza, pero luego era capaz de recuperar la concentración y reanudar la ejecución sin volver a equivocarse. Estuvieron estudiando el modo en que Sonia podía aprovechar algunos ejercicios leves de relajación, incluso cuando se equivocase en un concierto, para reducir la ansiedad y la excitación y disponer del suficiente espacio mental para traer a la memoria la imagen de sí misma positiva y capaz de superar el problema, y para recuperar la concentración en la música. A lo largo de los meses siguientes, el nivel de calidad de las actuaciones de Sonia fue más constante. Siguió cometiendo algún que otro error, pero abandonó llorando el escenario en muy pocas ocasiones y ya no necesitaba que nadie la empujara para salir a escena.

Como Sonia, podemos reemplazar las imágenes negativas que tenemos de nosotros mismos y que desencadenan gran parte de nuestro pensamiento excesivo por imágenes positivas. A veces se trata de algo tan sencillo como lo que el terapeuta hizo con Sonia: usar la relajación para reducir la ansiedad que nos genera nuestra imagen negativa y desarrollar una nueva imagen en la que superamos la adversidad y los errores y que llevaremos a la práctica y emplearemos para sustituir la imagen negativa. Hay ocasiones en las que algunas de las estrategias que hemos presentado en los capítulos 4 y 5 deben llevarse a cabo necesariamente antes de que podamos empezar a reemplazar las imágenes negativas. Por ejemplo, hubo una época en la que Crystal bebía demasiado y, a veces, cuando estaba borracha, maltrataba a sus hijos, golpeándoles con fuerza cuando se comportaban mal o cuando la molestaban. Gracias a la ayuda psicológica, hace seis meses que Crystal no toca la bebida. Sin embargo, no consiguió librarse de la imagen de mala madre que tenía de sí misma hasta que no se hubo perdonado por pegar a sus hijos cuando estaba demasiado bebida. Hasta que no se perdonó a sí misma y empezó a verse como una madre que se estaba esforzando por superar sus debilidades, no empezó de verdad a reconstruir la relación con sus hijos.

De forma parecida, cuando la imagen que tienes de ti no dependa más que de un rol o de una relación, tal vez necesites ampliar la base de tu autoestima estableciendo nuevas relaciones y adquiriendo nuevos intereses para poder cambiarla. Si cuando te miras no ves más que a una esposa, desesperada por mantener vivo su matrimonio porque es todo lo que tiene, necesitas ampliar tu base para que la idea que tengas de ti misma incluya otras metas personales y fuentes de autoestima. Si cuando te miras sólo ves una profesión que debe llevarse a cabo, necesitas ampliar tu base e incluir en ella más relaciones que presten apoyo y perspectiva a tu vida.

Cuando hayas conseguido liberarte del pensamiento excesivo, adquirido una perspectiva más amplia y solucionado algunos de tus problemas más inmediatos y, por tanto, estés preparada para remodelar tu vida y así evitar volver a caer en el pozo del pensamiento excesivo, dale un buen vistazo a la imagen que tienes de ti misma. Trabaja lo negativo buscando modos de corregir tus defectos y vencer tus debilidades, perdonar los errores del pasado, diversificar las fuentes de autoestima y crear imágenes positivas que prevengan nuevos episodios de pensamiento excesivo.

## Una breve guía de referencia

Las estrategias que nos han ocupado en este capítulo están diseñadas para ayudarte a remodelar tu vida a largo plazo. Necesitarás más tiempo para ponerlas en práctica que el que habrás necesitado para las estrategias de los capítulos 4 y 5, y también tardarás más en ver sus frutos. Pero estas estrategias pueden ayudarte a crecer hasta lograr una vida más satisfactoria y un mayor control.

| Estrategia | Descripción | Ejemplo |
|---|---|---|
| No sigas por ahí. | Intentar no involucrarnos en situaciones que nos llevan a pensar demasiado. | Jan sabía que si pasaba demasiado tiempo con su madre estaría las siguientes semanas pensando demasiado, de modo que sus visitas eran breves. |
| Olvídate de los objetivos que te perjudiquen. | Olvidarnos de los objetivos imposibles o que nos llevan a actuar autodestructivamente. | Briana decidió que en lugar de intentar perder 20 kilos matándose de hambre, perdería sólo 10 kilos siguiendo el régimen que le había recomendado el médico. |
| Trátate con cariño. | Crear oportunidades de vivir emociones positivas y de afirmar nuestros puntos fuertes. | Sandy se reservó media hora al día para meditar, aunque su familia protestase porque no estaba disponible en esos momentos. |
| Busca tu historia. | Intentar encontrar una explicación satisfactoria que nos permita entender nuestros problemas. | Tillie leyó un montón de libros que abordaban planteamientos religiosos distintos sobre la vida después de la muerte para entender los sentimientos que le provocaba la muerte de su madre. |

| Estrategia | Descripción | Ejemplo |
|---|---|---|
| Amplía la base de tu autoestima. | Desarrollar varias fuentes de autoestima y de apoyo. | Fern se dio cuenta de que su trabajo como abogada era toda su vida, de modo que se apuntó como voluntaria en un centro de ayuda para mujeres maltratadas. |
| Plantéate buscar nuevos amigos. | Asegurarnos de que tenemos amigos que nos ayudan a abandonar el pensamiento excesivo en lugar de prolongarlo. | Todos los amigos de Lilia eran estudiantes universitarios como ella, y se pasaban mucho tiempo juntos quejándose; sin embargo, en su parroquia encontró amigos que no eran estudiantes y que le dieron una nueva visión de la vida. |
| Crea una nueva imagen de ti misma. | Sustituir las imágenes negativas que tenemos de nosotras mismas por imágenes positivas, o diversificar la imagen que tenemos. | Rita sustituyó la imagen que tenía de sí misma como incapaz de dirigir a las personas por una imagen de jefe competente aprendiendo nuevas habilidades y ensayando su nueva imagen. |

Tercera parte

# Desencadenantes del pensamiento excesivo

A pesar de que cada uno tiene sus propios temas sobre los que pensar demasiado, hay cuestiones que preocupan a todo el mundo: las relaciones de pareja, el trabajo y la carrera profesional, los padres y familiares cercanos, los problemas de salud y la pérdida de seres queridos u otras experiencias traumáticas.

En la tercera parte me ocupo de cómo pueden emplearse las estrategias que hemos expuesto en la segunda parte para conseguir controlar un poco más estas cavilaciones.

# 7

# Casada con mis preocupaciones: pensar demasiado en las relaciones de pareja

Uno de los temas en los que más pensaban demasiado las personas que participaron en nuestros estudios era la relación de pareja: el marido o la mujer, el compañero o la compañera, el novio o la novia. No es de extrañar que esas relaciones sean tan a menudo el objeto de nuestras preocupaciones. Nuestras relaciones de pareja forman una parte esencial del concepto que tenemos de nosotros mismos. Nos vemos, al menos parcialmente, a través de los ojos de nuestra pareja, que nos dan una visión crítica de nosotros. Por tanto, es comprensible que nos preocupemos por lo que piensan de nosotros, cómo marcha la relación, por qué se comportan como lo hacen, de cómo hacer que se sientan felices y lo que las demás personas piensan de ellos.

Reflexionar sobre nuestras relaciones de pareja puede ser algo positivo cuando eso nos lleva a reconocer problemas y emprender acciones correctivas, o cuando simplemente disfrutamos del bienestar que producen las relaciones que van bien. Pero pensar demasiado puede sabotear todas las etapas de nuestras relaciones: cuando intentamos elegir un compañero, cuando salimos con él, cuando establecemos un compromiso, cuando empezamos a tener hijos. Además, las tendencias históricas que han alimentado el pensamiento excesivo en las generaciones recientes pueden hacer que en el contexto de las relaciones de pareja ese pensamiento sea especialmente peligroso.

Si no estamos seguras de quiénes somos o en qué creemos fundamentalmente, elegir buenos compañeros de vida nos resultará difícil desde el principio. A pesar de que hay algo de verdad en el tópico «los polos opuestos se atraen», en la mayoría de relaciones duraderas los dos miembros de la pareja comparten las creencias y los intereses esenciales. Esto les proporciona una buena base para tomar decisiones importantes, como por ejemplo de qué modo gastar el dinero o cómo educar a los hijos. También les ayuda a comprender y respetar los intereses y las posiciones del otro, y eso es una importante fuente de confianza, compañerismo y actividades compartidas.

Cuando vivimos en un vacío de valores, nos dejamos influir con demasiada facilidad por las opiniones de los demás (y de los medios de comunicación) con respecto a cómo debe ser un buen compañero. Si estamos del todo entregados a la idea de nuestro merecimiento —me merezco tener mucho dinero, un compañero «de película» y hacer lo que me apetezca—, entonces evaluaremos a nuestros compañeros potenciales en función de criterios superficiales como la posición social, los ingresos, el atractivo físico o incluso hasta qué punto les desagrada a nuestros padres. Al final, nos vamos apartando de esa persona y empezamos a preguntarnos qué es lo que va mal en la relación. Tal vez nos preguntemos hasta la saciedad si esa persona es adecuada o, en el caso de que continuemos con la relación, si algún día llegaremos a conseguir lo que queremos de la vida.

Una vez que hayamos elegido un compañero, es posible que nos encontremos con que, a raíz de la obsesión de nuestra sociedad tanto por la individualidad como por las soluciones rápidas para los problemas emocionales serios, nos resulte difícil seguir con esa relación. Cuando la relación empieza a tambalearse, tomamos antidepresivos, bebemos o rápidamente consideramos la posibilidad de separarnos o divorciarnos. Si nos sentimos atrapadas en el matrimonio o el sexo no nos satisface totalmente, puede que la infidelidad nos parezca una solución rápida para satisfacer nuestro anhelo de satisfacción física y emocional. Cuando hemos pasado por varias separaciones, hemos tenido múltiples aventuras o discutimos continuamente con nuestra pareja, empezamos a pensar demasiado en las razones por las que no conseguimos mantener una relación de pareja.

Aunque no tengamos conflictos con nuestros amantes y parejas, nuestra cultura, una cultura que está constantemente mirándose el ombligo, nos anima a que estemos continuamente tomándole el pulso a nuestras relaciones: comprobando su estado de salud, preguntándonos por los posibles cambios e irregularidades y preocupándonos por si se deteriora. Las revistas nos proporcionan montones de cuestionarios que diagnostican el estado de salud de nuestras relaciones, pero nunca conseguimos sacar la máxima puntuación. Los estándares que nos dan son imposibles de alcanzar en todos los terrenos: desde la cantidad y la calidad de las relaciones sexuales hasta la profundidad de nuestra vinculación afectiva. Cuando no contamos con un conjunto de valores sólido que nos ayude a entender y valorar nuestras relaciones, somos especialmente vulnerables a esas presiones externas y al pensamiento excesivo que pueden promover.

## No puedo dejarlo estar

Las mujeres suelen caer en el pensamiento excesivo centrado en las relaciones de pareja con mucha más frecuencia que los hombres. Tal como estudiaremos en los próximos capítulos, las mujeres son más propensas a darle vueltas a cualquier tipo de relación, entre ellas las relaciones con los padres y otros familiares y las relaciones con los hijos. Sin embargo, es especialmente probable que el objeto de preocupación de las mujeres sea la relación que mantienen con su marido o compañero, porque las mujeres suelen depender de sus parejas de dos modos: económica y emocionalmente.

A pesar de que, como grupo, las mujeres actualmente son mucho más independientes de sus parejas de lo que eran hace sólo unas décadas, todavía hay muchas que dependen de los ingresos de su pareja para mantenerse y para mantener a sus hijos. Este tipo de dependencia puede hacer que una mujer soporte mucho en la relación —desde distanciamiento emocional hasta maltratos sexuales y físicos—. Al sentirse atrapada y querer protegerse a sí misma y a sus hijos, es fácil que acabe estando siempre pendiente de cualquier signo que pueda indicar que su compañero no está satisfecho con ella o está disgustado por algo. Ella no puede permitirse que la dejen, pero quiere evitar que su pareja la maltrate, de modo que mide cada una de sus palabras y cada una de sus acciones con la esperanza de complacerle, o al menos de calmar su irritación. Entre pelea y pelea, sus pensamientos probablemente van a toda velocidad buscando el modo de satisfacerle o quizá de dejarle. Pero si ella no tiene formación, ni posibilidad de trabajar, ni el apoyo de nadie, y especialmente si le da miedo lo que pueda hacer él cuando intente abandonarle, es probable que siga con la relación temblando de miedo cuando él esté presente y pensando demasiado cuando esté sola.

Aunque una mujer no dependa económicamente de su pareja, puede hacerlo psicológicamente. Tal vez necesite su aprobación o que el matrimonio siga intacto para sentirse bien. Puede que no sepa cómo definirse a sí misma si no es en términos de la relación que mantiene con su pareja. Esta dependencia puede llevarla a revisar hasta el más mínimo detalle en su relación: «¿Por qué estaba tan enfadado esta mañana?», «¿Es por algo que he hecho?», «¿Es feliz en nuestro matrimonio?», «¿Qué puedo hacer para hacerlo más feliz?». Por supuesto, de vez en cuando debemos hacer inventario de nuestras relaciones. Pero la vigilancia desesperada y los episodios crónicos de pensamiento excesivo centrado en la relación de pareja son más perjudiciales que beneficiosos. Y eso es así porque para empezar pueden ahuyentar a nuestra pareja. Los psicólogos Thomas Joiner, de la Universidad Estatal de Florida, y James Coyne, de la Universidad de Pennsylvania, han descrito los ciclos negativos de enfrentamientos que pueden darse cuando un miembro de la pareja está constantemente pidiéndole al otro que alivie su inseguridad.[1] La mujer que se preocupa en exceso le implora a su compañero que le dé pruebas de amor y comprensión. Él intenta tranquilizarla, pero como sus comentarios no son nunca suficientes, puede acabar por sentirse frustrado y molesto. Todo esto no hace más que alimentar la ansiedad de la mujer excesivamente solícita, de modo que sigue preguntándole a su pareja si realmente la quiere. Él empieza a dudarlo, pero se siente algo culpable, de modo que acaba prometiéndole que la quiere. Ella le ve molesto y se da cuenta de que se siente culpable, se preocupa aún más y le responde que no cree que la quiera de verdad. Él se irrita todavía más y probablemente se encerrará en sí mismo o acabará por perder los estribos. Este rifirrafe le da a ella mucho en lo que pensar demasiado.

Aunque la dependencia psicológica no desemboque en estos encuentros destructivos, puede llevar a algunas mujeres a tomar decisiones equivocadas. Posiblemente, en sus episodios de pensamiento excesivo, esas mujeres no ven la parte positiva de la relación, sino únicamente los problemas, y pierden la esperanza de mejorarla. Esto

1. T. Joiner y J. C. Coyne, *The Interactional Nature of Depression: Advances in Interpersonal Approaches*, Washington, D.C., American psychological Association Press, 1999.

puede empujarlas a abandonar una relación que podría haberse salvado y que valía la pena salvar. Esas mujeres tal vez se culpen o se ridiculicen cuando entran en uno de sus episodios de pensamiento excesivo. Puede que lleguen a convencerse de que no son dignas de ser amadas o que no son capaces de tener una buena relación. Todo esto puede llevarlas a cometer todo tipo de acciones autodestructivas, como hartarse de comer, darse a la bebida, pensar en el suicidio o seguir con una mala relación porque están convencidas de que será la única que van a tener en la vida.

Sherri, a la que conoceremos en la historia siguiente, es muy vulnerable al pensamiento excesivo, en parte porque es psicológicamente dependiente de su marido, Bill. Tiene pocas fuentes de autoestima fuera de esa relación. Aunque su relación con Bill es problemática, Sherri necesita seguir con ella por razones bastante superficiales. Como consecuencia, no sabe muy bien lo que quiere de Bill, excepto que sea más sensible y cariñoso. Sherri es una lectora voraz de libros y artículos especializados en consejos matrimoniales y, para intentar complacer más a Bill, ha hecho todos los malabarismos que le aconsejaban los expertos. Con su desesperación, sin embargo, sólo consigue alejar todavía más a Bill y su distanciamiento emocional la incita a pensar todavía más.

## Sherri y el pozo del pensamiento excesivo

El gran día se acercaba y Sherri todavía no sabía qué regalarle a Bill. El décimo aniversario de boda significaba mucho para ella; en particular, significaba que habían desafiado las expectativas de sus padres de que su matrimonio no duraría más que un par de años. Habían estado a punto de separarse unas cuantas veces. Sherri se estremeció un poco cuando vio la mirada de miedo en su redondeado rostro reflejado en el espejo. Sacudió la cabeza para librarse de los recuerdos que ocupaban su mente, los recuerdos de la aventura amorosa de Bill con otra mujer más joven unos años atrás y los recuerdos de esas inacabables peleas que la dejaban exhausta y que les habían acompañado a lo largo de los años. Se recogió el pelo, de un negro azabache, en un moño y fue a ponerse el uniforme para ir a trabajar. «Mierda —pensó— los pantalones del uniforme me vienen muy estrechos.» Con su metro y medio de altura y la complexión fornida que había heredado de su madre, Sherri había estado luchando contra su peso durante la mayor parte de sus 32 años. Siempre había querido tener un aspecto más atractivo —quería estar más delgada para poder ponerse esos vestiditos cortos que tanto parecían gustarle a Bill en otras mujeres, y más fuerte para poder seguirle el ritmo a Bill cuando fueran esquiar a Tahoe—. Bill no era demasiado alto, pero estaba en buena forma y bajaba las pistas a mucha velocidad. Cuando llegaba a pie de pista su pelo negro brillaba bañado en sudor mientras él iba de un lado a otro de la cabaña pavoneándose y hablando animadamente de la calidad de la nieve.

Mientras Sherri conducía de camino al hospital, se preguntaba si Bill iba a regalarle algo para el aniversario. Normalmente hacía como casi todos los hombres y se olvidaba de los cumpleaños y los aniversarios. Esta vez Sherri había hecho todo lo posible para asegurarse de que se acordara. Le consultó en qué restaurante iban a ir para celebrar su aniversario. Escribió «¡El décimo!» en el calendario que tenían colgado de la nevera. Le mencionó el aniversario a su suegra cuando hablaron por teléfono, porque sabía que ella se lo recordaría a Bill repetidas veces. Después de aparcar el coche, mientras estaba en el ascensor subiendo hacia el quinto piso para empezar su turno de noche en el pabellón de pediatría, Sherri pensó que ese año todo iba a ser distinto: tendrían un aniversario romántico y divertido.

Fue una noche tranquila: los pacientes durmieron mejor de lo habitual y no hubo urgencias que atender. Tras terminar su habitual ronda, en la que comprobaba y anotaba los signos vitales de los pacientes, Sherri tuvo mucho tiempo para pensar. Los recuerdos que la habían visitado antes ese mismo día volvieron, especialmente la imagen de Bill con esa rubita tan delgada que estuvo a punto de acabar con su matrimonio. Sherri todavía no entendía por qué Bill había hecho eso. Ella le había suplicado que le contase qué iba mal, qué debía cambiar de sí misma o de su matrimonio para que él se sintiese feliz. Pero al parecer Bill no sabía expresar lo que sentía con palabras. Todo lo que era capaz de decir era: «Sólo fue una aventura. Me dejé llevar por las hormonas». Pero Sherri no podía aceptar esa respuesta, en parte porque significaba que no podía hacer nada para impedir que volviera a suceder. De modo que le pidió a Bill una y otra vez que le dijera qué le parecía mal y qué podía hacer ella para asegurarse de que nunca volvería a engañarla. Bill no tardó mucho en empezar a cansarse de las preguntas y las súplicas de Sherri, y finalmente perdió los estribos. «Por el amor de Dios, Sherri, olvídalo. No voy a volver a verla. Eres tan ansiosa: olvídalo de una vez.» Ella ya no volvió a preguntarle sobre el asunto, pero nunca lo olvidó.

Desde entonces, mantuvo los ojos muy abiertos por si encontraba algún indicio de que Bill la estaba engañando de nuevo. Leyó un montón de libros e infinidad de artículos sobre la infidelidad y sobre cómo construir una buena relación matrimonial. Se esforzó muchísimo en seguir el experto consejo que se daba en esos libros y artículos: se compró camisones sexy y le sugería a Bill actividades sexuales nuevas cuando tenían relaciones, intentaba escucharle mejor y mostrarle que se preocupaba por su trabajo. Los últimos dos años su matrimonio parecía ir mejor, pero Sherri todavía estaba crónicamente nerviosa cuando pensaba en la relación y se pasaba mucho tiempo analizando lo que Bill había dicho o hecho. No la ayudaba nada que su hermana, Audrey, estuviese casada con el hombre perfecto, Tom, que no dejaba de comprarle chucherías caras y de sorprenderla con románticas escapadas de fin de semana.

«Sherri. Sherri, despierta.» Hilda, la jefa de enfermeras, arrancó a Sherry de sus pensamientos. «Tu paciente de la 511 ha pulsado el botón de llamada de las enfermeras.» Terriblemente avergonzada por que la hubieran pillado a miles de kilómetros de allí, Sherri se levantó para ir a ver lo que necesitaba su joven paciente. El resto de la noche transcurrió despacio, con la actividad suficiente para no volver a sumergirse por completo en sus preocupaciones, pero no para ocupar totalmente su mente, de modo que esas preocupaciones volvieron de vez en cuando.

Llegó a su casa justo cuando Bill se marchaba a la importante empresa farmacéutica en la que trabajaba de bioquímico. Sherri sabía que él se dedicaba a algo importante, porque a diario era testigo de los milagros que los medicamentos modernos hacían con sus pacientes. Sin embargo, le resultaba difícil entusiasmarse cuando Bill le hablaba de los experimentos que ese día habían funcionado o de los que no habían ido bien. Y él no parecía interesarse lo más mínimo por su trabajo de enfermera. De hecho, ya casi no hablaban de nada importante. Sherri normalmente trabajaba en el turno de noche y Bill solía trabajar unas diez horas diarias, seis días a la semana. Cuando comían juntos, lo cual no sucedía muy a menudo, solían resolver asuntos domésticos como quién iba a comprarle la comida a la madre de Bill, una mujer de 93 años que vivía sola, si ese mes había suficiente dinero en el banco para pagar la hipoteca o si decidían contratar a alguien que les cortase el césped o se encargaban de ello personalmente.

Cuando Bill salió por la puerta a toda prisa, con un bollo en la mano, se detuvo el tiempo justo para decir: «El proyecto BioTerm tiene problemas. La dirección considera que es demasiado caro y pretende suspenderlo. Jack quiere que vaya a Cleveland la próxima semana para convencerlos». A Sherri le dio un vuelco el corazón. «La semana que viene, ¿exactamente cuándo?», preguntó. «Probablemente me marcharía el jueves y volvería el domingo para conseguir una buena tarifa de vuelo. Tengo que irme, llego tarde», dijo Bill, y luego se metió en el coche de un salto y se marchó despidiéndose con la mano.

Sherri se agarró al marco de la puerta para no tambalearse. El siguiente viernes era su aniversario. Bill iba a estar fuera para su aniversario. Y al parecer no se daba cuenta o simplemente no le importaba. La invadió una ola de enfado, de pánico.

> Debería haber sabido que encontraría algún modo de estropear nuestro aniversario. No le importo, ni yo ni nuestro matrimonio. Ya no puedo soportarlo más, tengo que salir de esta relación. Bill me está volviendo loca. Me deslomo intentando hacerle feliz y él sólo hace lo que le apetece sin pensar ni un momento en mí. Abandono. Simplemente abandono.
>
> Pero ¿adónde voy a ir? No gano lo suficiente para mantenerme, al menos no para vivir como quiero. Acabaré compartiendo un apartamento en la parte pobre de la ciudad con alguna otra enfermera, sólo para salir del paso. Ha vuelto a pegármela: sabe que dependo de su sueldo para vivir holgadamente, de modo que cree que tengo que consentírselo todo.
>
> ¿Y si en realidad no se va a Cleveland por trabajo? ¿Y si me está engañando de nuevo? Quizás el hecho de que haya surgido nuestro aniversario le ha convencido de que no quiere seguir estando casado. Oh, Dios mío, ¿qué voy a hacer?

Sherri se puso a pensar en alguien a quien llamar. Su madre se limitaría a decir: «Ya te lo dije», y su hermana, con su matrimonio perfecto, no haría más que regodearse con su fracaso. La madre de Bill estaba demasiado débil como para poder sobrellevarlo. Sherri atravesó la cocina como una zombi y se desplomó encima del sofá. Encendió el televisor y se quedó viendo uno de esos programas en los que la gente cuenta sus problemas y el público les da consejos muy dudosos. Los invitados del programa de ese día eran, naturalmente, un matrimonio con problemas. Según decían, ya no había amor entre ellos, sólo mucho sexo. Algunos componentes del público pensaban que eso no estaba tan mal, pero otros les decían que tenían que rezar, ir a ver a un consejero matrimonial o sacrificarlo todo el uno por el otro. Mientras Sherri veía el programa, les gritó a algunos de los componentes del público: «¡Idiotas! ¡No sabéis de qué estáis hablando!», y a la pareja que estaba en el escenario les recomendó que abandonasen y que simplemente se divorciasen. Ver ese programa activó su pensamiento excesivo, de modo que empezó a deambular por la casa dando portazos y repasando mentalmente todos los motivos por los cuales Bill era un marido pésimo. Sabía que debía esforzarse en dormir un poco, porque la esperaba otro turno de noche. Sin embargo, no conseguía apagar sus pensamientos y se sentía bien dando portazos y regañando mentalmente a Bill.

Bill cometió el error de llamarla hacia el mediodía. Se había dado cuenta de que su viaje a Cleveland coincidía con su aniversario y llamaba para disculparse y para pedirle a Sherri que celebrasen su aniversario un par de días antes. Cuando el teléfono sonó, Sherri estaba a punto de estallar y, al oír la voz de Bill, perdió completamente los estribos. «Hijo de puta. No te importa un rábano ni nuestro matrimonio ni cómo me siento. Esto es sólo una muestra más de que haces siempre lo que te viene en gana sin detenerte ni un segundo a pensar cómo puede afectarme. ¡Vete a la mierda!» Y colgó.

Sherri se sintió muy bien después de haberle gritado a Bill, estaba entusiasmada. Finalmente le había dicho la verdad. Intentó echarse para descansar un poco, pero sus palabras le resonaban en los oídos acompañadas por: «¡No puedo creer que le haya dicho todo eso!». Al cabo de un rato, sus sentimientos de triunfo fueron disminuyendo y los pensamientos de preocupación reaparecieron:

> ¿Qué va a decir cuando vuelva a casa? ¿Qué puedo decirle? No puedo disculparme: ¡no lo voy a hacer! Pero ¿cómo vamos a superar esto? ¿Quiero que lo superemos? Oh, Dios mío, no lo sé. Creo que todavía le quiero. Pero no sé si él me quiere. ¿Cómo puedo vivir con un hombre si

no estoy segura de que me quiere? ¿Cómo puedo saber lo que siente? ¿Y si no vuelve a casa? ¿Y si simplemente me deja hoy mismo? No me ha dejado nunca después de una de nuestras peleas. Pero eran distintas. No le había dicho nunca algo tan gordo.

Me gustaría tener a alguien con quien hablar. Me gustaría que Audrey no fuera tan puñeteramente perfecta. Necesito hablar con alguien pero no podría soportar oír lo maravilloso que es Tom. Quizá debería llamar a uno de esos programas para que me dieran algún consejo: podría llamar anónimamente para que nadie supiera quién soy.

A lo largo de la hora siguiente, Sherri estuvo planeando cuidadosamente lo que diría si llamaba a uno de esos programas para que la aconsejaran sobre lo que debía hacer con Bill. Imaginó que contaba todas las cosas que había hecho y que demostraban falta de sensibilidad, pero se dio cuenta de que no le concederían el tiempo suficiente para enumerarlas todas. Entonces pensó que convencería a todo el mundo de que el culpable del fracaso de su matrimonio era él. Pero luego se imaginó al presentador del programa cuestionándose si realmente la culpa era de Bill. A esa gente le gusta criticar a las personas que llaman. Puede que el presentador sugiriera que ella no había sabido llevar bien las cosas, que a Bill no le parecía lo suficientemente atractiva, que estaba justificado que él buscara satisfacción en otras mujeres. Sintió la vergüenza y el malestar que habría experimentado si le hubieran hecho esas acusaciones. Empezó a darle vueltas a si en realidad era responsable, al menos en parte, de los problemas de su matrimonio:

Estoy convencida de que podría haber hecho las cosas de otro modo. Al fin y al cabo, estábamos enamorados cuando nos casamos, aunque mi madre pensara lo contrario. ¿Qué ha ocurrido para que Bill haya perdido el interés por mí? ¿Puede que sea porque él ha seguido estudiando y preparándose y yo no? ¿Piensa que soy aburrida y tonta? Estoy segura de que no considera que mi trabajo sea algo de lo que vale la pena hablar. ¿Es por mis problemas de peso? Él come lo que sea y siempre está delgado, pero yo engordo con sólo mirar una galleta. Creo que me equivoqué cuando me puse a trabajar por las noches. Me gusta porque es más tranquilo, pero tal vez esto sea justamente un indicio de que el trabajo no me motiva lo suficiente. Soy aburrida. No tengo aficiones. No tengo amigos. No me extraña que quiera dejarme. A mí tampoco me gustaría estar casada con un muermo.

Cuando llegó la hora de ir a trabajar, Sherri no había dormido nada y estaba mareada de cansancio. Pensó que lo más recomendable era que no tuviera que encargarse del cuidado de niños esa noche, de modo que llamó y dijo que estaba enferma. Cuando finalmente Bill llegó a casa hacia medianoche, Sherri estaba totalmente hundida, psicológica y físicamente. Le oyó entrar y se levantó de la cama, donde había estado mirando fijamente el techo durante una hora, dejando pasar sus pensamientos. Sherri entró en la cocina, donde Bill se estaba abriendo una cerveza, y con voz vacilante le dijo: «Bill, lo siento. No debería haber dicho esas cosas». Sin mirarla, él le contestó: «Olvídalo. Estoy muy cansado. Me voy a la cama». Antes de salir de la cocina, la besó con indiferencia en la frente y luego se fue al dormitorio. Sherri se quedó plantada en la entrada de la cocina, sacudiendo la cabeza y sabiendo que él tenía que estar realmente enfadado para mostrarse tan silencioso y taciturno. Bill no quería hablar porque no creía que valiera la pena hablar de su matrimonio, estaba convencida de ello.

Los días siguientes fueron como vivir en un palacio de hielo. Ni Bill ni Sherri sacaron a relucir el aniversario de boda, el viaje a Cleveland, o lo que Sherri le había dicho a Bill por teléfono. Simplemente se cruzaban por la casa como si fueran compañeros de piso que no compartían nada más que el alquiler. Cuando volvió de trabajar el miércoles por la mañana, Sherri encontró los billetes de avión para Cleveland encima de la cómoda de Bill, de modo que supo que a pesar de todo él iba a hacer ese viaje. Ese mismo día, más tarde, Bill llamó a casa cuando sabía que ella no estaría y dejó un mensaje en el contestador en el que le decía que se marchaba el jueves por la tarde, que volvía el domingo por la noche y que cogería su coche para ir al aeropuerto y lo dejaría aparcado allí.

Ese jueves, cuando llegó la hora en que Bill se marchaba, Sherri estaba completamente destrozada. Casi no había dormido desde el día en que había perdido los estribos, la semana anterior. Rememoraba una y otra vez todo lo que le había dicho a Bill, unas veces sintiendo de nuevo y con toda su fuerza la irritación y el enfado que había detrás de sus palabras, otras culpándose por haber pronunciado esas estúpidas palabras. Como estaba tan cansada y preocupada, esa semana Sherri llamó tres veces al trabajo avisando de que estaba enferma, cosa que había hecho en muy pocas ocasiones. Su jefa, Hilda, empezó a preguntarle qué le ocurría.

## La liberación de Sherri

Puede que la historia de Sherri te resulte familiar: darle vueltas a si su marido la quería, a si se veía con alguien, a lo que podía hacer para estar más atractiva para él. Las mujeres que, como Sherri, se concentran únicamente en complacer a su pareja y en seguir con la relación son especialmente vulnerables a pensar demasiado con frecuencia. Cualquier pequeña indicación de que su pareja no está contenta puede llevarlas a preocuparse desesperadamente por: «¿Qué significa? ¿Qué debe de estar sintiendo? ¿Qué puedo hacer para que se sienta mejor?». En el fondo, es posible que ese sentimiento de dependencia vaya alimentando un cierto resentimiento. Sentir que la pareja no las quiere o no las valora no hace más que animar su pensamiento excesivo.

Tal vez intenten hablar con su pareja sobre lo que sienten, del mismo modo que lo ha intentado Sherri con Bill durante años. Pero los psicólogos John Gottman y Robert Levenson, de la Universidad de California, Berkeley, han descubierto que hay muchos hombres que adoptan la misma actitud que Bill en esas charlas: se ponen a la defensiva, no quieren hablar de la cuestión y les dicen a sus mujeres que no hay nada de lo que hablar o que se olviden del tema.[2] Eso echa más leña al fuego, hace que la mujer se preocupe todavía más por la relación y a veces que se enfurezca. De modo que vuelve a las andadas, insistiéndole en que comparta sus sentimientos con ella, quizás empleando un tono hostil y de acusación. Posiblemente él responda o bien saliéndose por la tangente o bien enfadándose, llegando a veces incluso a ser violento. No se obtiene nada productivo de esas conversaciones y las parejas que toman este camino con frecuencia, según las investigaciones de Gottman y Levenson, tienen más probabilidades de separarse.

La noche en que Bill se marchó a Cleveland, Sherri cayó en un abismo de pensamientos negativos y preocupaciones:

> Necesito ayuda. No puedo seguir así. No puedo pensar. No puedo funcionar. ¿Qué puedo hacer? No puedo llamar a mi madre. No puedo lla-

2. J. M. Gottman y R. W. Levenson, «The Social Psychophysiology of Marriage», en P. Noller (comp.), *Perspectives on Marital Interaction,* Clevedon, Inglaterra, Multilingual Matters, Ltd., 1988.

> mar a mi hermana. Quizá debería ir a un consejero matrimonial, pero no conozco a ninguno. No quiero elegir a uno cualquiera en el listín telefónico. ¿A quién podría acudir? Tal vez el cura de la parroquia a la que hemos ido un par de veces. No quiero preguntar en el trabajo: no quiero que se enteren. Quizá mi médica, puede que ella conozca a alguien. No sé. Tal vez esto no es lo más indicado. No he hablado nunca de mis problemas con un desconocido. ¿Quiero que mi médica sepa que mi matrimonio va mal? ¡Oh!, tengo que hacer algo, lo que sea.

Sherri descolgó el teléfono antes de perder el valor y llamó a la consulta de su médica. Le dijo a la enfermera que tenía que consultarle una cuestión personal y ella le respondió que la médica la llamaría ese mismo día. Después de lo que le pareció una eternidad, el teléfono sonó. «Soy la doctora O'Hara. ¿En qué puedo ayudarte, Sherri?» Sherri divagó durante un rato y finalmente le soltó: «Mi matrimonio peligra. ¿Conoce usted un buen consejero?». La doctora O'-Hara le recomendó una terapeuta familiar llamada Carol Vanfossen y le dijo que encontraría su número de teléfono en la guía. Cuando colgó, Sherri se sintió ligeramente aliviada, pero las dudas no tardaron en invadirla de nuevo:

> ¿Realmente quiero seguir adelante con esto? ¿Y si no me gusta esa mujer? ¿Y si me aconseja mal? ¿Y si Bill se enfada porque he hablado de nuestros problemas con otra persona?

La ansiedad de Sherri creció y luego se convirtió en una sensación de impotencia y desesperación. «¡Ya basta! —gritó—. ¡La llamo y punto!» Encontró el número de Carol Vanfossen en el listín telefónico y lo marcó mientras le temblaba la mano. No se esperaba que fuera Carol quien respondiera el teléfono. Sherri consiguió decirle entrecortadamente: «La doctora O'Hara me dio su nombre. Me gustaría poder hablar con usted sobre mi matrimonio». Carol le dijo a Sherri que prefería que acudiesen a su consulta los dos miembros de la pareja y no uno solo, pero Sherri le confesó que estaba desesperada y que no creía que su marido estuviera de acuerdo en visitar a un consejero. Fijaron la hora de la visita para el día siguiente.

Sherri entró en el edificio de oficinas recién pintado donde Carol tenía su consulta, en una pequeña calle del centro de la ciudad, buscando indicios de cómo iba a ser su encuentro. La sala de espera era muy agradable, tenía un montón de plantas y el típico mobiliario de oficina. Cuando se abrió la puerta del despacho de Carol, Sherri se sorprendió al ver que se trataba de una mujer más o menos de su edad, alta, vestida bastante informalmente: el tipo de mujer que uno esperaría encontrarse dirigiendo una galería de arte de vanguardia en el centro. Sherri se había imaginado que Carol sería más mayor y que llevaría ropa más clásica.

Carol escuchó con atención mientras Sherri le describía los dos incidentes que acababa de tener con Bill y cómo veía su matrimonio en los últimos años. Carol le hizo algunas preguntas sobre su trabajo, su familia, sus amigos y sus aficiones. Luego, con delicadeza, le preguntó: «Sherri, ¿por qué quieres salvar este matrimonio?». Sherri se quedó tan sorprendida por la pregunta que no supo qué decir. «No lo sé. Supongo que le quiero. No podría mirar a mi madre y a mi hermana si mi matrimonio fracasara. No quiero estar sola.»

Durante el resto de la visita, Carol se esforzó para convencer a Sherri de dos cosas. En primer lugar, Sherri tenía que decidir si realmente quería estar casada con Bill y, si así era, debía tener mejores razones que evitar la desaprobación de su madre y su hermana. En segundo lugar, Sherri tenía que cuidar mejor de sí misma, independientemente de que quisiera salvar su matrimonio o de que decidiera no hacerlo. Carol señaló lo que Sherri ya sabía: que su vida giraba demasiado alrededor de Bill y que no tenía amigos ni actividades propios que le aportaran placer. Fijaron otra visita para al cabo de dos semanas, después de que Carol volviera de vacaciones.

Sherri y Bill descendían a toda velocidad por el camino que conducía a la separación cuando su viaje fue interrumpido. La pelea por la cena de celebración de su aniversario de boda no fue más que otra de las muchas peleas que habían tenido a lo largo de su matrimonio, pero a Sherri, afortunadamente para ella, la puso tanto contra las cuerdas que tuvo que buscar desesperadamente a alguien con quien hablar. Como no tenía amigos y creía que hablar con su madre no la ayudaría, optó por una consejera matrimonial: Carol. De hecho, los pasos que Sherri dio hasta encontrar una consejera matrimonial y ponerse en contacto con ella eran ejemplos de buenas estrategias para dominar el pensamiento excesivo, aunque Sherri no se diera cuenta de que ése era su problema. En uno de esos momentos en los que se dejaba llevar por el pánico, simplemente les dijo a sus pensamientos: «¡Basta!», porque la estaban abrumando y hundiendo. Luego, para ver lo que podía hacer en respuesta a su discusión con Bill, empezó a hacer un *brainstorm* dejando fluir todas las posibilidades que se le ocurrieran. Cuando decidió que debería encontrar un consejero, hizo de nuevo un *brainstorm* de los distintos modos de localizar a uno bueno. Luego, cuando la duda la inmovilizó, siguió adelante, forzándose a marcar el número de teléfono y fijando día y hora para una consulta, simplemente para hacer algo para salvar su matrimonio.

Tal vez Sherri esperaba que Carol le diera una lista de cosas que hacer para mejorar su matrimonio como las que había leído en muchos artículos. En lugar de eso, Carol le dijo que lo que necesitaba era decidir si quería salvar su matrimonio y pensar en buenas razones para hacerlo. Esto apartó los pensamientos de Sherri de los detalles de sus discusiones con Bill y los centró en las cuestiones más importantes y más significativas de su vida (una forma de «enfocar bien»).

Sherri, a lo largo de los siguientes días y mientras Bill todavía estaba en Cleveland, pensó mucho en las palabras de Carol. Llegó a la conclusión de que si intentaba pensar detenidamente en las preguntas que Carol le había planteado, en relación con salvar su matrimonio, cuando estuviese en casa sola y abatida por el cansancio, acabaría repasando el sinfín de cosas que Bill había hecho para herirla o la letanía de defectos de Sherri por los que Bill la dejaría. Por otro lado, si salía y hacía algo que le gustase durante un rato, como tomarse un buen café con leche en su cafetería preferida, entonces podría también recordar algunos de los buenos momentos que habían pasado juntos. Se sintió culpable por haber llamado tantas veces al trabajo diciendo que estaba enferma esas dos últimas semanas, de modo que se ofreció voluntaria para trabajar las dos noches de ese fin de semana. Pero para evitar preocuparse por su matrimonio mientras estaba trabajando, se comprometió a pensar en ello sólo cuando estuviera fuera de servicio y pudiera ir a la cafetería o a dar un paseo por el parque. Durante sus descansos en el trabajo, normalmente cogía una de esas revistas para mujeres y leía algún artículo sobre cómo salvar tu matrimonio o cómo mejorar tus relaciones sexuales. Cuando hizo eso durante su descanso del viernes por la noche, acabó saturada por sus pensamientos negativos y por la ansiedad. Prometió no volver a hojear una revista de ésas durante mucho tiempo.

Bill llegó a casa después de su viaje a Cleveland el domingo por la noche mientras Sherri todavía estaba trabajando, y cuando ella volvió a casa a la mañana siguiente él ya se había ido a trabajar. A Sherri le dolió que Bill no hubiera dejado alguna nota. Pensó en decirle algo al respecto esa misma noche. Pero luego decidió que no sería más que una pequeña batalla que no valía la pena librar. Normalmente, después de una de sus peleas, Sherri se hubiera pasado todo el día preparando una cena exquisita para Bill, con la esperanza de tranquilizarlo y de complacerlo. Entonces, si él no parecía apreciarlo o, todavía peor, si llamaba a última hora para avisarla de que se quedaría hasta tarde trabajando, se quedaba destrozada y luego le echaba en cara a gritos su falta de sensibilidad. Esa vez, Sherri se distanció un poco y se dijo: «¿Qué es lo que más me conviene hacer esta noche?». Estuvo pensando durante un rato y se dio cuenta de que por encima de todo necesitaba descansar para poder pensar con tranquilidad en sus discusiones con Bill y para poder ir a trabajar esa noche. En segundo lugar, necesitaba no desesperarse. Eso significaba no preparar comidas elaboradas, no esperar que Bill estuviera arrepentido y pidiera disculpas, ni que todos los problemas de su matrimonio se resolvieran esa noche. Así que encargaría algo de comida china y vería adónde les llevaba la conversación.

Afortunadamente, esa noche Bill fue a casa a cenar y se llevó una agradable sorpresa al ver que Sherri estaba muy relajada y tranquila: hacía mucho tiempo que no la veía así. Se sentaron a comerse la sopa picante y el pollo Szechuan y ella empezó a preguntarle cómo le había ido el viaje. De nuevo, Bill se sorprendió de que no le recibiera con acusaciones y en tono enfadado o con miradas glaciales. Después de describir brevemente las negociaciones por el proyecto BioTerm, Bill estuvo un momento en silencio y dijo: «Perdona por no haber estado aquí por nuestro aniversario. Lo celebraremos otro día, ¿vale?».

Sherri se sintió a la vez impresionada por el hecho de que él se hubiera disculpado y enfadada por que él pensara que, para que todo fuera bien, bastaba con programar de nuevo la cena de aniversario. Sin embargo, antes de decir nada, tomó aire un par de veces, se dijo: «Contente, contente», y luego le respondió: «Me encantaría que algún día hiciéramos una cena para celebrar nuestro aniversario, Bill. Pero también creo que necesitamos hablar sobre lo que no va bien en nuestro matrimonio».

Bill farfulló algo así como que su matrimonio iba bien y se levantó para ocuparse de los platos. Estaba claro que no quería hablar sobre nada serio. Sherri decidió que no lo presionaría demasiado esa noche, especialmente porque ella tenía que irse a trabajar. De modo que se limitó a contestarle: «Bueno, yo sí creo que tenemos cosas de las que hablar. Esta noche probablemente no es el mejor momento, pero tendremos que hacerlo algún día».

«Claro, claro» fue todo lo que Bill pudo decir mientras evitaba mirar directamente a Sherri. Cuando él acabó de lavar los platos, ella ya estaba lista para marcharse a trabajar. Se dieron un tímido beso antes de que Sherri saliera por la puerta trasera.

Ese viernes cenaron en Chez Daniel, el nuevo restaurante elegante de la ciudad, para celebrar su aniversario. Después del aperitivo, el vino y la charla más agradable que habían compartido en meses, Sherri no quería arriesgarse a estropear ese buen momento. Pero sabía que no podía evitar hablar de lo que tanto la preocupaba y que era difícil tener a Bill sentado durante el tiempo suficiente para mantener una conversación. Así que empezó a hablar: «Bill, he estado realmente preocupada por nosotros. Tan preocupada que he ido a visitar a una consejera matrimonial mientras estabas fuera».

Bill se quedó aturdido y dijo que no le parecía bien hablar de su relación con un desconocido. De nuevo empezó a decir que todo iba bien en su matrimonio, pero Sherri le interrumpió: «Hay algo que va mal. Casi no nos vemos y, cuando lo hacemos, solemos estar enfadados. Casi no me parece que seamos una pareja».

Lo que vino a continuación fue una conversación increíblemente sincera sobre su relación y sobre ellos mismos como individuos. Sherri dijo que tenía la sensación de que se estaba distanciando de ella, que le importaba más su trabajo que estar con ella y que a ella le preocupaba que él estuviera viéndose de nuevo con otra mujer. Ella conservó la calma y eligió sus palabras cuidadosamente para no emplear un tono irritado o acusatorio. Bill le juró que no estaba viéndose con nadie y admitió que había estado dedicándole más tiempo a su trabajo. En lugar de contestar con malas palabras o de negarse a hablar, Bill siguió el ejemplo de Sherri y no perdió la serenidad. Le dijo que tenía la sensación de que se estaba volviendo demasiado pegajosa con él, demasiado dependiente y que una de las razones de que pasara más tiempo en el trabajo era que a veces, en casa, se sentía acosado por ella. Hablaron un poco de su época de juventud, cuando estaban recién casados. Tras haber rememorado la historia de su relación, estuvieron de acuerdo en que se casaron porque sentían una gran atracción física el uno por el otro y, en parte, para herir a sus padres. Después de uno o dos años, eso ya no era suficiente para sustentar su relación y, además, Bill se ocupó totalmente de su carrera de bioquímico mientras Sherri acababa sus estudios de enfermería. Se habían pasado los últimos años llevando vidas paralelas, yendo ocasionalmente juntos de vacaciones, pero casi siempre moviéndose en planos diferentes: Bill concentrado en su trabajo y Sherri haciendo de todo para conseguir que Bill siguiera interesado en ella.

«¿Sabes lo que me preguntó Carol? —le dijo Sherri—. Me preguntó por qué quería salvar nuestro matrimonio. He estado pensando mucho en la respuesta a esa pregunta. Creo que la respuesta es porque te quiero de verdad. Puede que nos casáramos por razones inadecuadas, pero yo te quiero. Y creo que podemos encontrar nuevos modos de estar juntos.»

Bill estuvo mirando fijamente a Sherri durante unos pocos, pero largos, segundos. Luego dijo: «Yo también lo creo».

Esforzarse en estar un poco más pendiente de sí misma benefició a Sherri en varios aspectos. La ayudó a darse cuenta de que reflexionar sobre su futuro con Bill cuando estaba cansada y angustiada sólo la ayudaba a sentirse peor, pero hacerlo *después* de haber hecho algo que le gustase la ayudaba a ver las cosas más positivamente y a tener más control. Como consecuencia, Sherri aprendió a posponer las reflexiones sobre su matrimonio hasta haber hecho algo por ella misma. Ocuparse más de sí misma también le aportó un aumento de confianza y de respeto hacia sí misma, y eso le permitió hablar con Bill de los problemas de su relación con calma, pero de modo persistente, en lugar de hacerlo con la desesperación que hasta entonces había caracterizado sus conversaciones con él. Cuando sentía la punzada que le provocaba algún comentario insensible de Bill, era capaz de mantener la compostura y conseguir que la conversación siguiera girando en torno a lo que era importante, en lugar de enfrentarse a él por su falta de sensibilidad.

Cuando por fin hablaron, Sherri y Bill empezaron a comprender «su historia»: cómo habían dejado de ser la romántica pareja de diez años atrás para convertirse en el desastre que eran en la actualidad.

Podían haber decidido que los cimientos en los que se había basado su matrimonio habían sido poco firmes desde un principio y que ya era hora de poner fin a esa relación. Sin embargo, al parecer decidieron que el suyo era un matrimonio que valía la pena salvar, si podían cambiar el modo de relacionarse el uno con el otro.

Cuando Sherri acudió a su siguiente cita con Carol un par de semanas más tarde, ya había hecho algunos cambios importantes en su vida. Se había puesto a trabajar en el turno de día para poder estar con Bill cada noche. Y había empezado a ir a clases de escultura en una de las galerías de arte del centro de la ciudad. No se le daba bien la escultura, pero pasaba un rato agradable y conocía a gente divertida en las clases.

Muy animada, le contó a Carol los cambios que había realizado en su vida y las mejoras en su relación con Bill, haciendo principalmente hincapié en la sensibilidad con la que él la trataba. Carol la escuchó con una sonrisa en los labios y la felicitó por haber tomado decisiones tan positivas. No obstante, le advirtió: «Parece que estás muy concentrada en cambiar a Bill y eso es muy peligroso. En realidad no podemos cambiar a los demás. Sólo podemos cambiarnos a nosotros mismos».

Sherri se quedó un poco desanimada por lo que le pareció que era una reprimenda de Carol. Pero cuando conducía hacia su casa después de la cita, se dio cuenta de que Carol tenía razón: había estado celebrando lo mucho que Bill había cambiado, pero de vez en cuando también sentía una punzada de angustia cuando pensaba que esos cambios podían no ser permanentes. Y esto la hacía vulnerable y dependiente de un modo totalmente nuevo. Cuando llegó a casa, se sentó y anotó en un papel todas las formas en las que todavía se sentía dependiente de Bill, colocando en primer lugar la que había mencionado Carol. Otros puntos de su lista eran: «Siempre espero a que Bill diga lo que quiere hacer en lugar de llevar yo la iniciativa», «Hago cosas en función del estado de ánimo de Bill, no del mío» y «Pienso demasiado en conseguir la aprobación de Bill o su reconocimiento para todo lo que hago». A mitad de página escribió la pregunta: «Quiero un tipo de relación estrecha y sin dependencias, pero ¿exactamente cómo?». Aunque le costó mucho que le vinieran a la cabeza ideas para anotar en esa nueva lista, finalmente escribió: «Quiero compartir intereses comunes en lugar de adoptar los suyos», «Quiero hacer cosas porque me apetezca hacerlas, no únicamente para complacer a Bill». En los días siguientes, Sherri fue aumentando esa lista a medida que se concentraba en compartir con Bill, en lugar de en necesitarlo.

Sherri, al tomarse los cambios que Bill iba haciendo como la fuente de las mejoras para su relación, había encontrado un modo completamente distinto de ser dependiente de Bill. Carol animó a Sherri a que abandonase su poco saludable objetivo de cambiar a Bill y a que se agarrase al objetivo de ampliar la base para su autoestima, la base en la que apoyarse para no ser tan dependiente de Bill.

Sherri estaba haciendo muchos progresos, pero todavía le quedaba mucho camino por delante. Las clases de escultura resultaron ser una fuente de gratificación y de amigos, pero la ayudaría conseguir más apoyo de su familia. La tendencia de Sherri a comparar su matrimonio con el de su hermana, Audrey, había levantado un muro entre las dos. Sherri en realidad podía estar equivocada respecto a lo perfecto que era el matrimonio de Audrey: en su familia, admitir que se tenían problemas matrimoniales era como un tabú, de modo que Audrey podía estar teniendo problemas y ocultándoselo a Sherri. Aunque el matrimonio de Audrey en efecto fuera perfecto, era posible que Audrey tuviera la voluntad y la capacidad de darle apoyo a Sherri mientras atravesaba por el difícil proceso de redefinirse y, en particular, de redefinir el papel que desempeñaría en su relación.

Si decidían seguir juntos, Sherri y Bill también necesitarían encontrar actividades e intereses que compartir, en lugar de ser Sherri la que siguiera a Bill a todas partes mientras él hacía lo que le interesaba. Muchas parejas, para poder alcanzar juntos una perspectiva mejor y común para sus objetivos y convicciones, necesitan disponer de momentos sin estrés y tensiones que puedan erosionar las relaciones largas. Sherri y Bill solían dedicar el poco tiempo que pasaban juntos a hablar de cuestiones domésticas. Una importante recomendación para ellos sería que programaran ir a cenar fuera juntos al menos una vez por semana y que se comprometieran a no hablar de cuestiones domésticas durante esas cenas.

Cuando un miembro de la pareja ha sido infiel, el miembro engañado tal vez decida no perdonar, o quizá sienta que le resulta imposible hacerlo. Hay personas que engañan a sus parejas, que no se arrepienten de su infidelidad y que incluso pueden persistir en ella. En estos casos, a veces la parte agraviada, si es que puede, se ve forzada a abandonar la relación. Si se trata de una infidelidad del pasado y los dos miembros de la pareja desean reconstruir la relación, el perdón suele ser un requisito necesario. Es demasiado difícil restablecer la confianza y la intimidad psicológica necesarias para una buena relación si uno de los miembros de la pareja vive con una sensación permanente de traición. Sherri todavía estaba viviendo con la infidelidad de Bill, sintiendo una combinación de enfado y de pánico que ocasionalmente salía a la superficie y que alentaba sus enfrentamientos con él. Si Sherri no es capaz de perdonar a Bill por su infidelidad y conseguir concentrarse en su futuro juntos, probablemente no podrá tener una relación satisfactoria y madura con él.

No todas las relaciones deben ni pueden salvarse. Pensar demasiado en tu relación de pareja no hace más que destrozarte y empujarte al aislamiento, e incrementa la probabilidad de que tomes decisiones inadecuadas al respecto. Liberarte del pensamiento excesivo y conseguir tener una mejor perspectiva te proporcionará la claridad y la fuerza para que puedas evaluar tu relación de forma más realista, comunicarte con más claridad y tomar decisiones sensatas para cambiar la situación.

# 8

# Problemas familiares: pensar demasiado en nuestros padres y hermanos

Nuestros padres y hermanos pueden despertar en nosotros emociones muy fuertes. Forman parte del concepto que tenemos de nosotros mismos y hemos compartido con ellos una larga historia. Conocen nuestras debilidades y nosotros conocemos las suyas. A medida que nos hacemos mayores, estamos constantemente renegociando nuestras relaciones con ellos, a menudo asumiendo nuevos papeles difíciles de desempeñar. Incluso las negociaciones más sencillas —como quién va a acompañar a mamá al médico— pueden sacar a la luz conflictos que los componentes de la familia tuvieron en el pasado y a veces provocar importantes peleas. Estos conflictos son una fuente muy habitual de pensamiento excesivo.

Algunos de nosotros no vemos a nuestras familias demasiado a menudo y cavilamos al respecto: ¿debería esforzarme más en ver a mis padres, que ya son mayores?, ¿estoy privando a mis hijos de conocer a sus abuelos, tías, tíos y primos?, ¿cómo voy a sentirme cuando mis familiares empiecen a morir? Pensamientos como éstos pueden llevarnos a tomar decisiones positivas en nuestras vidas —invertir un poco más de dinero y de tiempo en visitar a nuestros familiares y en llamarles por teléfono, por ejemplo—. Sin embargo, esos pensamientos también pueden generar una espiral de preocupaciones: «¿Por qué mis familiares no me visitan más a menudo en lugar de esperar que sea yo quien les visite a ellos?», «Mis hermanos están tan unidos, ¡nunca llegaré a ser un verdadero miembro de esta familia», «¿Hay alguien en mi familia que realmente se preocupe por mí y por mi vida?».

Uno de los temas principales de nuestra actual obsesión por el merecimiento es, por un lado, que siempre hacemos responsables a nuestras familias de todo lo malo que nos ha ocurrido en nuestra infancia, y, por el otro, que todas las formas de hacer de padres salvo la «perfecta» (como sea que la defina el psicólogo de moda) son consideradas como maltrato emocional. De hecho, hay mujeres que han crecido junto a padres que las trataban mal, y librarse de las consecuencias de esos maltratos puede resultarles difícil. Pero la mayoría de nosotras tuvimos padres que nos educaron más que adecuadamente. Siempre hay cosas que nos gustaría que hubieran sido distintas: desearíamos que nuestros padres hubieran expresado su amor más abiertamente, que hubieran sido menos protectores, que nos hubieran dado más libertad. Los valores de merecimiento nos animan a ver incluso el más nimio de los «errores» que nuestros padres cometieron como la fuente de los problemas que tenemos de adultos. Y esto, cuando repasamos nuestra infancia intentando encontrar alguna buena razón que explique los puntos débiles que tenemos de adultos, puede llevarnos a pensar demasiado. Cuando el comportamiento de nuestros padres ha sido realmente inadecuado o maltratador, puede que no podamos dejar de darle vueltas con amargura al daño que nos hicieron ni dejar de recordar una y otra vez las imágenes de los duros enfrentamientos que tuvimos con ellos.

Una parte crucial del crecimiento que nos lleva a ser adultos maduros y realizados es reconocer nuestro pasado y los puntos débiles de nuestra familia y decidir qué aspectos de nuestra herencia queremos desechar y cuáles queremos aceptar. Negar tu pasado —por ejemplo, negar que el alcoholismo de tu madre te afectó de algún modo— puede permitir que ese pasado te afecte aunque tú no te des cuenta. Mantenerte clavado en el pasado te encarcela e impide que puedas superarlo haciendo nuevas elecciones.

Es fácil que no pensemos en nuestra infancia o en nuestra relación con nuestros padres o hermanos hasta que alguna crisis nos obligue a actualizar esos pensamientos. Eso fue lo que le ocurrió a Faye, una maestra de 46 años. Vivía en la misma ciudad en la que sus padres, Art y Nora, la habían criado y había disfrutado de una buena relación con ellos durante muchos años: llevaba a su familia a cenar a casa de sus padres algunos domingos, ayudaba a éstos, ya octogenarios, y pasaba con ellos cada vez más tiempo en las consultas de los médicos.

Sin embargo, la crisis de salud que sufrió su padre despertó en Faye resentimientos hacia sus padres y su hermano mayor, Jim, que hacía décadas que no experimentaba.

## Un nuevo territorio: Faye y su familia

Faye sabía que su padre se estaba volviendo cada vez más olvidadizo. A veces se dejaba unos papeles o algún objeto en otra habitación y luego no tenía ni idea de cómo habían ido a parar ahí. Como Art siempre había sido un hombre irritable con tendencia a criticar a los demás, normalmente acusaba a su mujer, Nora, de haberlos colocado en otro sitio únicamente con la intención de molestarlo. Nora solía responderle de forma calmada: «Art, yo no haría eso», y Art se marchaba con paso airado mientras refunfuñaba algo así como: «Estúpida mujer».

No hace mucho, cuando Faye ponía en orden su clase después de que los niños ya se hubieran ido, su madre la llamó al móvil presa del pánico. «Hace dos horas que tu padre se ha ido a comprar y todavía no ha vuelto. Estoy muy preocupada... ¿Y si ha sufrido un accidente y está herido?» Sus padres sólo tenían un coche, de modo que Faye se dirigió en su coche hacia el supermercado para ver si podía encontrar a su padre. Descubrió su viejo sedán azul en el parking y, al acercarse, vio a su padre sentado en el asiento del conductor con la mirada perdida. Faye salió del coche y dio unos golpecitos en la ventana de su padre: «Papá, papá, ¿estás bien?». Él la miró asustado, como si al principio no la reconociera. Luego, un destello de reconocimiento le iluminó el rostro y entonces se echó a llorar. Faye nunca había visto llorar a su padre y se asustó. «Papá, abre la puerta. Tienes el seguro puesto. Abre la puerta, papá.» Después de lo que a Faye le pareció una eternidad, Art abrió la puerta y ella consiguió por fin meterse en el coche: le tomó el pulso y le tocó la frente para ver si tenía fiebre. Estaba caliente, pero no parecía que tuviese fiebre ni el pulso irregular.

«Papá, ¿qué ha ocurrido?», le preguntó Faye.

«No lo sé. ¿Cómo he llegado hasta aquí? ¿Por qué estás aquí? ¿Dónde estamos?», contestó Art. Parecía estar totalmente aturdido. Entonces su mal carácter entró en escena. «¿Por qué me has traído aquí? ¿Qué me estás haciendo?»

Faye respiró profundamente y dijo: «Papá, yo no te he traído hasta aquí, has venido tú conduciendo. Estamos en el supermercado: mira, ahí está el letrero. Estás en tu propio coche. Mamá estaba preocupada. Hace ya una hora que te has marchado de casa».

Art estaba muy enfadado en ese momento y farfulló: «Tu madre es una vieja tonta. No hace horas que me he ido. Acabo de salir de casa y estaba aquí sentado intentando recordar todo lo que me dijo que tenía que comprar. Déjame solo. Me voy a casa. Me da igual si tu madre necesita algo del supermercado». Cerró la puerta con fuerza y puso en marcha el motor. Faye, preocupada por si no estaba bien para conducir, intentó detenerlo, pero fue inútil. Así que se metió rápidamente en su coche y le siguió hasta su casa.

Cuando llegaron, Art salió del coche, entró en casa hecho una furia, pasó sin decir palabra por el lado de Nora, que se quedó mirándole con la boca abierta, y se metió en el baño. Dio un portazo y luego Nora pudo oír la ducha. Faye entró en la casa meneando la cabeza y Nora no tardó ni un segundo en acribillarla a preguntas sobre lo que había sucedido. Cuando Faye le describió el estado de confusión de su padre y le contó que simplemente se había quedado sentado en el coche con la mirada perdida y sin entender nada, empezaron a rodar lágrimas por las mejillas de Nora. A Faye le dio la sensación de que no era la primera vez que ocurría algo así.

—Mamá, dime ahora mismo lo que está ocurriendo. ¿Había sucedido antes algo así?

—Sí. Unas cuantas veces. Tu padre fue al médico la semana pasada. Dijo que cree que Art tiene Alzheimer. Oh, Faye, ¿qué vamos a hacer? Art no quiere admitir que algo va mal. Pero está empeorando muy deprisa. Ayer por la noche estaba de pie en el jardín de la parte de atrás y no sabía dónde se encontraba: ¡en el jardín de la casa donde ha vivido durante treinta años!

Faye estaba aturdida. Ninguno de sus padres le había dicho una palabra de todo eso, a pesar de que hablaba por teléfono con ellos muy a menudo y les veía al menos una vez por semana. Mientras Nora seguía hablando, Faye se dio cuenta de que su madre le había ocultado esos incidentes porque «no quería preocuparla» y porque su padre insistía en que todo iba bien y en que Nora guardase silencio. Eso era muy típico de su madre. Había estado dando excusas para justificar el comportamiento desagradable de su padre y disimulando las heridas emocionales de sus arrebatos de ira a lo largo de toda su vida de casada. Como no quería «molestar» a sus hijos, siempre intentaba encargarse de todo ella sola.

Pero esa vez era distinto. Faye sabía lo suficiente sobre el Alzheimer como para temer que su padre pusiese en peligro a su madre y a sí mismo si se perdía o si se quedaba en blanco mientras conducía. También sabía que probablemente su padre le estaba echando la culpa de todos sus fallos de memoria y pérdidas de conciencia a su madre y de este modo la estaba cargando de estrés y de tensión.

«¿El doctor os dio algún consejo sobre lo que se debía hacer?», preguntó Faye.

Nora la miró angustiada y le respondió: «Dijo que si el Alzheimer progresa con rapidez no podremos tardar mucho en ingresar a Art en una residencia. Pero yo no quiero hacerlo. Yo puedo cuidar de él. No quiero meterle en una residencia».

Faye miró a su madre de 83 años, delgada, menuda, casi sin fuerza suficiente para levantar un saco de harina de 2 kilos. No había forma de que pudiera impedir que Art, que era 15 centímetros más alto y que pesaba casi 30 kilos más que ella, hiciera lo que quisiera. Y Nora ya no conducía casi nunca, si es que lo hacía alguna vez, porque se ponía nerviosa y no podía concentrarse cuando estaba detrás del volante. Sin embargo, la mirada de absoluta determinación del rostro de su madre hizo que se echara atrás. Estuvieron hablando durante un buen rato y luego Faye le dijo a su madre que iría a visitarles cada día para ver cómo estaban.

De vuelta a casa, mientras conducía, las cavilaciones de Faye eran una combinación de preocupación e irritación:

> ¿Cómo nos las vamos a arreglar? Mi madre no pedirá ayuda. Tendré que estar allí continuamente para ver lo que ocurre. Pero no puedo dejar el trabajo a mitad del año escolar. Tengo un compromiso que cumplir con los niños. Pero también lo tengo con mis padres. ¿Qué voy a hacer? Mi padre es un imbécil. No tiene derecho a culpar a mi madre cuando las cosas van mal. ¿Por qué le soporta?

Como es bastante natural, Faye consideró la posibilidad de que su padre no tardase demasiado en morir. Sin embargo, cuando tuvo ese pensamiento, la inundó el sentimiento de culpa, de modo que enseguida lo apartó de su mente. En su lugar, le vinieron a la cabeza imágenes de su padre de cuando era niña, gritándole, pegándole cuando se había portado mal, castigándola a quedarse en casa cuando sus notas no eran satisfactorias. Empezó a latirle con fuerza el corazón y sus manos apretaron tanto el volante que sus nudillos palidecieron.

No es extraño que ante una crisis familiar —como puede serlo enterarse de que uno de nuestros padres padece la enfermedad de Alzheimer— salgan a la luz recuerdos del pasado que pongan de relieve los conflictos actuales. En los estudios que realizamos con las personas que cuidaban a familiares que se estaban muriendo, a menudo hablaban de conflictos que habían tenido lugar entre ellos y sus hermanos o padres, que habían quedado enterrados en el pasado y que volvían a salir a la superficie en medio de la tensión de la crisis del momento.[1] Algunos de esos cuidadores tenían la sensación de que la crisis les había obligado a enfrentarse a esas cuestiones y a superarlas por primera vez en sus vidas. Otros sentían que esos conflictos no hacían más que incrementar su estrés y que sus relaciones con otros miembros de la familia empeoraban como consecuencia de la crisis. Naturalmente, aquellos cuyos conflictos se resolvieron se sentían emocionalmente mejor que aquellos cuyos conflictos quedaron ahí latentes.

Cuando llegó a su casa, Faye llamó a su hermano Jim, que vivía a unas dos horas de allí. Jim era un prestigioso abogado que siempre estaba ocupado, siempre se hacía el importante y nunca encontraba tiempo para visitar a sus padres. Sin embargo, Faye necesitaba ponerse en contacto con su hermano e informarle de lo que estaba ocurriendo.

Finalmente, después de esperar unos quince minutos al teléfono, consiguió hablar con su hermano. «Faye, sólo tengo un minuto. Espero que sea importante.» Faye le dio directamente la noticia de la que se había enterado esa tarde. Él estuvo en silencio un momento y luego dijo: «Eso es terrible. Va a ser muy duro para mamá. Deja que vea si puedo hacer algo».

Faye hubiera querido gritarle por su falta de sensibilidad, pero en lugar de eso le dijo: «El doctor cree que tendremos que llevar a papá a una residencia muy pronto, pero mamá no quiere. No creo que pueda encargarse de él ella sola».

1. S. Nolen-Hoeksema y J. Larson, *Coping with Loss*, Mahwah, N.J., Erlbaum, 1999.

Jim le contestó: «¿Puedes ayudarles? Tú no trabajas todo el día, ¿verdad?». Faye sabía que, como las clases terminaban a las tres de la tarde, Jim pensaba que ella sólo trabajaba media jornada.

Faye se tragó las palabras de irritación que estuvo a punto de gritarle y le dijo: «Yo puedo ayudarles en algunas cosas, pero no puedo estar ahí continuamente. Además de mi trabajo, tengo una familia de la que cuidar».

«Estoy convencido de que se te ocurrirá algo. Siempre has sabido manejar a papá mejor que yo. Tengo que dejarte.» Antes de que ella pudiera responderle, Jim había colgado el teléfono.

Faye estuvo despierta casi toda la noche pensando en la conversación que había tenido con Jim y en lo vivido con sus padres ese día. Muchos de sus pensamientos eran de irritación, pero otros muchos se concentraban en cómo cuidar de sus padres, trabajar y atender a su propia familia al mismo tiempo.

Como muchas mujeres, Faye era consciente de que su madre había tenido la tendencia a sacrificarse excesivamente por los demás y, aunque eso la indignaba, ella también lo hacía en su propia vida. Cuando pensó en insistir para que su padre ingresara en una residencia para ancianos enfermos, se imaginó a su madre llorando y rogándole que no lo hiciera, y a su padre acusándola de haberlo traicionado. Cuando pensó en pedirles a su marido y a sus hijos que asumieran más responsabilidades en la casa para que ella dispusiera de un poco más de tiempo, se sintió culpable de cargarles de responsabilidades para poder cuidar de sus padres. Así que, como muchas de las mujeres cuyas preocupaciones se centran en el modo de complacer a los demás, Faye se devanó los sesos pensando cómo hacerse cargo de todo.

Durante los meses siguientes, Faye intentó hacerlo: trabajar a jornada completa, preparar la comida para su familia, llevar la casa y pasar con sus padres el mayor tiempo posible. Su madre le agradecía muchísimo su presencia, pero su padre la acusaba de «espiarle» y de servirle comida en mal estado. Las distracciones de Art se hicieron más frecuentes y su agresividad verbal se agudizó. A veces, cuando estaba solo en la habitación empezaba a gritar y a maldecir con todas sus fuerzas. Estas escenas resultaban agotadoras para Faye.

A medida que el nivel de estrés de Faye aumentaba, sus episodios de pensamiento excesivo se hacían cada vez más frecuentes. Los temas que ocupaban sus pensamientos eran siempre los mismos: la irritación que sentía hacia Art por el maltrato emocional con que había sobrecargado a la familia tanto entonces como en el pasado, la frustración que le hacía sentir su madre por no haberle plantado cara a Art, el resentimiento por la prepotencia de su hermano y por no mostrarse dispuesto a prestar ayuda y el sentimiento profundo de culpabilidad por sentir todo eso por su familia. Faye había caído en esa trampa en la que tantas mujeres quedan atrapadas: seguir sacrificándose para que su familia continúe viviendo feliz, sintiéndose mal por los sacrificios que está haciendo, pero sin ser capaz de abandonar esa dinámica porque las expectativas de los demás se han convertido en las suyas propias. Faye no hizo más que quedarse esperando a que alguno de sus familiares cambiara de actitud: que su padre fuera más razonable, que su madre recapacitara e ingresara a su padre en una residencia, que su hermano ganase en sensibilidad e hiciera algo para ayudar.

Una noche Art se fue a la cama después de dejar un cigarrillo encendido en el cenicero del salón. Nora no se dio cuenta y acompañó a Art a la cama. El cigarrillo resbaló del cenicero y cayó encima del tapete que adornaba la mesa. El fuego resultante hizo saltar la alarma contra incendios de la casa. Nora estaba despierta, se dio cuenta de que la alarma había empezado a sonar e intentó despertar a Art. Él estaba completamente confuso y la empujó con tanta fuerza que ella cayó de la cama. El humo estaba empezando a extenderse por el dormitorio y, aunque Nora intentó levantarse, un dolor agudo le recorrió toda la pierna. Llamó a Art, pero al parecer estaba inconsciente. Nora empezó a arrastrarse hacia la puerta. Afortunadamente, los bomberos irrumpieron en la habitación justo en ese momento, cogieron a Nora y a Art en brazos y los llevaron afuera.

Faye se encontró con sus padres en el hospital, donde habían ingresado a Nora por tener una cadera rota y haber inhalado humo. Art estaba sentado junta a ella en la habitación, pero era como si estuviese en otro planeta. Se limitaba a mirar de frente fijamente y no pareció darse cuenta de que Faye había entrado en la habitación. Cuando ella intentó hablar con él, Art casi no se acordaba del fuego ni de haber empujado a Nora fuera de la cama. Sólo quería irse a casa. Afortunadamente, los médicos querían que se quedase hasta la mañana siguiente para tenerlo bajo observación, de modo que Faye no tendría que decidir qué hacer con él al menos hasta el día siguiente.

Cuando Faye salió del hospital a altas horas de la madrugada, sus pensamientos iban a toda velocidad:

> Esta vez casi la mata. Algo se tiene que hacer. No me importa lo que ella diga. Claro que no es más que un pobre viejo con Alzheimer. No debería culparle. No puede evitar comportarse así. ¿Qué voy a hacer? Quizá deberían venir a vivir los dos a casa. ¡Pero esto no es justo para mi familia!

Faye, a sabiendas de que no podría dormirse de nuevo, siguió conduciendo hasta casa de sus padres. Entró y empezó a inspeccionar la casa. Le preocupaban los ladrones, de modo que se llevó a su casa las joyas de su madre y la caja fuerte con los documentos financieros que contenía, y luego lo arregló todo para que al día siguiente la casa estuviera bien protegida. Abrió la caja fuerte para coger los documentos del seguro de sus padres y enterarse de qué era lo que debía hacerse para conseguir que la compañía de seguros cubriese los daños. Se le fue encogiendo el estómago y secando la garganta a medida que hojeaba los documentos que contenía la caja. Faye no era contable, pero podía asegurar que los asuntos financieros de sus padres eran un verdadero desastre. Había bonos y certificados de depósito antiguos que deberían haberse pagado hacía meses, incluso años. El testamento de su padre, que había sido redactado años atrás, tenía algunos párrafos tachados con bolígrafo y en los márgenes se habían garabateado párrafos ilegibles. Estaba claro que su padre había decidido cambiar el testamento, pero no había modo de saber cuáles eran sus nuevas intenciones.

Al día siguiente, cuando Faye llamó a la agente del seguro de sus padres, se quedó horrorizada al enterarse de que hacía dos meses que no se pagaban las primas del seguro. La agente le dijo que había llamado a Art varias veces, pero que le había colgado el teléfono porque había creído que quería venderle algo. Por suerte, la compañía de seguros iba a enviar el aviso de la cancelación final por correo ese mismo día. Faye se fue corriendo al despacho de la agente y le pagó las primas pendientes; después habló con ella sobre los papeles que tenían que presentarse para la reclamación del pago de los daños de la casa. Para Faye, todo eso fue la gota que colmó el vaso:

> Esto no puede seguir así. Papá va de mal en peor. Está claro que mamá no puede arreglárselas sola. Y yo no puedo sacrificar ni mi trabajo ni mi familia.

Por supuesto, después empezaron a invadirla los sentimientos de culpabilidad. También pudo oír la voz de su padre, lanzándole acusaciones por haberlo traicionado y por no ser lo bastante fuerte. Pero esa vez, ella contraatacó:

> Cállate, sentimiento de culpa. No voy a dejar que el sentimiento de culpa siga dirigiendo mi vida. Y cállate tú también, papá. Eres un hombre mayor triste y de mal carácter, pero has sido así durante toda mi vida. No vas a cambiar, aunque te estés muriendo. Y yo ya estoy harta. No vas a controlar más mi vida.

Con estas declaraciones, Faye decidió dejar de escuchar la voz de su padre e impedir que los pensamientos que la hacían sentir culpable la obligaran a aguantar una situación intolerable que sus padres querían perpetuar. En ese momento tomó otra decisión: dejar de esperar que Jim se volviera más sensible y obligarlo a asumir la parte de responsabilidad que le correspondía.

Faye llamó a la oficina de Jim y esta vez se negó a que la dejaran a la espera. Jim estaba claramente molesto cuando se puso al teléfono, pero ella le interrumpió y le dijo: «Ayer por la noche papá y mamá casi pierden la vida en un incendio que papá causó por accidente. Papá empujó a mamá cuando ella intentaba despertarlo y ella se cayó y se rompió la cadera. Me he enterado de que hacía meses que no pagaban las primas del seguro y el resto de sus asuntos financieros es un verdadero desastre. Quiero que vengas a casa, hoy, y me ayudes a arreglar todo este lío».

Jim empezó a quejarse de que no había modo de que pudiera dejar su trabajo avisando con tan poco tiempo, pero Faye no quiso escucharle.

«Has desatendido a esta familia durante años, dejando que me encargara yo sola de papá y mamá. Esto se acabó. Tú puedes aclarar sus finanzas y poner en orden sus documentos mucho mejor que yo. Quiero que vengas a casa y no voy a aceptar un "no" por respuesta.»

Jim, aturdido ante la inesperada firmeza de Faye, dijo entrecortadamente que estaría allí a la hora de cenar.

Rebajar las expectativas que tenía con Jim hizo que Faye dejase de pensar demasiado en su falta de sensibilidad, empezase a tomar el control de la situación y por fin le pidiera lo que necesitaba de él. Después de eso Faye debía enfrentarse directamente a sus padres. Mientras consideraba cómo les plantearía la cuestión, seguían colándose en su mente pensamientos de irritación sobre su padre. En lugar de pensar cómo decirles a sus padres que tendrían que ingresar en algún centro de atención a personas mayores, siguió pensando en todo lo que le gustaría decirle a su padre para mostrarle lo irritada que estaba a raíz del maltrato al que la había sometido durante todos esos años.

Pero entonces se dio cuenta de que todo eso no la llevaba a ningún lado. Su padre no cambiaría nunca. Y, teniendo en cuenta su confuso estado mental, gritándole no conseguiría nada, salvo herir a su madre. Faye se dijo:

> Tengo derecho a estar enfadada, incluso tengo derecho a odiarle. Pero debo aceptar quién es y seguir adelante. De lo contrario, seguirá saliendo vencedor en batallas que ahora ni siquiera se da cuenta de que está librando.

Faye no llegó a perdonar a su padre, pero decidió aceptar quién era, aceptar los sentimientos que suscitaba en ella, y siguió adelante. Esto la liberó de las ataduras con que sus pensamientos de enfado la inmovilizaban y le dejó espacio para pensar en lo que debería hacer después.

Faye no fue directamente a la habitación del hospital donde se encontraba su madre; antes se detuvo en el despacho de la asistente social que le habían presentado la noche anterior. Estuvieron hablando largamente de distintos centros para personas mayores que había en la ciudad y en los que podían quedarse sus padres, su madre mientras se recuperaba de su fractura de cadera y su padre definitivamente. La asistente social informó a Faye de un centro que podría acogerlos a los dos: podrían vivir en un espacio parecido a un apartamento, con servicio de enfermería disponible las 24 horas, y comer con los demás residentes en el comedor. Era caro, pero a Faye le parecía el tipo de centro al que podía enviar a sus padres con toda tranquilidad.

Plantearles todo eso a sus padres no era fácil, pero a Faye le daba fuerzas el pensamiento de que estaba haciendo lo mejor para sus padres y para ella y su familia. Nora estuvo un rato llorando en silencio, pero ante el hecho de que no podía volver a su casa, todavía destrozada por el incendio, reconoció que la idea de Faye quizá podía salir bien. Art no dijo casi nada. Faye no sabía si era por el humo que había inhalado, por el trauma del incendio, por el Alzheimer o porque de algún modo se había dado cuenta de lo que le había hecho a Nora; pero Art parecía más confundido y desconectado de la realidad que nunca.

Después de dejar a sus padres, Faye empezó a plantearse dudas:

> ¿Realmente es lo mejor que se puede hacer por ellos? ¿Por qué no pueden venir a vivir con mi familia? Podríamos convertir parte de la planta baja en un apartamento para ellos dos. No quiero que mueran en una institución. Resultaría más económico que se vinieran a vivir con nosotros que intentar pagarles ese centro, incluso aunque yo tuviera que dejar de trabajar.

En ese caso no era la voz de su padre la que se filtraba en sus pensamientos, sino la de su madre: la que la había convencido durante toda su vida de no incomodar a nadie, de que debía arreglárselas sola, de que tenía que hacer lo que fuera para que su padre se sintiera feliz.

Faye no se daba cuenta de ello, pero su marido, John, sí. «Faye, estás intentando hacerlo todo tú otra vez. Tal vez tus padres prefieran vivir con nosotros —aunque no estoy seguro de que en el caso de tu padre eso sea así—, pero a ti te gusta tu trabajo y no sería conveniente que lo dejaras. Y, francamente, a mí no me gustaría vivir con tus padres, especialmente con tu padre.»

El primer sentimiento que generaron en Faye las palabras de John fue de culpabilidad, porque vio que había estado a punto de imponer sus padres a su marido y a sus hijos. Pero luego se dio cuenta de que se había creado de nuevo una situación imposible. Si llevaba a sus padres al centro para personas mayores, se sentiría culpable por ello. Si les pedía que se trasladaran a vivir con su familia a pesar de las objeciones de John, también se sentiría culpable. Su madre siempre se metía en callejones sin salida como ése y Faye había aprendido ese hábito de ella.

De modo que se dijo: «Mamá, esta vez no puedo hacerlo. No puedo hacerlo a tu manera. El centro para personas mayores es la mejor opción tanto para ti y papá como para mí y mi familia».

Irónicamente, la madre de Faye probablemente no habría aceptado vivir con Faye y su familia, porque eso habría significado «molestarles», de modo que habría insistido en que Art y ella se trasladaran al centro para personas mayores. Pero la voz de su madre que oía dentro de su cabeza y que le decía que se sacrificase para hacer felices a los demás casi la había convencido de que era eso lo que sus padres querían. Sucede a menudo que las voces que oímos en nuestro pensamiento son más severas y menos razonables que las voces auténticas de las personas a las que representan. Esto es, en parte, lo que hace que sean un factor tan poderoso para el pensamiento excesivo. Afortunadamente para Faye, su conversación con John la ayudó a rechazar la voz de su madre en sus pensamientos de culpabilidad.

## Pensar demasiado a lo largo de nuestra vida

Como las relaciones con la familia se van desarrollando a lo largo de toda nuestra vida, el tema central de nuestras cavilaciones en relación con nuestros familiares va variando. Cuando somos adolescentes, puede que nos obsesione lo mucho que nos avergüenzan, cómo podemos escapar de ellos, o quizá los problemas que nuestros padres o nuestros hermanos tienen en ese momento. Cuando somos más mayores, como Faye, tal vez le demos vueltas a cómo compaginar nuestros compromisos con nuestra familia de origen con los compromisos con nuestra pareja e hijos y con nuestro trabajo. A medida que nuestros padres van envejeciendo, quizás empecemos a preocuparnos por su salud y por cómo vamos a sentirnos cuando mueran. A lo largo de nuestras vidas, tendemos a revivir agravios con los que nuestros padres o hermanos nos habían hecho sufrir en el pasado, a desear que cambien de algún modo y a preocuparnos por si estamos viviendo de acuerdo con las expectativas de nuestros padres.

Los mejores remedios para nuestras preocupaciones por nuestra familia dependerán de cuáles sean las cuestiones que nos preocupan. Al menos cuatro de las estrategias descritas anteriormente en este libro son especialmente útiles para superar el pensamiento excesivo concentrado en cuestiones de familia. La primera es aceptar lo que sentimos por nuestra familia. El enfado y la frustración son habituales en las relaciones con los padres y los hermanos, porque todos ellos son personas que saben mejor que cualquier otra cuál de nuestras teclas deben pulsar. Pero luego, tras habernos enfadado o habernos sentido frustrados, somos presa de un terrible sentimiento de culpabilidad porque creemos, implícita o explícitamente, que deberíamos querer a nuestros padres y hermanos. Aceptar que nuestra familia nos saca de quicio y que ésta es una reacción perfectamente comprensible suele ser un paso necesario antes de conseguir tener el control de nuestros pensamientos y sentimientos.

Una segunda clave para tratar con tu familia es el perdón. No significa que debas creer que los pecados que tus familiares cometieron contra ti fueran aceptables. Si el daño que te hizo alguno de ellos es muy grave —en particular, si fuiste víctima de malos tratos por parte de algún familiar— es probable que lo máximo que puedas hacer sea olvidarte del deseo de venganza y seguir adelante. Pero hacerlo es necesario si quieres aprovechar tu vida.

En tercer lugar, puede que necesites rebajar tus expectativas respecto a tu familia, especialmente la esperanza de que van a cambiar justamente como deseas que lo hagan. Por ejemplo, si continúas esperando que tu madre deje de ser indiferente y reprimida y se convierta en abiertamente amorosa contigo, sólo conseguirás decepcionarte cada vez que no te reciba efusivamente y te preguntarás si en realidad te quiere. No puedes cambiar su carácter, pero sí puedes cambiar la frecuencia e intensidad con que pienses en ello aceptando que ha nacido así, o que la han educado así. A menudo, al cambiar nuestra actitud hacia nuestros padres o hermanos, rompemos los esquemas que durante toda la vida habían servido para mantener el comportamiento de cada uno de los miembros de la familia. En otras palabras, si cambias tu forma de reaccionar ante tu madre —quizá mostrándote menos deseosa de que te demuestre su afecto—, puede que ella se relaje y cambie su comportamiento.

Finalmente, todos tenemos en nuestras familias cuestiones que, si salen a la luz abiertamente, son garantía de conflicto. Puede que sean las opiniones políticas de nuestro padre. Quizá la actitud de tu hermano con las mujeres. Tal vez sea la decisión de tu hermana de trabajar a jornada completa en lugar de quedarse en casa con sus hijos (o viceversa). A menudo la mejor estrategia para evitar conflictos y darles vueltas y más vueltas es «no seguir por ahí». Es poco probable que enfrentarte a tus familiares les convenza de que tu visión es la correcta. En muchas cuestiones, tenemos que aceptar que nuestros familiares no ven el mundo como nosotros. Mantenernos alejados de esas controversias suele ser la mejor medicina contra el pensamiento excesivo, en particular cuando se trata de cuestiones que no nos afectan directamente y en las que ellos tienen derecho a no estar de acuerdo con nosotros.

La capacidad de Faye para emplear estrategias como ésas para superar su tendencia a pensar demasiado en sus problemas con sus padres y su hermano le permitieron considerar las opciones para solucionar la situación con la cabeza más clara. No todo el mundo hubiera tomado las mismas decisiones que Faye ante esa misma situación. Pero de la historia de Faye podemos aprender lo importante que puede ser vencer las cavilaciones sobre la familia.

9

# La trampa para los padres: el pensamiento excesivo y nuestros hijos

Los niños nos proporcionan grandes alegrías y profundas decepciones. Estas emociones encontradas pueden ser fuente de pensamiento excesivo. Hemos invertido mucho en nuestros hijos y a menudo depositamos en ellos una parte demasiado grande de nuestra identidad y nuestra autoestima. Cuando nuestros hijos tienen dificultades, lo vemos como una crítica de nosotros mismos, de nuestra capacidad como padres o de nuestro valor como seres humanos. Por desgracia, no siempre podemos controlar o cambiar el comportamiento de nuestros hijos o sus actitudes, de modo que es inevitable que, al menos de vez en cuando, no cumplan las expectativas que teníamos para ellos. Esta falta de control, junto con la tendencia a permitir que el comportamiento de nuestros hijos afecte a nuestra autoestima, crea las condiciones ideales para que empecemos a pensar demasiado.

Muchas de las características de nuestra cultura hacen que nos resulte especialmente fácil centrar nuestras preocupaciones en nuestros hijos. Dada la complejidad de la vida moderna, es difícil saber qué debemos hacer para ser buenos padres. ¿Hasta qué punto debemos proteger a nuestros hijos del lado negativo de la cultura popular? ¿Cómo podemos protegerles de los peligros que conlleva Internet, la televisión, las armas y las malas influencias de otros niños? ¿Es peligroso sobreprotegerles? ¿Cómo podemos preparar a nuestros hijos para el mundo en el que van a vivir cuando sean adultos, teniendo en cuenta lo rápido que cambia el mundo?

Actualmente, los medios de comunicación cuentan con expertos que nos dan consejos confusos, contradictorios y continuamente cambiantes sobre cómo ser padres. Hagamos lo que hagamos como padres, siempre habrá algún experto en algún medio de comunicación que nos dirá que no hacemos lo correcto. Un experto nos asegura que, para optimizar el desarrollo de los niños, son las madres las que *deben* atenderlos de pequeños, y otro defiende que, para un niño, siempre es mejor una buena guardería que una madre que ha dejado de trabajar a regañadientes. Según un experto, los padres *deben* ocuparse de que sus hijos sigan una dieta equilibrada para que el desarrollo de su cerebro sea adecuado y otro asegura que los niños son muy resistentes y pueden crecer y hacerse fuertes comiendo sólo pizza y perritos calientes. Los medios de gran difusión también bombardean a nuestros hijos con un montón de mensajes que les confunden —y que son en general poco saludables— sobre cómo deben comportarse: está bien pegar a la gente que te molesta; para ser guay tienes que tener más juguetes que los demás niños. Si nuestros hijos viven en un vacío de valores, absorberán con facilidad ese tipo de mensajes. Si vivimos en un vacío de valores, nos resultará más difícil aconsejar a nuestros hijos o saber cómo debemos comportarnos como madres.

De modo que empezamos a pensar demasiado: «¿Estoy siendo demasiado benévola o demasiado estricta?», «¿Escucho de verdad a mi hijo?», «¿He tomado las decisiones más adecuadas para mi hijo?». Tenemos miedo de que nuestros hijos nos culpen del mismo modo que nosotros culpamos a nuestros padres por ser como somos. Una amiga mía suele decir: «Cada día hago algo que sé que mi hijo le comentará a su psicólogo dentro de diez años».

Otro aspecto de la sociedad moderna que no nos ayuda en absoluto a la hora de realizar una buena labor como madres es la obsesión por las soluciones rápidas. Si tu hijo tiene problemas en la escuela, cámbiale de escuela. Si tu hijo tiene problemas de comportamiento, encuentra un diagnóstico y una medicación para tratarlo. Si te preocupa que tu hijo pueda haber empezado a tomar drogas, apúntale a un montón de actividades extraescolares para que no le quede tiempo para drogarse. Si te parece que tu hijo está triste o que tiene una actitud hostil, cómprale alguna virguería que sea bien cara. Si quieres saber lo que tienen tus hijos en la cabeza, pregúntaselo cuando estéis en el coche de camino a la clase de violín. El trabajo prolongado y a veces laborioso de conocer a nuestro hijo en profundidad, de comunicarnos con él o de enseñarle valores importantes nos resulta demasiado difícil de encajar en nuestras apretadas vidas. Así que nos conformamos con las soluciones rápidas y luego cavilamos hasta la saciedad cuando nuestros hijos no resultan ser como hubiéramos querido que fueran.

Como somos las mujeres las que habitualmente tenemos la principal responsabilidad de los hijos y, en caso de no tener pareja, toda la responsabilidad, los hijos son un tema que ocupa habitualmente nuestro pensamiento excesivo. Aunque nuestro marido o nuestro compañero comparta la responsabilidad del cuidado de los hijos, las mujeres siempre somos consideradas más responsables del comportamiento y del bienestar de los hijos que los hombres. Así que muchas mujeres, cuando sus hijos tienen dificultades, empiezan a preocuparse por lo que no están haciendo bien. Esto puede aportar cambios positivos en su comportamiento, pero también puede hacer que acaben siendo víctimas de preocupaciones crónicas y culpabilizadoras acerca de los fallos que han cometido como madres.

Las mujeres además estamos emocionalmente muy conectadas con nuestros hijos, lo cual puede ser una importante fuente de empatía y de riqueza para nuestras relaciones. Sin embargo, cuando la madre vuelve a vivir el dolor y las penas del crecimiento a medida que sus hijos se van desarrollando, esa conexión emocional se convierte en una fuente de sufrimiento y de preocupación.

Con frecuencia, las mujeres les damos vueltas no tanto a los problemas que podemos tener con nuestros hijos como a los conflictos que tenemos con nuestro marido o compañero en relación con el cuidado de los hijos. En nuestro amplio estudio de grupo, les preguntamos a mujeres con hijos hasta qué punto sus maridos o compañeros (si los había) compartían con ellas las actividades diarias del cuidado de los hijos. Las mujeres que dijeron que la colaboración en esas tareas era nula —que, en relación con el cuidado de los hijos, ellas lo hacían todo o casi todo— eran más propensas a las cavilaciones.[1] No eran las ataduras y el peso que representa hacerse cargo de los hijos —darles de comer, bañarlos, vestirlos, llevarlos con nosotras a todas partes, castigarles cuando es necesario— lo que hacía que esas mujeres pensasen demasiado. La causa de su pensamiento excesivo era el desequilibrio en el reparto de las labores relacionadas con el cuidado

1. S. Nolen-Hoeksema, datos no publicados, Universidad de Michigan, 2002.

de los niños con su marido o compañero. Si tienes un conflicto con tu marido o compañero a propósito de los valores fundamentales para la educación de tus hijos —como en qué religión criarlos o qué métodos de castigo son los más adecuados—, esto puede arrastrarte a pensar demasiado.

A pesar de que actualmente las mujeres tenemos más libertad para elegir si queremos trabajar en casa o fuera, sea cual sea la decisión que tomemos, siempre habrá una parte de la sociedad dispuesta a criticarnos. Esta situación alienta el pensamiento excesivo centrado en nuestro sentimiento de culpabilidad y nos lleva a dudar de nosotras mismas. Si nos decidimos a trabajar fuera de casa, puede que nos sintamos culpables por no estar ahí cuando nuestros hijos nos necesiten o cuando deseen vernos. Si no trabajamos fuera de casa, posiblemente tendremos la sensación de que no se valora nuestra labor como madres a jornada completa. En nuestro estudio de grupo, nos encontramos con que las amas de casa y las madres que no trabajaban caían en el pensamiento excesivo tanto como las madres que trabajaban fuera de casa. Así que ninguno de los dos grupos conseguía escapar a la atracción del pensamiento excesivo. Cuanto más insatisfechas e incómodas se sentían por la cantidad de tiempo que le dedicaban a sus hijos *o* a su trabajo, más las atrapaba el pensamiento excesivo.

En este capítulo, estudiaremos la historia de Marcia, que durante años no ha podido librarse del hábito de darle vueltas a los problemas de comportamiento de su hijo y a la marcha de su familia. Como ocurre tan a menudo, ese pensamiento excesivo no le proporcionó a Marcia una visión clarificadora de sus problemas familiares. En lugar de eso, la privó de la capacidad de conseguir cambios positivos en el comportamiento de su hijo y en el modo en que los miembros de su familia solían relacionarse.

## El pensamiento excesivo de las madres

Marcia y su marido, Peter, estaban de acuerdo en que los hijos necesitan que su madre esté en casa todo el día, de modo que, cuando hace dos años nació Adrienne, su primera hija, Marcia estuvo encantada de dejar su trabajo como maestra. Con Adrienne se hicieron realidad todas sus fantasías sobre lo que representaba tener un hijo.

Adrienne, como Marcia, era rubia, tenía el rostro redondeado y los dedos largos y finos. El temperamento de Adrienne rozaba la perfección: dormía y comía bien, mostraba interés y afecto por todo el que estuviera a su alrededor y consiguió superar las etapas importantes —como aprender a andar— muy pronto. Adrienne continuó siendo una niña casi perfecta durante sus años de escuela primaria. Sus notas eran siempre «excelentes» en todas las asignaturas y nunca se metía en problemas. Marcia empezó a llevar a Adrienne a clases de violín cuando tenía 6 años y a los 9 ya hacía recitales. Su profesora de violín incluso había sugerido que deberían llevarla a una escuela especial para niños con talento musical. Era el tipo de niña en relación con la que los demás padres siempre decían: «Marcia, eres muy afortunada».

Marcia no tuvo tanta suerte con Timothy, su segundo hijo. Como suele pasar, Timothy tenía el carácter opuesto al de Adrienne. Era un niño muy nervioso y, a sus 7 años, todavía no era capaz de dormir toda la noche solo. A Timothy le gustaba jugar con los otros niños, pero éstos se quejaban de que siempre quería que todo se hiciese a su manera y de que se enfadaba con demasiada facilidad. En la guardería, y también ahora, en primer curso, Timothy se metía continuamente en problemas por molestar en clase y no progresaba como era de esperar en lectura y matemáticas. Marcia intentó despertar en Timothy algún interés musical, pero él no tenía paciencia suficiente para la música. Le gustaban los deportes, pero era tan torpe y tenía tan poca coordinación que no había ninguno que se le diera particularmente bien. Entre su falta de agilidad y su carácter, solía ser el último al que elegían en los deportes de grupo, lo cual a veces le llevaba a tener arrebatos de ira con los demás niños.

Tanto los profesores como su marido y su propia madre le señalaban con frecuencia el contraste que había entre Adrienne y Timothy. «Adrienne es tan especial, tan perfecta... me pregunto qué puede haber pasado con Timothy.» ¿Qué se supone que debía contestar Marcia? ¿Que sí, que con Timothy había tenido una decepción, que era un desastre? A pesar de sus defectos, Marcia quería a Timothy y creía que algún día iba a «florecer». Pero los comentarios de los demás acostumbraban a arrastrarla rápidamente hacia el pensamiento excesivo:

> Parece que estén esperando que les dé alguna explicación. No sé por qué Timothy es tan distinto a Adrienne. Se comportan como si fuese culpa mía. En especial Peter y mi madre. He intentado darle todo lo que le di a Adrienne: ¿por qué ha resultado ser tan distinto a ella? Estoy tan cansada de tener que ir a la escuela para asistir a esas reuniones de padres y profesores. Los profesores siempre explican con todo detalle todo lo que Timothy hace mal, como si fuera la primera vez que me lo dicen. Luego me miran fijamente, esperando que diga o haga algo. Quizás es culpa mía. Quizá tengo que ser más disciplinada con él en casa. Peter siempre lo ha creído. Dice que si soy más autoritaria, él se enmendará.

Marcia intentó ser más estricta con Timothy, pero generalmente eso acababa en un enfrentamiento a gritos. Cuando Peter se metía en alguna de esas discusiones, acababa perdiendo los estribos con Timothy y lo mandaba a su habitación. Luego, entre Peter y Marcia reinaba el silencio durante el resto de la tarde: Peter estaba furioso porque Marcia no era capaz de manejar a Timothy y Marcia lo estaba principalmente porque Peter había interferido, aunque también se preguntaba por qué ella no era capaz de manejar a Timothy. Esa noche solía pasarse horas despierta, echada en la cama, dándole vueltas al incidente y sintiéndose impotente y culpable.

Hay muchas mujeres que, como lo hizo Marcia, dejan que ese tipo de enfrentamientos perjudiciales se vayan produciendo durante años, y durante años piensan demasiado en ellos. En temporadas en que los conflictos con los hijos, los maridos, los profesores de los niños y otras personas son intensos, se sienten tan abrumadas por la situación que les cuesta mucho poner la suficiente distancia para evaluar lo que es necesario hacer. Cuando las cosas están calmadas, se sienten tan aliviadas y agradecidas que quieren creer que todo va mejor. Como consecuencia, nunca se enfrentan a las cuestiones de importancia que generan los períodos conflictivos. Piensan una y otra vez en lo que va mal, pero con eso sólo consiguen enfadarse con los demás, preocuparse por sus hijos y sentirse culpables por su propio comportamiento.

A veces actúan a la desesperada para intentar arreglar «el problema». Uno de los profesores de Timothy le dijo a Marcia que no había duda de que su hijo tenía un trastorno de déficit de atención con hiperactividad (TDAH) y que eso explicaba su comportamiento y su falta de éxito. Marcia se sintió aliviada cuando vio que los problemas de Timothy tenían nombre y podían curarse, y llevó a su hijo al pediatra para que le recetara Ritalin. El pediatra insistió en que no le haría la receta hasta que a Timothy no le evaluara un psicólogo especializado en detectar y tratar TDAH. A Marcia le fastidió tener que llevar a Timothy a que le evaluasen antes de que pudiera tomar medicación, pero siguió adelante. La psicóloga, la doctora Glass, elaboró un informe detallado sobre el desarrollo y el comportamiento de Timothy, hizo un montón de preguntas sobre la familia y le pidió a Timothy que respondiera a algunos test cognitivos.

Cuando Peter y Marcia fueron a la consulta de la doctora Glass para que les diera su opinión con respecto a Timothy, estaban totalmente convencidos de que les diría que tenía que tomar Ritalin o algún medicamento parecido. Sin embargo, la doctora Glass les dijo: «Puede que Timothy tenga TDAH, pero no lo tengo claro. Necesita ayuda para controlar su comportamiento y para ponerse al día en lectura y matemáticas. También considero necesario que ustedes cambien un poco el modo en que reaccionan ante él, y que busquen otras formas de darle ánimos y de castigarle». Marcia se quedó ahí sentada estupefacta, pero Peter estalló y le soltó a la doctora Glass: «¿Cómo puede culparnos por eso? Tenemos una hija sin problemas: somos unos buenos padres. A Timothy le pasa algo. ¿Cómo es posible que no se dé cuenta? ¡Todo va bien en esta familia!». Empujó la silla hacia atrás y salió del despacho hecho una fiera.

Aunque Marcia estaba de acuerdo con lo que su marido le había dicho a la doctora Glass, se sintió muy avergonzada por su comportamiento y empezó a disculparse. Como muchas de las mujeres que se consideran responsables de la felicidad y el bienestar de todo el mundo, Marcia no podía aceptar su propio enfado ante la doctora Glass y después del comportamiento de Peter le preocupaba lo que pudiera pensar de ella la psicóloga. Pero ésta sonrió con calma, como si todo aquello no fuera nuevo para ella, y dijo: «Marcia, tú no eres responsable del comportamiento de Peter. Y el comportamiento de Timothy no es culpa tuya. Pero tú puedes cambiar el comportamiento de Timothy cambiando el modo en que te comportas con él; estoy convencida de ello. Puede que no sea todo lo que él necesita, pero le ayudará muchísimo. Me gustaría que me hicieses un favor. Cuando tengas un momento de tranquilidad, cuando Peter y los niños se hayan ido, siéntate y anota en un papel tus expectativas con respecto a Timothy: lo que esperas de él y lo que deseas para él. Luego, al lado de cada una de las expectativas de tu lista, escribe de dónde crees que procede. Si te parece bien, me gustaría volver a veros, a ti y a Peter, dentro de una semana».

Cuando Marcia alcanzó a Peter en el parking, él le gritó: «¿Por qué has tardado tanto?». Marcia mascullo algo, se metió en el coche y se abrochó el cinturón. Durante todo el camino Peter estuvo despotricando contra la doctora Glass y dándole órdenes a Marcia: «¡Cómo se atreve a sugerir que tenemos que cambiar! Es una incompetente. Si ese pediatra no nos receta algún medicamento para Timothy sin su recomendación, entonces busca a otro pediatra».

Por la noche, cuando los niños ya se habían acostado y Peter estaba en el salón viendo la televisión, Marcia se sentó ante una hoja de papel con un bolígrafo en la mano. Pensó que anotar las expectativas que tenía para Timothy de algún modo demostraría que la doctora Glass estaba equivocada. Se había pasado todo el día dándole vueltas en silencio a lo que la doctora había dicho y a la reacción de Peter:

> ¿Cómo es posible que nos haya dicho que tenemos que cambiar nuestro comportamiento? ¿Piensa que de algún modo somos los causantes de los problemas que Timothy tiene en la escuela? Todo el mundo me considera responsable de Timothy. Peter se ha comportado como un imbécil, me ha hecho pasar tanta vergüenza. Y además me trata como si fuera una niña, o uno de sus empleados, diciéndome lo que debo hacer con Timothy. Nunca escucha, sólo da órdenes.

Marcia se sacudió de arriba abajo para intentar aclararse las ideas y luego se dispuso a escribir la lista de sus expectativas con respecto a Timothy. Al cabo de unos minutos había escrito:

1. Que le vaya bien en la escuela.
2. Que no se meta en problemas.
3. Que le vaya bien en alguna actividad extraescolar.
4. Que se lleve bien con los demás niños.

Cuando repasó la lista le pareció perfectamente razonable. Entonces pensó en la otra parte de la tarea que la doctora Glass le había asignado: pensar de dónde provenían esas expectativas. A primera vista, eso parecía absurdo. Eran expectativas que todos los padres tenían, objetivos que la mayoría de los niños alcanzaban sin ningún problema. Al fin y al cabo, Adrienne...

De pronto lo vio claro. Se dio cuenta de que mientras escribía esa lista, se había estado imaginando a Timothy llevando a casa notas excelentes, como Adrienne, y tocando el violín, como Adrienne, y siendo querido por todos en la escuela, como Adrienne. Estaba usando a Adrienne como modelo de lo que Timothy debería ser.

Cuando los padres llevan a cabo el ejercicio que la doctora Glass le pidió a Marcia, suelen darse cuenta de que lo que esperan de sus hijos se basa en referentes inapropiados. A veces esos referentes son otros niños, y a veces se trata de referentes impuestos por otras personas. Marcia comparaba a Timothy con la imagen de Adrienne porque eso era lo que hacían Peter, su madre, los profesores y muchas otras personas. Necesitaba dejar de comparar a Timothy con Adrienne. También necesitaba dejar de escuchar las voces de Peter, su madre y los profesores, que pedían que Timothy fuera como Adrienne. Al principio, este descubrimiento desencadenó en Marcia un pensamiento excesivo centrado en el sentimiento de culpabilidad:

> ¿Cómo he podido hacerle esto a Timothy? Debe de hacerlo sentir tan mal que siempre le comparen con Adrienne. ¿Cómo he podido dejar que los demás le hagan eso?

Afortunadamente, Marcia se dio cuenta de que ese pensamiento excesivo no le haría ningún bien, que no la ayudaría ni a ella ni a Timothy. De modo que empleó la técnica de «policía del pensamiento»: cerró los ojos con fuerza y se ordenó a sí misma dejar de compadecerse porque con eso no estaba ayudando a Timothy. Quería pensar las cosas detenidamente para que lo que acababa de descubrir la ayudara a entender mejor a Timothy.

Entonces enfocó mejor y se hizo una pregunta distinta: «¿Qué deseo para Timothy, si tengo en cuenta quién es?». Marcia quería lo suficiente a Timothy como para desear que fuera feliz, que hiciera las cosas que le apetecieran y que las hiciera lo mejor que pudiera, no como las haría Adrienne. Pero cuanto más pensaba, más cuenta se daba de que no tenía ni idea de lo que a Timothy le apetecía hacer, o de lo que era capaz de hacer. Ella, como todos los demás, había estado tan concentrada buscando razones que explicasen por qué Timothy era tan distinto a Adrienne que no estaba muy segura de cómo era Timothy.

Un profundo sentimiento de culpabilidad invadió a Marcia. ¿Cómo era posible que no conociera a su propio hijo? ¿Cómo había podido ser tan insensible como para ser incapaz de reconocer su individualidad durante todos esos años? Normalmente, cuando Marcia tenía pensamientos como ésos, se iba a la cama y se fustigaba mentalmente durante horas. Pero esta vez apretó de nuevo los ojos con fuerza y se dijo que no iba a permitirse tener esos pensamientos. Apuntaría más alto y se concentraría en lo que era realmente importante: entender lo que Timothy quería y necesitaba en su vida. Su amor por Timothy iba a imponerse al desprecio que sentía por sí misma.

Así que Marcia se hizo otra de esas preguntas que ayudan a enfocar mejor: «¿Cómo puedo descubrir lo que quiere Timothy y cuáles son sus capacidades?». Empezó a anotar las ideas que se le iban ocurriendo al otro lado de la hoja de papel:

1. Averiguando algo más de la evaluación que la doctora Glass hizo de Timothy: ¿en qué cree ella que es bueno y qué puede hacerse para ayudarlo a mejorar en lectura y en matemáticas?
2. Pasando más tiempo con él, pero sin presionarle demasiado. Escuchándole y observándole más.
3. Hablando con Timothy de lo que le gusta (en lugar de hablar siempre de lo que hace mal).

Cuando Marcia decidió irse a la cama, el sentimiento de optimismo y esperanza que albergaba hacia Timothy era mayor del que había sentido desde hacía mucho tiempo. Se detuvo en la habitación de Timothy y sonrió cuando le vio durmiendo en su cama, de través y medio destapado. Le apetecía de veras estar más tiempo con él, porque la presión por «arreglarlo» había desaparecido.

Marcia todavía estaba enfadada consigo misma y se sentía culpable por haber malgastado tanto tiempo comportándose con Timothy como los demás querían que se comportase: gritándole, riñéndole, intentando que actuara como Adrienne. Pero Marcia sabía que debía olvidarse de esos pensamientos, perdonarse y concentrar sus energías en determinar lo que Timothy necesitaba.

Para llegar a ser buenos padres es muy importante que nos perdonemos a nosotros mismos. Cuando actuamos con nuestros hijos movidos por el sentimiento de culpabilidad, podemos ser demasiado indulgentes y perjudicarlos. En lugar de hacer lo que nuestro hijo o hija necesita que hagamos, hacemos lo que nos hace sentir bien y lo que suaviza nuestro sentimiento de culpabilidad por los errores que hemos cometido como padres en el pasado. Pero el perdón hacia uno mismo debe ir acompañado del arrepentimiento. No sirve de nada que nos perdonemos por habernos comportado mal con nuestros hijos si seguimos comportándonos del mismo modo. Por ejemplo, si a menudo pierdes los estribos con tus hijos y te dices a ti misma que se debe a que tus padres fueron violentos contigo o a que te sientes frustrada en tu trabajo, pero sigues perdiendo los estribos con ellos, eso no es arrepentimiento: es racionalización.

A lo largo de los días siguientes, cuando Marcia iba a recoger a Timothy a la escuela, en lugar de preguntarle si había sido bueno y no se había metido en problemas, le preguntaba qué era lo mejor que le había sucedido ese día. Al principio Timothy parecía sorprendido ante esa pregunta y le costaba dar una respuesta. Sin embargo, al cabo de una semana, Marcia se dio cuenta de que Timothy solía mencionar incidentes ocurridos mientras practicaban algún deporte de equipo: «¡Jimmy Peterson bateó y corrió hasta la base e hizo que ganáramos el partido!». A Marcia le sorprendía que, a pesar de lo poco ágil que era, siguieran gustándole tanto los deportes. Sin embargo, cuando le escuchó con más atención se dio cuenta de que normalmente no hablaba de jugadas fantásticas que él había realizado en el partido, sino de jugadas que habían hecho otros niños. También solía recitar de carrerilla las marcas de los jugadores de béisbol de los equipos profesionales. Marcia no tenía ni idea de que Timothy supiera tanto sobre deportes profesionales. Nadie más en la familia se interesaba por ese tipo de cosas, de modo que raras veces eran tema de conversación en casa. Durante todo ese tiempo, Timothy había acumulado un amplio conocimiento sobre los récords de los jugadores de béisbol, de fútbol, de fútbol americano y de hockey, y se había guardado ese conocimiento para él solo, porque no había nadie que se interesara por sus intereses.

Todo lo que Marcia descubrió sobre Timothy es característico del tipo de percepciones que pueden tener los padres cuando dejan de estar pendientes de controlar a sus hijos y se disponen a entenderlos. Es posible que malgastes tanto tiempo y energía en ganar discusiones con ellos, o en presionarlos para que hagan «lo correcto», que no les oigas cuando te digan qué les preocupa o qué es lo que quieren en realidad y por qué. Incluso puede que no seas capaz de ver quiénes son como personas, especialmente si tu autoestima depende del éxito de tus hijos. Te afecta muchísimo lo que dice de ti como madre el comportamiento de tus hijos. Si tu hijo tiene talento, todo el mundo le quiere y se porta bien, entonces te sientes bien contigo misma. Si tu hijo tiene carencias de algún tipo, entonces te sientes culpable y avergonzada.

Los niños captan esas expectativas y reaccionan de algún modo. Puede que se agoten realizando actividades que en realidad no les gustan con el ánimo de intentar conseguir unos objetivos que no pueden conseguir, o que no tienen ningún interés en conseguir, para no decepcionar a papá o a mamá. Otros niños, entre los que puede que esté Timothy, se rebelan rechazando las expectativas de mamá y papá y llegando a veces a tener comportamientos autodestructivos.

Entender lo mucho que le gustaban los deportes a Timothy le dio una idea a Marcia: ¿por qué no aprovechar su afición por los deportes para ayudarle a cambiar algunos de sus comportamientos? Marcia pensó que Timothy debía de saber leer al menos un poco para haber llegado a aprender todos esos datos sobre deportes. Y todas las marcas que había memorizado tenían que ver con las matemáticas: ¿podían esos ejemplos sobre deportes ayudarle a entender un poco más las matemáticas? Al día siguiente Marcia llamó a la profesora de Timothy para hablar con ella de esas nuevas ideas.

Marcia no anuló la cita que la semana anterior había concertado con la doctora Glass. No se lo dijo a Peter. Sabía que él no iría y no quería que le impidiese acudir. Marcia admitió ante la doctora Glass que se había dado cuenta de que estaba intentando que Timothy se ajustase al «modelo de Adrienne» y de que eso no era conveniente para él. La doctora Glass le respondió: «Algunos padres tardan toda una vida en darse cuenta de eso. Tú lo has conseguido sólo en un día». Marcia interrogó a la doctora a propósito de los detalles de los test sobre las capacidades cognitivas de Timothy para tener una idea de cuáles eran los puntos débiles y los puntos fuertes como estudiante de Timothy. Marcia también le contó a la doctora Glass que había pensado en animar a Timothy a leer más y a estudiar más matemáticas empleando artículos y ejemplos de deportes. Marcia estaba muy a gusto y el apoyo que le daba la doctora Glass la hacía sentir muy bien, pero de buenas a primeras ésta le soltó: «¿Sabes, Marcia?, tarde o temprano tendrás que ocuparte de la actitud que Peter adopta con Timothy y del modo en que se relaciona con él».

Como muchas mujeres, Marcia no quería enfrentarse a su marido por el comportamiento que tenía con sus hijos: quería ser capaz de arreglar los problemas de su familia ella sola. Algunas mujeres, cuyos maridos o compañeros maltratan física o sexualmente a sus hijos, se enfrentan a problemas familiares mucho más graves que los de Marcia. Sin duda ése no era el caso de Peter, pero sus arrebatos de ira con Timothy estaban deteriorando la autoestima del niño, le empujaban a encerrarse cada vez más en sí mismo, le daban un motivo para rebelarse y le proporcionaban un modelo nefasto de cómo reaccionar ante la frustración. Marcia tenía miedo de convertirse en el objetivo de la ira de Peter si le criticaba o si se enfrentaba a él. Normalmente, aparte de darle mil vueltas a un problema, intentaba organizar las situaciones para evitar confrontaciones.

La doctora Glass se dio cuenta de que Marcia era reticente a tratar con Peter. Le preguntó si Peter había sido violento con ella o con los niños alguna vez, o si a ella le daba miedo que pudiera serlo, y Marcia le contestó que no. La doctora Glass le pidió que le describiera lo que había ocurrido la última vez que Peter se había disgustado con Timothy y cómo había respondido ante esa situación. Marcia describió la pelea que había tenido lugar hacía aproximadamente una semana y en la que Peter le gritó a Timothy preguntándole qué demonios le ocurría. Timothy se marchó en silencio y se encerró en su habitación. Marcia admitió que,aunque estaba muy enfadada con Peter por haber sido tan duro con Timothy, se había quedado ahí de pie sin decir nada. Luego ella y Peter se pasaron toda la tarde sin dirigirse la palabra.

La doctora Glass le pidió a Marcia que repitieran esa escena, representando ella el papel de Peter y Marcia el suyo, aunque esta vez intentando reaccionar ante Peter de un modo distinto. Marcia sabía que eso era lo que llamaban juego de roles, y no le apetecía hacerlo. No tenía ni idea de cómo actuar de otro modo con Peter. Pero siguió adelante. Se suponía que debía ser más contundente con Peter y defender más a Timothy. De modo que la primera vez que representaron esa situación, cuando la doctora Glass empezó a repetir las palabras de Peter, Marcia la interrumpió y dijo: «¡Deja ya de gritarle! ¡No es más que un niño! ¡Déjale tranquilo! ¡Tienes muy mal genio con él!».

La doctora Glass intentó que Marcia entendiera que a Peter le resultaría muy difícil mostrarse comprensivo después de que ella le hubiera dicho todo eso. Se enfadaría, se pondría a la defensiva y se sentiría acusado, de modo que muy probablemente acabarían peleándose a gritos. La doctora Glass le sugirió que quizá conseguiría tener un efecto mayor y más positivo sobre Peter si no hablaba con él hasta que estuviese calmado. Luego le explicó la diferencia que había entre una respuesta agresiva, como la que Marcia había empleado en el juego de roles, y una respuesta asertiva, en la que Marcia le explicaría a Peter, con calma y sin acusaciones, cómo la hacía sentir su comportamiento.

Intentaron representar sus papeles de nuevo. Marcia dijo que, después de que Timothy hubiera salido de la habitación hecho una furia, esperaría unos minutos y luego diría algo así como: «Peter, cuando le gritas así a Timothy, se siente mal y no lo entiende, y yo también me siento mal. Creo que necesitamos encontrar un modo distinto de comunicarnos con él». La doctora Glass dijo que estaba impresionada por lo rápido que había captado lo que significaba responder asertivamente, y luego hablaron sobre las preocupaciones que podría despertar en Marcia actuar asertivamente con Peter.

Durante los días siguientes, gran parte del pensamiento obsesivo de Marcia giró en torno a la idea de ser asertiva con Peter. Él no había sido siempre tan autoritario. Al principio de estar casados, compartían intereses en música y en teatro y tenían conversaciones animadas en las que Marcia podía expresar con toda tranquilidad su punto de vista. Cuando Peter ascendió en la importante fábrica de materiales plásticos donde trabajaba y asumió más responsabilidades como ejecutivo de cuentas, empezó a trabajar más horas y sus conversaciones con Marcia se hicieron más esporádicas. A Peter le hicieron jefe de una importante división de la empresa y poco a poco empezó a actuar como un jefe también en casa, dando órdenes y manifestando opiniones que esperaba que Marcia aceptara sin rechistar. Después de que naciera Adrienne y de que Marcia dejara su trabajo, las actividades de Marcia se limitaron a cuidar de su hija y de su casa. A pesar de que de algún modo se implicaba en la escuela a la que acudían Adrienne y Timothy, la mayor parte del tiempo la pasaba acompañando a sus hijos a alguna de sus actividades o haciendo las tareas de la casa. Peter intentaba mostrar interés por las historias que Marcia le contaba sobre los niños, pero sólo reaccionaba cuando Marcia le contaba que Timothy había vuelto a meterse en problemas: entonces se enfadaba y se sentía frustrado. Entre una cosa y otra, Peter y Marcia ya casi sólo hablaban de asuntos domésticos, del último premio o el último logro de Adrienne, o de la última travesura de Timothy.

Cuando Marcia le daba vueltas y más vueltas a sus pensamientos, no conseguía tener una visión general de su relación con Peter. Al pensar demasiado concentraba su atención en las discusiones recientes, en los sentimientos de irritación hacia Peter y en el sentimiento de culpabilidad y la sensación de incompetencia que la invadían:

> Me trata como si fuera una de sus empleadas. Cree que puede darme órdenes y que mi trabajo consiste en cumplirlas. ¿Cómo he podido soportarlo durante tanto tiempo? Porque estoy atrapada, por eso. No puedo enfrentarme a él porque no puedo arriesgarme a perderle. Los niños necesitan a su padre. ¡Pero es un pésimo padre! No hay duda de que Timothy estaría mejor sin él. ¿O quizá no? Un niño necesita a su padre: eso es lo que dice todo el mundo. ¿Por qué soy tan poco enérgica en el trato con Peter? Dejo que me pisotee. No creo que yo pueda cambiar nuestro matrimonio. Me siento totalmente atrapada.

Así fluían sus pensamientos una tarde, cuando Timothy le dio unos golpecitos en la espalda y le dijo: «¡Mamá! ¡Mamá! Mira, he acabado la hoja de deberes que me mandó hacer la profesora. He sumado los jugadores de béisbol de estos equipos. ¿Puedes revisarlo y decirme si está bien?».

Marcia se sintió orgullosísima de Timothy: ésa era la primera vez que había hecho los deberes voluntariamente. Después de examinar la página vio que había hecho los deberes de matemáticas él solo, ¡y bien! Marcia estaba decidida. Por muy insegura que se sintiera, le haría frente a Peter e intentaría cambiar el modo que tenía de tratar con Timothy, por el bien del niño. Al fin y al cabo, tal como había dicho la doctora Glass, Peter no había sido nunca violento, de modo que lo peor que podía suceder era que se enfadara y que le gritara. Pero ya había pasado por eso muchas veces y podría aguantarlo una vez más.

Hay muchas parejas que, cuando empiezan a ocuparse cada uno de sus actividades y a moverles intereses distintos, se van distanciando, como les ocurrió a Marcia y a Peter. Peter acabó ocupándose totalmente de su trabajo y de su imagen como jefe y persona «al mando» y, de modo inadecuado, adoptó también esa actitud en la relación con su familia. El mundo de Marcia se había reducido tanto que incluía únicamente a sus hijos y su casa. Ésta es una posición muy peligrosa en la que desgraciadamente se encuentran muchas mujeres. Que tu autoestima dependa exclusivamente de tu familia y que sólo puedas recibir apoyo social de tus familiares te hace extremadamente vulnerable. Si algo va mal en tu familia, como le ocurría a Marcia, todo tu mundo se derrumba.

Los hijos pueden ser la mejor motivación para cambiar nuestro comportamiento. Tal vez nos contentemos con la rutina en la que ha caído nuestra relación de pareja, o tal vez, si nos parece que arreglar la relación supondrá mucho trabajo, simplemente decidamos dejarla. Pero el amor por nuestros hijos y el deseo de proteger su bienestar puede ser una motivación muy poderosa para evaluar nuestra relación y llevar a cabo los cambios necesarios.

Esa noche, después de que los niños se hubieran acostado, Marcia entró en el salón, donde Peter estaba leyendo el periódico, y decidió que era un buen momento para intentar hablar con él de su modo de tratar a Timothy.

—Peter —le dijo ella—, ¿podemos hablar? Se trata de Timothy.

—¿Qué es lo que ha hecho ahora? —respondió Peter.

—Ha hecho algo estupendo. Ha acabado los deberes de matemáticas él solo y los ha hecho bien. Estaba muy orgulloso y yo también lo estoy.

—Ya iba siendo hora de que se aplicara con los deberes de matemáticas —dijo Peter con sarcasmo.

—Peter —dijo Marcia prudentemente—, me duele que seas tan crítico con Timothy, y sé que a él también le duele. Creo que podría hacer las cosas mucho mejor si le animaras un poco.

—Yo no soy crítico con Timothy —dijo Peter a la defensiva—. Sólo intento hacer que vaya recto. No sacará nunca buenas notas si no se esfuerza y se comporta mejor.

—Pues yo sí creo que eres crítico con Timothy. Casi siempre que te diriges a él lo haces negativamente: le riñes por algo. Peter, me he dado cuenta de que Timothy tiene un montón de intereses sobre los que nosotros no tenemos ni idea: se interesa por los grandes deportistas y todo lo relacionado con el deporte. Cuando hablo con él de estos temas se ilumina. ¿Cómo es posible que no supiéramos que le gustan ese tipo de cosas? Los dos nos hemos centrado más en lo que no funcionaba que en lo que iba bien. Y los dos somos culpables de haber estado siempre comparándolo con Adrienne. —Marcia se detuvo y esperó a que Peter estallara.

—¿Le interesan los temas relacionados con el deporte? ¿Pero cómo es posible? A mí no me interesan los deportes, ni a ti, ni tampoco a Adrienne. ¿De dónde ha sacado ese interés?

—Quién sabe de dónde lo ha sacado: no importa. Y no importa que a ninguno de nosotros no nos interesen los deportes. Lo que importa es que eso le hace feliz. Y cuando lee sobre deportes o hace problemas de matemáticas relacionados con algún deporte, lo hace realmente bien, mucho mejor de lo que le creía capaz —contestó Marcia. Marcia observó el rostro de Peter esperando encontrar en él irritación y rechazo. Sin embargo, vio que su mirada se suavizaba y que su cuerpo se relajaba.

—De modo que tú crees que le comparamos demasiado con Adrienne, ¿no? —dijo—. Puede que sea cierto. Ella es muy difícil de igualar.

A Marcia le sorprendió tanto la reacción de Peter que casi no sabía qué decir. Se le pasó por la cabeza acusar a Peter de ser el responsable principal del «patrón de oro de Adrienne», pero se acordó de que la doctora Glass le había dicho que las acusaciones suelen ahuyentar a las personas. Así que, en lugar de eso, Marcia se responsabilizó de su propio comportamiento negativo con Timothy y describió cómo había cambiado su relación con él desde que había empezado a escucharle y a aprender sobre sus intereses. Peter siguió el ejemplo de Marcia y reconoció que su relación con Timothy se había deteriorado y que ya casi nunca pasaba tiempo con él haciendo lo que le apetecía a Timothy. Sugirió que podía llevar a Timothy a un partido de béisbol el siguiente sábado.

## Construir una nueva familia

A lo largo de los meses en los que Marcia y Peter intentaron relacionarse con Timothy de un modo positivo, hubo una lenta pero continua transformación en la familia. Timothy no dejó de meterse en problemas en la escuela, pero, durante esos meses, la frecuencia con que su profesor les llamaba por teléfono o les enviaba notas para comunicarles que Timothy se había peleado con otro niño o se había negado a hacer una tarea en clase disminuyó considerablemente. Después de consultarlo con la doctora Glass, Marcia encontró un profesor particular que ayudaría a Timothy a mejorar en lectura y en matemáticas y que sabía de deportes casi tanto como él. Marcia estaba convencida de que tenía que contar con el consejo y el apoyo de los demás —especialmente de la doctora Glass— para ayudar a Timothy y para cambiar los patrones de comportamiento de su familia.

Aunque de vez en cuando Marcia todavía tenía la tendencia a pensar demasiado, la frecuencia con que se dejaba arrastrar por el pensamiento excesivo disminuyó. Un episodio particularmente agudo de pensamiento excesivo ocurrió cuando Peter y Timothy volvieron a tener una de sus peleas. Durante las últimas semanas, Peter había sido bastante menos crítico con Timothy, pero cuando la escuela envió a Timothy a su casa por haberle dado un puñetazo a otro niño en el estómago, Peter perdió los papeles y empezó gritarle a su hijo. Timothy respondió acusando a su padre de no estar dispuesto a escuchar su versión de la historia y luego se marchó corriendo a su habitación.

Cuando la discusión estalló, el corazón de Marcia se partió y, en medio de la calma que sucedió a la tempestad, sus pensamientos empezaron a acelerarse:

> ¿Cómo he podido pensar que las cosas iban a ser distintas? Peter no cambiará nunca. No creo que pueda soportarlo por más tiempo. Pero no puedo encargarme de Timothy yo sola. ¿Cómo es posible que le diera un puñetazo a otro niño? ¿He sido demasiado indulgente con él? ¿Qué le ocurre? ¿Ha heredado el mal genio de Peter? ¡Da la impresión de que todo es inútil! Realmente no sé qué hacer. ¡No podré soportarlo por más tiempo!

Las lágrimas de Marcia corrían con sus pensamientos y, cuando Peter entró en el dormitorio y vio el estado en que se encontraba su mujer, se quedó paralizado. Enseguida se dio cuenta de que estaba disgustada por la discusión que él había tenido con Timothy.

«Lo siento, me parece que he metido la pata hasta el fondo —le dijo—. Estaba tan orgulloso de los progresos que estaba haciendo Timothy que cuando he oído que había pegado a otro niño he perdido los estribos. Iré a hablar con él y me disculparé. Pero Marcia, ¿no crees que tal vez necesitamos algo de ayuda, quizá de la doctora Glass, con la que hablamos hace unos meses?»

Marcia todavía no le había contado a Peter que ya había ido a la consulta de la doctora Glass unas cuantas veces y oírle admitir que necesitaban ayuda y ofrecerse para pedirle disculpas a Timothy le recompuso el corazón. Balbuceó una especie de asentimiento en respuesta a las palabras de Peter y le abrazó con fuerza. Luego él salió de la habitación para ir a hablar con Timothy.

Mientras se incorporaba en la cama y se secaba las lágrimas, Marcia pensó: «Contaremos con ayuda. Esta familia estará bien». Cuando se miró en el espejo y vio su rostro enrojecido e hinchado, se dijo: «Soy patética. No puedo vivir siempre como si estuviera montada en una montaña rusa. Esta familia me absorbe demasiado. Tengo que conseguir tener una vida fuera de la familia para lograr un cierto equilibrio emocional».

Ampliar la base de tu autoestima y de tu apoyo social realizando varias actividades y teniendo diversos intereses no sólo es indispensable para tu bienestar, sino que también es beneficioso para tus hijos. Cuando una madre se concentra exclusivamente en sus hijos, a veces se sienten asfixiados y puede que no crezcan con la independencia necesaria para llegar a ser adultos maduros. Pero cuando una madre desempeña, fuera de la familia, algún papel que también es importante para ella, los niños aprenden a respetar los intereses y la autonomía de su madre. Tener más de un papel también proporciona una base en la que apoyarse cuando hay problemas en la familia. Los amigos que se hacen en esas actividades de ocio o en el trabajo pueden proporcionar consejo y apoyo esenciales cuando la familia pasa por momentos difíciles. Tener trabajo o hacer alguna actividad en la que puedas ejercitar tus habilidades naturales también puede darte la fuerza y la confianza necesaria para sobrellevar los problemas familiares.

Marcia necesitaba seguir al menos una estrategia más para no caer en la trampa del pensamiento excesivo en el futuro. Necesitaba desarrollar una nueva imagen de sí misma, deshacerse de su imagen de única responsable del bienestar de su familia y del comportamiento de Timothy, y conseguir verse como un miembro de la familia preocupado por el bienestar de los demás miembros, pero no como único responsable de ese bienestar. También necesitaba crear una nueva imagen de la familia en su conjunto y de cada uno de sus miembros. Marcia tenía la tendencia de ver la familia como si todo fuera bien —todo el mundo es feliz y todo va de maravilla— o como si todo fuera mal —la familia es un desastre y es inútil intentar cambiarla—. También parecía ver a Peter y los niños de ese modo: o Peter era un padre estupendo o era un padre desastroso, y o bien Timothy estaba haciendo grandes progresos o bien no tenía arreglo. Este tipo de punto de vista de polos opuestos fomenta el pensamiento excesivo, porque si algo va mal es fácil que nos sintamos abrumadas por pensamientos negativos catastróficos, pero cuando las cosas van bien no queremos arriesgarnos a «menear las cosas» intentando hacer cambios importantes.

En lugar de eso, Marcia necesitaba cultivar modos más complejos de ver a su familia que integrasen tanto sus puntos fuertes como los débiles. Peter a veces podía ser un poco estúpido, pero no había duda de que quería a sus hijos y deseaba cambiar el modo de relacionarse con ellos. Timothy tenía un montón de actitudes que era preciso cambiar, pero era un niño muy cariñoso y con un gran potencial. Tener una visión más compleja le proporcionaría a Marcia la distancia que necesitaba para ver cada nueva pelea en el marco general del funcionamiento de la familia y para evitar caer de nuevo en el pensamiento excesivo, que la hacía sentir indefensa y desesperada. También le daría la motivación y la orientación para seguir trabajando a partir de los puntos fuertes.

Marcia y su familia tenían un largo camino por recorrer. Pero liberándose del pensamiento excesivo, concentrándose en Timothy e intentando realizar cambios a pesar de las dudas, Marcia obtuvo, en cuestión de meses, un importante efecto. Había recibido algunos consejos muy útiles de la doctora Glass, pero fue ella la que se dio cuenta de que, una vez que consiguiese dejar a un lado su pensamiento excesivo, podría ser más creativa y ayudar a Timothy a superar sus problemas de estudios y de comportamiento. También tuvo la valentía de enfrentarse a Peter por su forma de tratar a Timothy y de ayudarle a relacionarse con él de otro modo.

Nunca conseguirás librarte totalmente de las preocupaciones por tus hijos: es natural que los padres se preocupen por su bienestar. Estas preocupaciones, sin embargo, no deben convertirse en ese pensamiento excesivo que nos debilita. Usando las estrategias que hemos descrito en este libro, puedes aprender a dirigir tus preocupaciones como madre movilizando el conocimiento profundo que tienes de tus hijos y tomando difíciles decisiones basándote en una relación sólida con ellos.

10

# En el trabajo: pensar demasiado en el trabajo y la carrera profesional

Con frecuencia, nuestro pensamiento excesivo gira en torno a nuestro trabajo. Nos pasamos mucho tiempo en el trabajo. Muchas de nosotras estamos más de ocho horas al día, o sea que nos pasamos trabajando la mayor parte de las horas en que no estamos durmiendo. Por eso es fácil que acabemos haciendo una montaña de un simple conflicto con un compañero, de un comentario sarcástico de nuestro jefe o del aburrimiento o la frustración que nos producen nuestras labores diarias, si durante el día no hacemos más que trabajar. El trabajo significa muchas cosas para nosotras, y eso lo convierte en un terreno abonado para nuestro pensamiento excesivo. El modo en que nos ganamos la vida constituye una parte muy importante del concepto que tenemos de nosotras mismas. Si estás atrapada en un trabajo que crees que está por debajo de tus capacidades, es posible que te sientas frustrada y degradada. Si tu empleo no satisface los objetivos importantes de tu vida o te obliga a comprometer tus valores, es probable que te sientas avergonzada. Más concretamente, lo que nos sucede en el trabajo puede amenazar nuestro sustento y el bienestar de nuestras familias. Una reducción de sueldo o un despido puede poner en peligro el pago de tu hipoteca, impedirte pagar la matrícula del colegio de tus hijos u obligarte a que disminuyas radicalmente tu nivel de vida.

En las dos últimas décadas, el mundo laboral ha cambiado muchísimo y se ha convertido en un territorio todavía más favorable para el pensamiento excesivo. Antes los trabajadores, si eran competentes, contaban con cierta estabilidad y seguridad en sus empleos. Actualmente, las constantes fusiones de empresas, la inestabilidad del mercado bursátil, la fijación en los resultados trimestrales y el ritmo rápido de cambios tecnológicos han llevado mucha inseguridad a los puestos de trabajo. Personas que han trabajado lealmente en el mismo sitio durante treinta años pierden su empleo a unos pocos años de la jubilación. Cuando la tecnología necesaria para el ejercicio de una profesión cambia muy rápidamente, una buena formación puede quedar obsoleta al cabo de sólo cinco años. La espectacular subida de miles de empresas punto com y su desplome subsiguiente en el cambio de milenio fue un muy buen ejemplo de cómo personas que hoy están en la cima, en sólo cuestión de semanas, pueden encontrarse en lo más bajo.

Los cambios históricos que se han producido en nuestra psique social y que generalmente ayudan a incrementar el pensamiento excesivo entran en juego con gran fuerza en nuestro lugar de trabajo. La sensación global de merecimiento nos lleva a esperar tener un trabajo que nos satisfaga, que esté bien remunerado y que nos permita progresar con rapidez. No deberíamos tener que esforzarnos tanto como lo hicieron nuestros padres para ganarnos la vida y para construir una carrera profesional, especialmente si hemos ido a la universidad y hemos sacado las notas esperadas. El éxito escandaloso de jóvenes emprendedores —chicos que abandonaron sus estudios universitarios y que crearon en el garaje de sus padres empresas que aparecen en la lista Fortune 500— nos proporciona un patrón de «éxito real» tan inalcanzable como llegar a ser jugador de baloncesto profesional. Sin embargo, de algún modo pensamos que si conseguimos aprovechar nuestra oportunidad y conocemos a las personas adecuadas, nuestra historia de éxito inmediato se hará realidad. Eso hace muy difícil que estemos contentas con lo que tenemos en la vida real. No estamos nunca satisfechas con lo que ganamos. No tenemos nunca la sensación de recibir el reconocimiento que nos merecemos.

Así que, cuando funcionamos basándonos en nuestra fe en las soluciones rápidas, cambiamos de trabajo con la esperanza de que nuestro nuevo empleo sea más satisfactorio. A veces tenemos suerte y el nuevo trabajo resulta ser el que siempre hemos soñado. Pero lo más corriente es que las preocupaciones que alimentaban nuestro pensamiento excesivo nos acompañen a todas partes, porque todavía no nos hemos enfrentado de verdad a la fuente de nuestras angustias: déficit en nuestras competencias o en nuestra capacidad para tratar con los demás, desajustes entre nuestros auténticos intereses y nuestra profesión, ausencia de una dirección o un propósito definido para nuestra carrera profesional. Así que nos sentimos presionadas, pasamos de un empleo a otro y, como no conseguimos estar a gusto en ninguno de ellos, le damos cada vez más vueltas a qué es lo que falla en nosotras y en nuestro mundo.

Si vives en un vacío de valores, te resultará especialmente difícil reconocer tus déficits en relación con tu trabajo o determinar el tipo de trabajo que sería más satisfactorio para ti. ¿Cómo vas a encontrar uno que cubra tus objetivos vitales si no sabes cuáles son esos objetivos? Cuando nuestros objetivos tienen que ver con el trabajo, suelen consistir únicamente en ganar más dinero y mejorar nuestra posición social. Pero este tipo de cosas no acostumbran a satisfacer nuestra necesidad más profunda de vivir una vida que tenga sentido. Janice, una profesora de universidad, puso todo su empeño durante siete largos y duros años en conseguir una plaza de profesor numerario en una prestigiosa y muy competitiva universidad en detrimento de su matrimonio y su vida personal. Cuando finalmente consiguió su objetivo, cayó en una profunda depresión: «¿Qué voy a hacer ahora? Esto no me hace sentir tan bien como creía. He arruinado todas las áreas de mi vida únicamente para atarme a un trabajo que no estoy segura de querer llevar adelante».

O quizá nos estamos dejando la piel para conseguir ciertos objetivos que tienen que ver con el trabajo y que no son propiamente nuestros, sino que nos los han impuesto nuestros padres, nuestra pareja o alguna persona importante en nuestra vida. Consideremos, por ejemplo, el caso de Randi, una rubia alta y musculosa de 18 años que estaba muy bien dotada para los deportes. A Randi siempre le había encantado el tenis y había llegado a ser tan buena que ganó varios títulos regionales y uno nacional. Randi por encima de todo deseaba dedicarse profesionalmente al tenis y le habían ofrecido becas para ello en varias universidades importantes. Sus padres, que eran extremadamente religiosos, querían que Randi acudiera a una pequeña universidad dirigida por su iglesia y que, como ellos en su juventud, llegara a ser misionera. Nunca le dijeron explícitamente que no aceptara alguna de esas becas o que no fuera a una universidad laica. Sin embargo, le dejaron muy claro que creían que el Señor tenía un plan pensado para ella y de acuerdo con ese plan Randi debía ser misionera, no jugadora de tenis.

Randi siguió el sueño de sus padres en lugar del suyo y fue a la universidad de su iglesia. Intentó paliar su nostalgia por el tenis jugando en el equipo de la universidad, pero los demás estudiantes no estaban a su nivel y generalmente acababa sintiéndose frustrada. Obedientemente acabó sus estudios hasta que obtuvo un título de maestra para poder dar clases en una escuela de alguna misión. Sin embargo, los pensamientos sobre el sueño que había abandonado siempre la acompañaban y se sentía culpable por no valorar el camino que había tomado.

Finalmente, el trabajo les proporciona a las mujeres sus propias razones para pensar demasiado. Gran parte de la discriminación y el acoso sexual que hoy en día sufren las mujeres en el lugar de trabajo no es manifiesta, sino encubierta. En lugar de que tu jefe se niegue a ascenderte porque eres una mujer, probablemente reconocerá las aportaciones de tus compañeros masculinos más que las tuyas. Y, aunque es posible que no te pida abiertamente que tengas relaciones sexuales con él a cambio de un ascenso, tal vez te tire los tejos olvidándose de la evidente diferencia de poder que existe entre tú y él. Las formas de discriminación y acoso son hoy más encubiertas y sutiles y pueden resultar muy difíciles de detectar. ¿Se ha llevado tu jefe el mérito de tu trabajo porque no te valora debido a que eres mujer o porque es un sinvergüenza que hace lo mismo con todos sus empleados? ¿Fue su comportamiento inapropiado cuando te invitó a su casa para hablar contigo del presupuesto de tu departamento después de cenar, o te estaba tratando como a uno más, del mismo modo que trataría a algunos de tus colegas masculinos? Todo esto es un material ideal para pensar demasiado.

Las mujeres piensan demasiado en cuestiones relacionadas con su trabajo porque es un marco en el que se establecen relaciones y las mujeres les dan mucha importancia a sus vínculos con los demás. En el trabajo tienen lugar los inevitables conflictos y discusiones sobre los que pensamos tan a menudo. Tal vez tengas que trabajar codo con codo con alguien a quien no respetas o en quien no confías, o con alguien que simplemente no te cae bien, y eso puede hacer que te preguntes por qué esa persona se comporta tan mal o a que desconfíes permanentemente de lo que podría hacer. Y luego están las evaluaciones. En la vida siempre hay personas que nos evalúan, pero en el trabajo esas evaluaciones se hacen de forma explícita. Se supone que tienen que ser objetivas y útiles, pero casi siempre son extremadamente subjetivas y bastante amenazadoras. Las mujeres además se las toman como algo personal. La psicóloga Tomi-Ann Roberts, del Colorado College, y yo hicimos un estudio en el que comparamos las respuestas de hombres y mujeres ante una evaluación.[1] Se evaluaba la realización de un ejercicio que en la vida real no tenía ninguna importancia: consistía en resolver algunos rompecabezas geométricos. Cuando todo el mundo hubo terminado el ejercicio, el evaluador repartió al azar varios informes, algunos redactados en tono positivo («Lo has hecho mejor que la mayoría»), otros en tono negativo («No lo has hecho tan bien como la mayoría»). Tal vez ya te imaginas cómo reaccionaron los hombres ante esas evaluaciones: aceptaron las positivas como muy adecuadas y consideraron que las negativas estaban equivocadas. Esto hizo que los hombres se sintieran bien consigo mismos y con su actuación en el examen independientemente de lo que hubiera dicho el evaluador. Las mujeres, en cambio, se tomaron a pecho tanto las evaluaciones positivas como las negativas. Cuando la evaluación fue negativa, su autoestima se desmoronó y entonces se entristecieron. ¡Y todo eso por el juicio de un desconocido sobre un ejercicio con unos rompecabezas sin importancia! Imagínate entonces hasta qué punto puede llegar a afectarle a una mujer la evaluación que hace su jefe de su trabajo.

Las consecuencias del pensamiento excesivo en el trabajo pueden ser muy duras. La mayoría de los trabajos tienen que ver con la resolución de problemas y pensar demasiado nos afecta a la hora de resolver bien los problemas porque nos hace pensar más negativamente y debilita nuestra confianza en las soluciones que se nos ocurren. En un plano elemental, pensar demasiado puede impedir que lleves a cabo hasta la más sencilla de las tareas. Por ejemplo, el jefe de Vera, una administrativa de 50 años que trabajaba en una importante empresa auditora, le pidió que reorganizara los buzones de los emplea-

1. T. A. Roberts y S. Nolen-Hoeksema, «Gender Differences in Responding to Others' Evaluations in Achievement Settings», *Psychology of Women Quarterly*, nº 18, 1994, págs. 221-240.

dos, puesto que había varias personas que habían dejado la empresa y se había contratado a gente nueva. Al principio le pareció que se trataba de un trabajo sin complicación alguna, pero después de quedarse un rato ahí de pie observando los buzones y considerando los distintos modos de organizarlos, Vera empezó a preocuparse por la reacción de los empleados ante las posibles distribuciones. Si ordenaba los buzones en función de la posición que los empleados ocupaban en la empresa, podía ofender a quien considerara que no se le había asignado un lugar lo bastante elevado en la jerarquía. Si se limitaba a ordenarlos alfabéticamente, los empleados que ocupaban puestos de más responsabilidad podían sentirse desairados al ver que ahí no se reconocía su posición. Vera se imaginaba a sí misma teniéndose que enfrentar a determinados empleados que reaccionarían mal ante alguna de las posibles distribuciones. Veía esas escenas vívidamente en su cabeza y eso hacía que su nivel de ansiedad se disparara. Vera se quedó ahí de pie durante una hora, observando los buzones y preocupándose. Su jefe entró y le gritó: «¿Todavía no has acabado con eso? ¡Por Dios, es un trabajo de niños!».

En un plano más general, es fácil ver que el pensamiento excesivo crónico centrado en el trabajo puede perjudicar nuestra competencia profesional y, por tanto, amenazar la seguridad de nuestro empleo. Si el jefe de Vera la pillara demasiadas veces ahí plantada mirando algo fijamente, Vera acabaría por perder su empleo. Si en tu trabajo te quedas inmovilizada o no tomas las decisiones adecuadas porque el pensamiento excesivo te nubla la mente y debilita la confianza que tienes en ti misma, tu carrera profesional se estancará. Gracias a un estudio que realizamos hace algunos años y en el que encuestamos a un gran número de personas, descubrimos que aquellas personas que pensaban demasiado tenían un trabajo más inseguro, que en sus carreras profesionales no habían conseguido lo que se habían propuesto y que en general estaban menos satisfechas con sus trabajos que las personas que no tenían tendencia a pensar demasiado.[2]

Por tanto, ¿qué puedes hacer si sueles pensar demasiado en el trabajo? La historia de Abby nos da algunas pistas. Hacía años que Abby no podía dejar de pensar demasiado y, como veremos, su vida laboral se vio muy afectada por ello. Sin embargo, Abby finalmente

2. S. Nolen-Hoeksema, datos no publicados, Universidad de Michigan, 2002.

consiguió salir del pozo del pensamiento excesivo y pudo remediar algunos de los efectos que había tenido en su carrera profesional.

## Abby: pensar demasiado en la carrera profesional

Con sólo verla te das cuenta de que Abby tiene estilo y sabe ir a la moda. Su ropa siempre es un poco distinta, un poco audaz, pero de algún modo perfecta. Gracias a la delgadez de su figura y a su metro ochenta de altura, cualquier cosa le queda bien y a sus 42 años no le da miedo ponerse los vestidos más atrevidos cuando quiere impresionar. Eso le resulta muy útil en su trabajo como encargada de compras de una cadena de tiendas de ropa. Al parecer, sabe muy bien cuáles son los nuevos estilos que van a hacer furor cuando dentro de seis meses se exhiban en los escaparates de las tiendas. Más de una vez ha comprado ropa que, aunque en su momento pudiera parecer extravagante, luego ha hecho ganar fortunas a la empresa: las chicas jóvenes han acudido a comprarla en tropel tan pronto como ha llegado a las tiendas.

Sin embargo, la carrera profesional de Abby como encargada de compras no ha sido siempre fácil. De hecho, ella no tenía ni idea de que acabaría dedicándose a esto cuando terminó la carrera y se licenció en historia. No quería hacer un doctorado en historia, de modo que, cuando acabó sus estudios, siguió el ejemplo de muchos de los licenciados en historia: encontró un trabajo de cajera en un banco. Se pasaba todo el día de pie detrás de su ventanilla haciendo efectivos cheques e ingresando dinero, muerta de aburrimiento. No ganaba dinero suficiente para alquilar un apartamento para ella sola, de modo que todavía vivía con sus padres. Su padre, que no la apoyaba demasiado, le recordaba frecuentemente que se había gastado más de 70.000 dólares en sus estudios universitarios: ¿qué hacía ella manejando el dinero de los demás en lugar de preocuparse de ganar un buen sueldo? Abby se esforzaba en no hacerle caso, pero por la noche, cuando intentaba dormirse, caía presa del pensamiento excesivo:

> Papá tiene razón. Se gastó un montón de dinero y yo tuve que especializarme en historia. ¿Qué pensaba hacer con un título de historia? No

pensé, ésa es la respuesta. Pasé por la universidad sin pensar realmente en lo que estaba haciendo. Y aquí estoy, en ese trabajo aburridísimo y sin tener ni idea de lo que quiero hacer. No podré soportar esto por mucho más tiempo. ¿Qué voy a hacer?

Después de pasarse unos seis meses trabajando en el banco, Abby estaba tan frustrada y se sentía tan deprimida que, cuando no estaba trabajando, no hacía otra cosa que quedarse sentada en casa viendo la televisión. Una tarde su padre volvió a casa y, al encontrársela echada en el sofá viendo una telenovela, explotó: «¿Por qué no estás trabajando? Ninguna hija mía va a malgastar su vida viendo la televisión. ¡Levántate y haz algo! Si dispones de tanto tiempo, ¡búscate otro trabajo para poder aportar algo a esta familia!». Abby no intentó contar a su padre que así era como pasaba habitualmente las tardes después de volver del banco. Subió corriendo a su habitación, dio un portazo y se echó encima de su cama a llorar; luego empezó a pensar:

¡Ya está bien! ¡No puedo vivir con este hombre! Me mudaré de aquí pueda o no pueda pagarlo. Y voy a dejar ese estúpido trabajo en el banco. ¡Ya lo verá! Puedo encontrar otro trabajo, uno en el que me paguen mejor. Y no volveré a dirigirle la palabra hasta que se disculpe.

Abby llamó a su amiga Gina para pedirle si podía pasar un par de noches en su apartamento, hizo la maleta y se marchó esa misma tarde. Su madre se quedó llorando en la puerta, pero su padre se aposentó en su estudio con el televisor a todo volumen como si nada ocurriera.

A la mañana siguiente, Abby llamó al banco para avisar de que no iba a estar ahí para su turno porque dejaba el trabajo. Esto le proporcionó una gran sensación de alivio y de triunfo, aunque se le pasó por la cabeza que le resultaría complicado conseguir una recomendación de su jefe después de dejar el trabajo tan repentinamente. Cuando Gina ya se había ido a trabajar, Abby examinó detenidamente los anuncios clasificados en busca de un trabajo. Muchos de ellos, como aquellos en los que se buscaba reparadores de ordenadores o enfermeras, requerían formación especializada. También había empleos de administrativa, pero después de su experiencia en el banco estaba convencida de que no estaba hecha para ese tipo de trabajos. Tampoco consideró esos agobiantes empleos que ofrecían las hamburgueserías. Después de pasarse una o dos horas examinando esos anuncios, Abby empezó a preocuparse:

> ¿Y si no encuentro otro empleo? ¡Oh, Dios!, lo peor que podría ocurrirme en este mundo es tener que volver arrastrándome a casa de mis padres sin empleo. Me lo estarían recordando toda la vida. No estoy cualificada para hacer nada, al menos para nada de lo que querría hacer. ¿Qué es lo que querría hacer? No lo sé, simplemente ganar dinero suficiente para hacer callar a mi padre. Teniendo en cuenta lo que costó, ese título universitario tiene que servir para algo. Tengo que poner énfasis en esto. Podría encontrar un buen trabajo si la gente supiera dónde he estudiado.

Abby siguió examinando los anuncios de empleo y le causó buena impresión un anuncio en el que pedían un ayudante de encargado para una tienda de ropa local. Pensó que quizá podría conseguir descuentos para comprar ropa si trabajaba allí, de modo que llamó al número que aparecía en el anuncio y quedó para una entrevista.

Para la entrevista, se puso un magnífico vestido que se había comprado con el dinero de su graduación. No era precisamente conservador —el escote era pronunciado y la falda ajustada— pero le quedaba de maravilla. Cuando llegó a las oficinas de la tienda para la entrevista, la recepcionista le dedicó una mirada en la que había una mezcla de reticencia y envidia. Abby estuvo esperando casi una hora y durante la espera cayó en un pensamiento excesivo ambivalente y de enfado:

> Esta espera es terrible. Saben que pueden hacerlo porque tienen la sartén por el mango. ¡Cuando consiga este trabajo me quejaré a su superior! ¿Y si no consigo el trabajo? Éste es el único que parecía algo interesante. No puedo volver a trabajar en el banco, o en algo así. Tengo que ser amable con la entrevistadora. Y tengo que asegurarme de que sepa a qué universidad he ido. ¿Y si le da lo mismo? ¿Cómo me he metido en este lío?

Cuando la recepcionista llamó a Abby por su nombre, la sorprendió en mitad de sus pensamientos. Luego la acompañó a una sala donde estaba sentada una mujer alta de unos 50 años, la señora Weeks. Abby oyó un claro «buf» cuando la señora Weeks se fijó en su vestido, de modo que su mente se vio invadida por pensamientos de preocupación y eso le impidió a Abby hablar durante algunos segundos.

La señora Weeks empezó la entrevista diciendo: «¿Por qué cree usted que está cualificada para este trabajo?». Abby respondió destacando la universidad en la que se licenció y diciendo que siempre le había interesado la industria de la moda. La señora Weeks, que no parecía estar en absoluto impresionada, le preguntó en qué se había especializado en la universidad y cuál era su experiencia en venta al público. El rostro de Abby se desencajó y entonces admitió que se había especializado en historia y que no tenía experiencia alguna en ventas al público. La entrevista continuó durante unos cuantos minutos, en los que la moral de Abby, que se había dado cuenta de que probablemente había quedado como una tonta, se iba desmoronando cada vez más. Afortunadamente, la señora Weeks puso fin a la entrevista y, cuando Abby se levantó para marcharse creyendo que no sería capaz de volver a esa tienda ni para comprar, la señora Weeks le dijo: «Sabe, siempre necesitamos dependientas. Si quiere adquirir experiencia en venta al público, podría trabajar aquí de dependienta». Abby estaba tan agradecida de que la señora Weeks le ofreciera esa oportunidad que, sin pensarlo dos veces, dijo que sí a la oferta y se marchó para rellenar los impresos en el departamento de Recursos Humanos.

Abby empezó en su nuevo empleo una semana más tarde y no tardó en descubrir que ese trabajo le gustaba, sobre todo cuando ayudaba a las clientas a elegir la ropa que hacía resaltar sus mejores cualidades. Sin embargo, a menudo se sentía algo frustrada porque la tienda no ofrecía ciertos estilos de ropa que ella pensaba que muchas clientas encontrarían atractivos. No le gustaba tener que animar a las mujeres a comprar ropa que sabía que no era exactamente lo que estaban buscando o lo que necesitaban.

Por otro lado, Abby siempre vestía bien. Tenía auténtico buen gusto para la ropa y enseguida comprendió cuál era el carácter de la tienda, de modo que se vestía con ropa tan conservadora como la de los directivos de la tienda y con más estilo y originalidad que la que llevaba la mayoría de los empleados. Por desgracia, seducida por el importante descuento que tenía como empleada, se gastaba demasiado dinero comprando ropa en la tienda, de modo que le costaba hacerse cargo de su parte del alquiler del piso que entonces compartía con Gina.

Unas semanas después de haber empezado a trabajar en la tienda, la encargada de su departamento le pidió a Abby que colocara la ropa en algunos de los expositores. La encargada en jefe vio los nuevos expositores y le gustaron muchísimo. Tenían un estilo más atractivo y eran más vistosos que los anteriores. Un día, la encargada de compras, una mujer llamada Helene, se paseaba por la tienda inspeccionando cómo estaba expuesta la ropa y oyó que Abby le comentaba a otra dependienta que, como ya había sucedido otras veces, había estado atendiendo a una mujer de mediana edad que estaba dispuesta a gastarse mucho dinero en ropa nueva, pero que no había encontrado el estilo que buscaba entre la ropa que ofrecía la tienda. Abby describió el estilo que creía que le gustaba a esa mujer y a otras como ella. A Helene le interesó especialmente esa conversación porque hacía sólo un par de días que había decidido comprar una nueva línea de ropa que encajaba con la descripción de Abby. Empezó una conversación con Abby y sus ideas sobre lo que le vendería a cada tipo de cliente la impresionaron. Allí mismo, en medio de la tienda, Helene le preguntó si le gustaría ser su ayudante. Abby se quedó aturdida ante tal oferta, pero, tartamudeando, aceptó. Y así empezó la carrera de Abby como encargada de ventas.

Los siguientes meses fueron una locura: había que acompañar a Helene a comprar a Nueva York, aprender el oficio de comprar, familiarizarse con todas las tendencias que en ese momento se ofrecían en la tienda y hacer para Helene un montón de trabajo rutinario. Helene era una profesora muy entusiasta y Abby era consciente de que para ella todo eso era un curso acelerado en la industria de la moda. Sin embargo, a veces le daba la sensación de que Helene no valoraba la cantidad de horas que invertía en su trabajo o las sugerencias que le hacía sobre lo que debería comprar para la tienda. También pensaba que no ganaba suficiente dinero.

Esas frustraciones eran especialmente acuciantes a principios de semana. A través de Gina, Abby había hecho un nuevo grupo de amigos a los que les gustaba ir a bailar los fines de semana, ir a bares de copas hasta la madrugada y beber mucho. Los lunes, Abby acostumbraba a estar muy cansada y todavía tenía un poco de resaca. Todo eso hacía que las cosas en el trabajo le parecieran peores. En muchas ocasiones, cuando iba camino del trabajo, Abby no podía evitar pensar demasiado:

> Me da pavor ir a trabajar hoy. Habrá reuniones interminables con los encargados de los distintos departamentos y yo tendré que estar ahí sentada como una tonta y comportarme como la secretaria de Helene. A nadie le importa lo que digo en esas reuniones. Lo único que les importa es que haya café recién hecho y bollos. Este empleo no me lleva a ninguna parte. Tengo que irme de aquí, hacer algo distinto.

Por la mañana, mientras estaba ahí sentada durante alguna de esas reuniones, Abby continuaba dándole vueltas a sus frustraciones en el trabajo y a lo que opinaba del departamento de dirección:

> ¡Algunas de esas personas son tan estúpidas! Yo podría hacer su trabajo mucho mejor que ellas. No tienen ni idea de lo que quieren los clientes. Sólo se preocupan de cuándo las dependientas se toman el descanso para comer. ¡No es extraño que la tienda no esté obteniendo grandes beneficios! Ya no puedo soportarlo más.

Abby estaba tan afectada por sus pensamientos que no oyó que Helene le pedía que fuera a su despacho a buscar un informe de ventas trimestral que había olvidado llevar a la reunión. Cuando Helene levantó la voz para captar su atención, Abby se sacudió sus ensoñaciones sobre sus frustraciones, y se sintió avergonzada tanto porque Helene la había pillado en un momento en que no estaba prestando atención como porque volvía a pedirle que hiciera de chica de los recados.

De camino hacia el despacho de Helene, el pensamiento excesivo de Abby se agudizó y la condujo a tomar una decisión impulsiva:

> Ya está bien, me voy. No me tratarán más así. ¡Me marcharé esta misma tarde!

A la hora de comer, Abby llamó a una encargada de compras que había conocido en una tienda de la competencia y que una vez le dijo que la llamara si algún día decidía cambiar de bando. Abby no conocía bien a esa mujer, Bridget, pero se imaginaba que no podía haber nada peor que trabajar para Helene. Se citaron para hablar esa misma tarde y, cuando Abby hubo colgado el teléfono, un sentimiento de triunfo y de fuerza la invadió. Se fue inmediatamente al despacho de Helene y le dijo que se marchaba. Helene se quedó de piedra y le preguntó por qué quería marcharse. A Abby le vinieron a la cabeza todos los pensamientos negativos que la habían estado acompañado durante todo el día, pero sabía que no se los podía enumerar todos a Helene. Torpemente, dijo algo así como que quería un puesto mejor, con más independencia y también ganar más dinero. Cuando Helene le preguntó en qué iba a trabajar ahora, Abby titubeó y le dijo que Bridget ya la había contratado como su ayudante. Helene exhibió una sonrisa de satisfacción y dijo: «Oh, te va a *encantar* trabajar para Bridget. Al parecer, como jefe es una auténtica perla». Luego Helene intentó persuadir a Abby para que se quedara diciéndole que le esperaba un futuro brillante en la tienda y que iba por muy buen camino para conseguir un puesto de más responsabilidad en la empresa. Abby se mantuvo en sus trece y cuando salía del despacho Helene le dijo: «Creo que vas a arrepentirte de veras de esta decisión, Abby».

De camino a su casa, las palabras de Helene resonaban en su cabeza, especialmente el comentario sarcástico a propósito de que Bridget «como jefe era una auténtica perla»:

> ¿Qué ha querido decir? ¿Simplemente quería ser desagradable porque ha perdido la batalla? Pero ¿y si tiene razón? ¿Cómo he podido dejar el trabajo antes de estar segura de que Bridget me contrataría? Oh, vaya, ¿qué he hecho? No puedo arrastrarme y volver con Helene. Soy tan estúpida. ¡Estoy muy cansada! Me he sentido tan bien este mediodía, pero ahora me siento muy mal.

Esa tarde, Abby se encontró con Bridget en un pequeño restaurante, pero ya no se mostró tan alegre y confiada como en la conversación telefónica que habían mantenido ese mismo día. Afortunadamente, Bridget le ofreció trabajo como ayudante, aunque con un sueldo inicial un poco más bajo que el que había tenido hasta entonces con Helene. Sin embargo, Abby estaba tan agradecida que ni mencionó la cuestión del dinero.

Cuando hacía aproximadamente una semana que estaba trabajando, Abby comprendió el comentario sarcástico de Helene. Bridget era una mujer desagradable, continuamente crítica con todos y con todo. Abby se enteró de que Bridget había tenido ya tres ayudantes ese último año y no le sorprendió que la gente no durara demasiado en ese puesto. Bridget esperaba que Abby trabajara sesenta o setenta horas a la semana y que estuviera disponible telefónicamente el tiempo restante. Los viajes para comprar ropa se planeaban en el último momento y Bridget siempre se quejaba de algo: el horario del vuelo, el hotel donde Abby había hecho la reserva o que Abby no consiguiera mesa en los mejores restaurantes de Nueva York avisando sólo con un día de antelación.

Mientras volvía a casa después de uno de esos viajes, encajada en un asiento de clase turista mientras Bridget disfrutaba del vuelo en uno de primera clase, Abby empezó a pensar demasiado:

> ¡Esto no puede ser! ¿Por qué dejé a Helene? ¡Me habría convenido más quedarme allí! ¿Qué puedo hacer? ¡No puedo hacer absolutamente nada! ¡Estoy atrapada! ¡No hago nada bien! Mi padre tenía razón: ¡nunca conseguiré tener una carrera profesional o ganarme bien la vida! ¡No puedo soportarlo! ¡No puedo soportar esto una semana más!

Cuando llegaron al aeropuerto, Abby estaba tan enfadada con Bridget que no era capaz de dirigirle la palabra. Se limitó a caminar a su lado, enfurruñada. Abby esperaba que Bridget tomara un taxi en el aeropuerto, pero en cambio ésta, que vivía en el extremo opuesto de la ciudad, esperaba que Abby la llevara en coche hasta su casa. Abby seguía irritada mientras conducía y no hacía caso de los comentarios burlones de Bridget sobre lo incompetentes y poco atractivas que eran las responsables de algunos de los departamentos de la tienda. Cuando Bridget empezó a criticar a Helene diciendo que «ya estaba pasada» y que «nunca había tenido estilo y no sabía nada de moda», Abby estalló. «¿Cómo te atreves a hablar así de Helene? Era una jefa estupenda y me enseñó todo lo que sé. ¡Por supuesto era mejor jefa que tú! ¡Tú eres una bruja!»

Bridget se quedó callada y Abby, consciente de que probablemente había cometido un gran error, tampoco dijo una palabra, aunque todavía estaba lo bastante furiosa como para que le resultara difícil no salirse de la carretera. Paró delante del edificio donde vivía Bridget y, cuando ésta salió del coche, le dijo sin levantar la voz: «No te molestes en venir a trabajar mañana. Estás despedida. Haré que te manden tus cosas». Luego dio un portazo.

Abby dejó caer la cabeza encima del volante y casi se puso a llorar. Sin embargo, consiguió aguantar el tipo hasta llegar a su casa;

una vez allí, cuando ya estaba en la cama con el pijama puesto, le entró el pánico:

> Estoy acabada. En esta ciudad sólo hay dos tiendas de ropa importantes y yo he quemado mis naves en las dos. Voy a estar en una ventanilla de banco toda mi vida. Aunque ahora, con las malas referencias que tengo, probablemente no podría ni conseguir trabajo en un banco. No puedo pagar el alquiler. No puedo ni pagarme la comida. Mis padres esperarán que me vaya a vivir con ellos, pero yo no podría soportarlo. Preferiría morirme.

Abby estuvo despierta casi toda la noche pensando en las conversaciones que había mantenido con Bridget, con Helene, con sus padres, primero reprochándose haber sido tan testaruda y orgullosa, y luego reprochando a los demás que no la valorasen y que no le dieran una segunda oportunidad. Finalmente, desesperada por estar de nuevo sin empleo y aparentemente sin buenas expectativas, se quedó dormida.

Cuando se despertó por la mañana, la desesperanza se había apoderado de ella. No podía levantarse de la cama y le daba lo mismo no comer. Cuando Gina volvió a casa por la tarde se la encontró todavía en pijama, sentada en el sofá viendo la televisión. Le preguntó si estaba enferma, a lo que Abby respondió: «No, simplemente soy estúpida». Gina siguió indagando un poco más y se enteró de que la habían despedido. Aunque Gina se preocupó enseguida de que Abby no fuera capaz de pagar su parte del alquiler, se mostró comprensiva con ella y le brindó su apoyo cuando le contó lo que había ocurrido. Gina le dio un par de ideas sobre lo que podía hacer para encontrar un nuevo trabajo: ponerse en contacto con la agencia de colocación de la ciudad o investigar si había algún puesto libre en alguna de las tiendas no tan importantes de la ciudad. Presa de la irritación que producen las cavilaciones sobre el enfado y el desprecio hacia uno mismo, Abby le soltó: «Tú no lo entiendes. Todavía no estoy preparada para hacer nada. Tengo que pensar más sobre todo esto».

Abby continuó dándole vueltas a lo ocurrido durante algunos días y después de cada episodio de pensamiento excesivo se sentía más deprimida y menos motivada. Después de estar una semana viendo que Abby no hacía otra cosa que quedarse en casa sin hacer nada y siempre acompañada de ese aire melancólico, Gina ya no pudo más: «¡Tienes que mover el culo y hacer algo! ¡No encontrarás nunca trabajo quedándote ahí sentada! No voy a asumir tu parte del alquiler por más tiempo. O encuentras un trabajo o te marchas». En el fondo, Abby sabía que Gina tenía razón, pero en ese momento se sintió traicionada y abandonada. Buscó refugio en su habitación y se arrastró hasta la cama. Gina se sentía muy mal después de su arrebato y se dirigió a la habitación de Abby para hablar con ella. Abby se limitó a cubrirse la cabeza con el cubrecama y se negó a hablar.

Afortunadamente para Abby, Gina no abandonaba tan fácilmente. Fue a la cocina y encontró el teléfono del servicio de colocación; llamó y concertó una entrevista para Abby para el día siguiente. Cuando más tarde se lo dijo a Abby, ésta se enfadó muchísimo por su falta de delicadeza. Sin embargo, Gina ni se inmutó, y le dijo: «O vas a esa entrevista o te marchas. Punto».

Sin saber muy bien cómo, Abby logró vestirse para ir a la entrevista e incluso estuvo pensando en que podría ser agradable hablar de los problemas que había tenido en sus empleos con alguien que la escuchara y la comprendiera. Sin embargo, la consejera que le asignaron, una mujer llamada Marilyn, era más bien fría y no se andaba con rodeos. Cuando Abby se quejó sobre sus jefes Marilyn la caló enseguida y le formuló preguntas directas sobre lo que quería hacer con su vida. Lo único que Abby respondió fue: «Quiero ganar dinero», a lo que Marilyn le contestó: «Esto no es un plan para una carrera profesional, querida. Te queda mucho por hacer».

## La reconstrucción de Abby

La tendencia de Abby a caer en esos episodios de pensamiento excesivo basado en el enfado casi destrozó su carrera profesional. Le llevaron a realizar muchas acciones —como dejar un trabajo de un día para otro— que de entrada la hacían sentir muy bien, pero cuyos resultados solían ser desastrosos. Hasta que no reconoció su tendencia a pensar negativamente y a actuar de forma impulsiva, Abby no empezó a controlar un poco su carrera profesional.

Después de haber acudido a unas pocas sesiones de asesoramiento, Marilyn le hizo notar a Abby que había actuado inadecuadamente en todos los empleos que había tenido y que los había perdido o abandonado porque se había dejado llevar por arrebatos de irritación. Después de conversar un poco más con Abby y de ver los resultados del test psicológico que le había pedido que respondiera, Marilyn vio claro que la industria de la moda era un campo muy adecuado para ella. Había, claro estaba, un problema: Abby había quemado sus naves en las dos tiendas más importantes de la ciudad. No conseguiría un buen trabajo en la industria de la moda sin buenas referencias. No tenía más que volver a ver a Helene y reconocer que se había equivocado dejando su trabajo de una forma tan brusca. Abby protestó ante esa idea, pero Marilyn la persuadió. Repasaron juntas lo que Abby le diría a Helene, las formas en que podía responderle si las recciones de Helene eran negativas y cómo sobrellevar la angustia que probablemente le causaría esa conversación.

Abby llamó a Helene para concertar una cita y Helene, aunque sorprendida, estuvo de acuerdo en que se vieran. Abby empezó la conversación exactamente como la habían preparado con Marilyn: responsabilizándose de sus acciones y disculpándose por su poca delicadeza al abandonar su trabajo tan repentinamente. El único objetivo de Abby en esa conversación era reparar el daño que le había hecho a su relación con Helene para poder pedirle alguna recomendación más adelante. Se quedó pasmada cuando Helene le volvió a ofrecer su antiguo empleo. «He tenido otra ayudante desde que te fuiste, pero ella es poco más que una secretaria para mí. Tú demostraste tener un gran potencial y auténtico talento, Abby. Prefiero que seas tú quien trabaje para mí.»

Al principio Abby pensó que se estaba imaginando esa conversación. A pesar de ello, aceptó la oferta de Helene y se marchó a casa aturdida y algo mareada. De camino a su casa, tomó dos importantes decisiones. En primer lugar, iría a clases nocturnas de marketing y diseño en la escuela universitaria para estar más cualificada y así poder ocupar puestos de más responsabilidad en la tienda. En segundo lugar, seguiría yendo a las sesiones con Marilyn, aunque tuviera que pagárselas. Abby se había dado cuenta por fin de que tenía el mal hábito de alimentar las frustraciones derivadas del trabajo y de actuar luego impulsivamente en un intento de sofocarlas.

Esas frustraciones hicieron su aparición un par de semanas después de haber empezado a trabajar de nuevo con Helene. Abby cayó en el pensamiento excesivo centrado en un sentimiento de afrenta después de que Helene manifestara no estar de acuerdo con ella en relación con que la tienda empezara a ofrecer una nueva línea de ropa de una joven diseñadora sobre la que había leído:

> Sólo me ve como a una criada. Dijo que valoraba mis ideas, pero no lo demuestra: sólo hace lo que a ella le parece mejor y yo como si no existiera, ¡a no ser que se trate de ir a hacer algún recado!

Esa vez, sin embargo, cuando Abby se dio cuenta de que se abandonaba a esos pensamientos fruto de un sentimiento de afrenta, en lugar de actuar de modo impulsivo, habló de ello con Marilyn, que le preguntó qué pruebas tenía de que Helene no respetara sus opiniones. Al principio de la semana, cuando Abby se había disgustado con Helene, le había parecido que tenía montañas de pruebas de que Helene no la trataba bien. Luego, con las ideas más claras y estando frente a la mirada fija de Marilyn, esas montañas le parecían insignificantes. De hecho, Abby recordaba ocasiones en las que Helene había estado de acuerdo con sus sugerencias e incluso la había felicitado por sus ideas delante de otros empleados.

Marilyn le señaló a Abby que cuando estaba disgustada lo veía todo a través de las lentes del disgusto y no era capaz de reparar en las cosas que entraban en contradicción con su estado de ánimo. Ésta era la razón por la que los pensamientos provocados por la irritación cobraban vida propia hasta tal punto que Abby acababa totalmente convencida de que había sido víctima de injusticias y de que tenía derecho de tomar represalias contra las personas que la habían maltratado. Marilyn le preguntó en qué momentos tenía más tendencia a caer en esos pensamientos de irritación y Abby se dio cuenta de que solía ser a principios de semana, cuando estaba agotada por las actividades que había realizado durante el fin de semana. «El alcohol es un depresivo, Abby, y cuando tu cerebro todavía está bajo la influencia de sus efectos, sólo puedes pensar en cosas deprimentes.» Abby hizo un trato con Marilyn: reduciría sus salidas de fin de semana —en particular no consumiría tanto alcohol y no saldría hasta tan tarde— y se plantearía buscar nuevos amigos cuyas vidas no giraran en torno a esas aventuras.

Muchas de nosotras nos encontramos con que trabajar con un asesor profesional puede ser una gran ayuda —en ocasiones totalmente necesaria— a la hora de superar ciertos patrones perjudiciales de comportamiento. Marilyn le enseñó a Abby que cuando sus pensamientos provenían de su estado de ánimo raras veces daban una imagen completa y auténtica de lo que estaba sucediendo en su vida. En lugar de eso, cuando estaba enfadada, todo lo que era capaz de ver eran razones que justificaban su enfado y, cuando estaba triste y disgustada consigo misma, sólo veía las cosas que había hecho mal. Abby aprendió a poner en cuestión la imagen pintada por su pensamiento excesivo y a preguntarse por lo que le faltaba. ¿De qué otros modos podía verse la misma situación? Esto inevitablemente cortó las alas a su pensamiento excesivo, la tranquilizó y la ayudó a pensar con mayor claridad.

Abby hizo nuevos amigos en las clases a las que asistió en la escuela universitaria, en especial un par de mujeres que, como ella, eran jóvenes, solteras y se tomaban muy en serio la idea de elegir mejor sus caminos profesionales. Abby descubrió también que esas clases le encantaban, le gustaban más de lo que le habían llegado a gustar nunca las clases de historia de la universidad. Relacionaba muchas de las cosas que decían sus profesores con las experiencias que había tenido trabajando en los distintos departamentos de la tienda. A veces pensaba que sus profesores estaban equivocados con las teorías y las prácticas de las que eran partidarios, pero mucho de lo que decían la ayudaba a entender las razones por las que Helene y los responsables de tiendas tomaban determinadas decisiones respecto a la ropa que había que comprar o que colocar más a la vista. Abby cada vez le hacía más preguntas sobre la industria de la moda y la política de marketing de la tienda a Helene. Además, las sugerencias que le hacía estaban cada vez mejor fundamentadas y la impresionaban más, de modo que Helene empezó a darle responsabilidades nuevas y más interesantes.

Por supuesto, estar más satisfecha en el trabajo no impidió que Abby dejara de pensar demasiado por completo. Un viernes, cuando estaba agotada y harta de un montón de pequeñas cosas que no habían salido bien esa semana, inició uno de sus episodios de pensamiento excesivo:

> En este trabajo no me pagan lo suficiente. No tengo flexibilidad horaria. Y luego está la pelea que tuve con Julia la semana pasada en rela-

ción con su modo de exponer la ropa. ¡Quedaba ridícula, horrorosa! Aún no entiendo cómo pudo pensar que lo aprobaría. No creo que lleguen a ascenderme nunca. Me quedaré aquí haciendo el trabajo rutinario y probablemente ascenderán a Julia y yo estaré a sus órdenes. Tengo un trabajo deprimente y me está deprimiendo.

Abby sólo deseaba desesperadamente salir de la tienda e ir a tomar unas copas con sus antiguos amigos para desahogarse. Metió la mano en el cajón de su mesa para coger su billetero y vio una tarjeta en la que había escrito: ¿QUÉ ME SUGERIRÍA MARILYN QUE HICIESE? Al leerlo se detuvo en seco, porque sabía que la respuesta no sería que «tomase una copa con sus antiguos amigos».

Puede resultar difícil no hacer caso de los sentimientos de superioridad moral que el pensamiento excesivo alimenta: el sentimiento de merecimiento, de que nos han tratado mal y nos merecemos una compensación, y de que alguien debería sacarnos del apuro. Como en el caso de Abby, a pesar de que esos pensamientos posiblemente te harán sentir bien durante un rato, pueden llevarte a tomar decisiones realmente inadecuadas, como arremeter contra los demás de una forma que acabe perjudicando a tus relaciones y ser incapaz de conseguir reconocer tus propios errores y limitaciones y superarlos. En el mundo laboral, esto puede traducirse en pérdida de oportunidades para el crecimiento de tu carrera profesional, frustración constante en el trabajo e incluso paro.

Abby decidió sentarse delante de su ordenador y anotar los pensamientos que iban pasando por su cabeza sin censurarlos. Cuando se detuvo para ir a buscar un refresco a la máquina de bebidas, había llenado dos páginas. Cuando volvió a su despacho y releyó lo que había escrito, Abby se preguntó lo que Marilyn le preguntaba tan a menudo: «¿Cuál es la otra cara de la moneda?». Con ello se preguntaba cómo podía verse la situación de otro modo o qué diría la otra persona sobre esa misma situación. Sus críticas mordaces a los demás perdían mucha fuerza cuando se obligaba a dar alguna respuesta a esas preguntas.

Abby se asustó cuando oyó otra voz mientras releía sus pensamientos: la voz excesivamente crítica de su padre que le preguntaba por qué no estaba ganando más dinero. Había guardado las notas que había tomado en anteriores episodios de pensamiento excesivo y, cuando volvió a leerlas, oyó de nuevo la voz de su padre resonando a través de todo lo que había escrito. Era la primera vez que Abby se daba cuenta de hasta qué punto había asumido la tendencia de su padre a ser crítico, así como su obsesión por ganar dinero. «No quiero ser así —pensó—. No quiero ser tan crítica con los demás, y especialmente conmigo. No quiero que me importe únicamente el dinero.» A partir de entonces, cuando Abby se encontraba refunfuñando por lo que alguien había hecho, o enfureciéndose consigo misma por no ser perfecta o no ganar suficiente dinero, se susurraba a sí misma: «Ya basta, papá».

Escribir sus pensamientos en el ordenador también ayudó a Abby a verlos desde otra perspectiva. Darse cuenta de que la voz de su padre estaba detrás de sus pensamientos negativos representó un punto de inflexión para ella: la ayudó a no aceptar la tendencia a la crítica y la preocupación por el dinero como una obsesión suya, sino como una obsesión de su padre. Escuchar la voz de su padre no sólo hacía que Abby se sintiera mal, sino que la llevaba a perseguir dos objetivos muy perjudiciales para ella. El primero era el limitado objetivo de ganar más dinero. Por supuesto, no es un objetivo sin importancia, pero concentrarnos únicamente en ganar más dinero nos distraerá de otras metas importantes relacionadas con el trabajo, como encontrar una aplicación para nuestros talentos. El otro objetivo que Abby parecía estar persiguiendo influida por la voz crítica de su padre era el de que su jefe la valorara y la cuidara siempre. Su padre no la había valorado, de modo que Abby buscó en personas como Helene el reconocimiento. Cuando Helene no la valoró totalmente, Abby se sintió traicionada y las críticas que su padre le había dedicado empezaron a dar vueltas desenfrenadamente por su cabeza. Por fortuna, Abby desarrolló la habilidad de reconocer cuándo estaba escuchando la voz de su padre y de deshacerse de esos pensamientos susurrándose: «Ya basta, papá».

Un martes, antes de una reunión en la que Abby tenía que ayudar a Helene a presentar ante el responsable de la tienda las compras que proponían para la línea de verano, derramó el café encima de la chaqueta de su traje nuevo. Mientras estaba ahí, delante del espejo, intentando quitar la mancha, su pensamiento excesivo entró en acción:

> Eres idiota, no eres capaz de hacer nada bien. De pequeña ya eras patosa y todavía lo sigues siendo. No eres más que una boba que pretende ser una importante compradora del departamento.

Abby se miró en el espejo y vio a esa niña nerviosa a la que su padre solía llamar «pato». Se sintió pequeña y avergonzada y quería huir de allí. Su compromiso con Helene la retuvo y, a medida que pensaba más en Helene, le parecía que la imagen que veía reflejada en el espejo iba cambiando poco a poco. Se irguió y, en lugar de fijarse únicamente en la mancha que había en su chaqueta, se dio cuenta de que estaba despampanante con ese conjunto. Vio a una mujer joven, pero madura, de aspecto saludable, que era capaz de defender sus propias ideas. Vio a una persona llena de energía que estaba en el ascenso de su carrera profesional. «Ésa soy yo —pensó Abby—, no esa niñita que veía en mí mi padre.» Dejó de lidiar con la mancha y se quitó la chaqueta. La falda y la blusa de seda que llevaba le quedaban muy bien sin chaqueta, pero decidió hacer una visita rápida a la sección de la tienda que más le gustaba y coger una chaqueta del colgador. Muy rápidamente, cortó las etiquetas con unas tijeras, llamó a una de las dependientas para que la cargara en su cuenta y se dirigió a la sala de juntas donde se celebraba la reunión.

Abby consiguió liberarse todavía más de la imagen de sí misma que su padre había ido forjando con sus críticas cuando eligió hacer un esfuerzo en centrarse en la nueva imagen que estaba creando de mujer competente, emocionalmente madura y que se esforzaba para conseguir los objetivos que realmente le importaban. En el pasado, cuando había intentado compensar la imagen negativa de chica tonta y patosa que tenía de sí misma, asumió temporalmente la imagen de una mujer con la que los demás eran injustos, con un orgullo desmesurado y con derecho a que la compensaran. La nueva imagen que estaba creando no necesitaba herir a los demás para proteger su autoestima. En lugar de eso, Abby se estaba esforzando en mejorar sus habilidades, sus conocimientos y su madurez profesional para poder conseguir los objetivos que se había fijado. Podía sobrellevar pequeñas frustraciones diarias porque había levantado la mirada para fijarse en lo que era realmente importante para ella —demostrar que era competente y aprender el oficio— y no en las cuestiones como quién había sido agradable con ella ese día y quién no. Cada vez que sintiera una punzada de irritación o de frustración, en lugar de alimentarla con sus pensamientos, se limitaría a sentir el dolor y luego o bien lo superaría o bien lo olvidaría y se concentraría en el trabajo que era importante para ella en ese momento.

Ya en las primeras visitas a Marilyn, Abby había admitido que sus episodios de pensamiento excesivo solían producirse los lunes o los martes, cuando ella estaba cansada de las fiestas nocturnas del fin de semana y cuando todavía notaba el efecto depresor del alcohol que había consumido. Este malestar hacía que fuera mucho más probable que las pequeñas irritaciones en el trabajo parecieran enormes y que ella percibiera únicamente los aspectos desagradables del trabajo. Sin embargo, hasta que Marilyn no le explicó todo esto, ella creía que estaba viendo su trabajo tal como era en realidad: aburrido, nada gratificante, repleto de gente incompetente que le hacía la vida imposible. Atribuirle un origen equivocado a nuestros pensamientos negativos lleva con facilidad hacia la toma de decisiones equivocadas. Abby dejó su trabajo en uno de esos días, convencida de que no tenía futuro, de que no servía para nada y de que la única solución era escapar de él, cuando la auténtica fuente de su malestar era su resaca. Éste es un ejemplo clásico de la necesidad de «no complicarte» cuando estás buscando las causas de tus sentimientos negativos. De hecho, puede haber razones profundas y oscuras que expliquen por qué te sientes tan mal —en el caso de Abby resultó que la relación con su padre la llevó a tener pensamientos de autocrítica—, pero es muy difícil que puedas distinguir el auténtico significado de tus sentimientos a través de las brumas del cansancio y los efectos secundarios de drogas como el alcohol.

La reconstrucción de la imagen que Abby tenía de sí misma como profesional y las habilidades que desarrolló para superar su tendencia a pensar demasiado no aparecieron de la noche a la mañana. Hicieron falta meses de trabajo con Marilyn durante los que poco a poco fue reuniendo la fuerza necesaria para resistirse a la voz de su padre y a los hábitos impulsivos que había desarrollado al comienzo de su carrera profesional. Hay muchas personas que no pueden controlar su tendencia a pensar demasiado y toman decisiones desaconsejables, de modo que sus carreras se estancan durante años. Nunca evalúan a fondo lo que quieren hacer profesionalmente y, en lugar de eso, se dejan llevar por la tendencia a responder con soluciones rápidas a sus emociones: cambian de trabajo innecesariamente y viven sólo para los fines de semana. En el trabajo son infelices y menos productivas de lo que podrían serlo. Fuera del trabajo, evitan pensar en él, pero albergan en su interior un miedo profundo y que no les deja vivir a tener que ir a trabajar de nuevo el lunes por la mañana.

Tal como demostró Abby, es posible vencer la tendencia a pensar demasiado en el trabajo y superar los efectos nocivos que tiene en tu carrera profesional. Si empleas las estrategias que usó Abby y otras que hemos descrito en los capítulos 4, 5 y 6 de este libro, podrás liberarte de los patrones de pensamiento perjudiciales y trazarte un nuevo rumbo que pueda mejorar tu bienestar y aumentar las posibilidades de lograr importantes objetivos en tu carrera profesional.

# 11

# Pensamientos nocivos: pensar demasiado en problemas de salud

Probablemente muchas de las que estáis leyendo este libro sois lo bastante jóvenes y gozáis de suficiente buena salud como para no haber enfrentado problemas de salud importantes. Sin embargo, hay momentos en la vida en los que esos problemas son inevitables y constituyen un terreno abonado para el pensamiento excesivo por varias razones: para empezar, una enfermedad puede amenazar nuestra vida. Pero incluso cuando no es así, puede tratarse de una enfermedad que cause discapacidades o desfiguraciones, que sea dolorosa, que nos lleve a perder nuestro empleo o que requiera tratamientos médicos muy molestos. También puede ocurrir que no dispongamos de dinero para pagar la asistencia médica. A veces, no resulta nada fácil llegar a entender cuál es nuestro problema: los médicos no siempre se comunican bien con sus pacientes y en ocasiones sus opiniones contradicen las de otros médicos. Tenemos que tomar decisiones acerca del tratamiento que debemos seguir y eso puede angustiarnos o podemos no sentirnos capacitadas para hacerlo. También puede suceder que no estemos seguras de que nuestro médico esté tomando las decisiones más adecuadas. Podemos encontrar entre los empleados del sistema sanitario a gente maleducada y con demasiado trabajo y a la que poco importa nuestra dignidad y nuestro bienestar. Por último, una enfermedad, a diferencia de muchos otros de nuestros problemas, no es algo que podamos «arreglar» del todo nosotras mismas. Tal vez consigamos reducir el impacto de la enfermedad en nuestra vida, pero es posible que no seamos capaces de superarlo completamente, ni siquiera con la ayuda de la mejor asistencia médica. Así que no nos queda más remedio que sobrellevar la enfermedad y sus consecuencias durante semanas, meses y quizás años.

## Pensar demasiado en la vida y la muerte

El pensamiento excesivo de Michelle giró alrededor de todas esas cuestiones durante los largos meses en los que estuvo lidiando con su cáncer de mama. El miedo al cáncer de mama, firmemente instalado en el fondo de sus pensamientos, la había acompañado a lo largo de sus 33 años de vida. Tanto su madre como sus dos tías —mujeres altas y robustas del Medio Oeste que conservaban los rasgos nórdicos de sus antepasados— habían padecido cáncer de mama. Sus dos tías habían muerto como consecuencia de la enfermedad, pero su madre todavía vivía y, en la actualidad, cuatro años después del diagnóstico estaba totalmente recuperada. Como su madre, Michelle tenía el cabello liso y rubio y los ojos azules, pero evitaba la dieta alta en grasas con la que había crecido e iba a correr todos los días, de modo que era una mujer esbelta y estaba en muy buena forma. Pensaba hacer todo lo posible para no facilitarles el trabajo a los genes responsables del cáncer que tal vez había heredado.

Sin embargo, en un examen ginecológico rutinario que pasó poco después de haber cumplido los 33 años, sucedió lo que tanto temía: la médica le encontró un tumor. El terror recorrió su cabeza de un extremo a otro, sintió que su cuerpo pesaba 40 kilos más y el pensamiento excesivo se puso en marcha:

> Siempre supe que podía ocurrir, pero nunca creí que acabaría ocurriendo de verdad. Soy tan joven. Esto es horrible. No creo que pueda soportarlo. A mi madre le dará un ataque cuando se lo diga. ¿Cómo va a tomárselo? Mi padre… para mi padre va a ser aún peor. ¿Cómo puede ser que no haya notado este bulto? ¿Es que no he querido notarlo? ¿Puede ser que la doctora se haya equivocado? Voy a perder los nervios. Voy a perder los nervios ahora mismo y voy a echarme a llorar.

Mientras tanto, su médica le decía que no debía asustarse y que pediría que le hicieran una mamografía inmediatamente. Michelle apenas la oía, porque sus pensamientos corrían a toda velocidad por su cabeza.

Había muchos aspectos de la situación de Michelle que podían desencadenar su pensamiento excesivo. Se enfrentaba a la enfermedad que había matado a dos de sus tías y atacado también a su madre, y para la cual estaba muy predispuesta genéticamente. Cualquier mujer, incluso aquellas en cuya historia familiar no aparece el cáncer de mama, tenderá a pensar demasiado si le diagnostican esa enfermedad, pero en el caso de una mujer joven con un historial familiar como el de Michelle, el diagnóstico es un detonador particularmente potente para las cavilaciones ansiosas.

No obstante, Michelle sabía que debía escuchar a su médica, de modo que sacudió con fuerza la cabeza durante un par de segundos para librarse del pensamiento excesivo. La médica se sobresaltó un poco, pero ella le explicó que intentaba mantener la cabeza clara para poder escucharla.

Mientras volvía a casa en su coche, no pudo evitar darle vueltas a todo lo que la ginecóloga le había dicho:

> Ha dicho que el tumor es pequeño y que eso es bueno. Pero Dios mío, ¡en mi familia ha habido bastantes casos de cáncer de mama y sólo tengo 33 años! La doctora sólo intentaba animarme. ¿Qué estaría pensando en realidad? ¿Cómo puedo saber qué probabilidad tengo de que sea cáncer? ¿Quiero saberlo? Oh, ¿cómo voy a decírselo a mis padres?

Como conducía algo distraída, se salió de la carretera. Por fortuna, pudo controlar el coche; ese incidente desvió su atención de su pensamiento excesivo por unos momentos y le dio la oportunidad de decirse a sí misma:

> ¡No voy a consentir que esto haga que me mate en un accidente de tráfico! No sigas por ahí, Michelle. Todavía no sabes nada aparte de que hay un tumor. Es natural que te sientas ansiosa por eso, pero no te imagines historias. No les diré nada a mis padres hasta que no sepa algo más.

El pensamiento excesivo de Michelle la absorbió hasta tal punto que llegó a poner su vida en peligro. Investigaciones recientes sugieren que el pensamiento excesivo puede hacer que una mujer deje de ocuparse de sí misma de forma peligrosa. En un estudio sobre mujeres que se habían encontrado algún bulto en el pecho, Sonja Lyubomirsky, investigadora de la Universidad de California en Riverside, descubrió que las mujeres especialmente propensas a pensar demasiado tardaban un mes más que las mujeres que no tenían esa tendencia en hablar a sus médicos del posible tumor.[1] Este resultado se entiende si se piensa en las repercusiones que el pensamiento excesivo tiene sobre el pensamiento en general y la capacidad de resolución de problemas. El pensamiento excesivo lleva al pesimismo y puede hacer que una mujer se sienta más desamparada y con menos esperanza de que haya alguna solución para el tumor que tiene en el pecho. Cuando pensamos demasiado nos resulta más difícil descubrir cuáles son los pasos positivos para lidiar con el problema con que nos hemos encontrado. Además, nuestra inseguridad crece y, a la hora de actuar para solucionar nuestros problemas, un montón de dudas nos invaden.

Michelle volvió a centrar su atención en la carretera y en cuanto llegó a su casa decidió que dejaría pasar un tiempo con la esperanza de que todo fuese bien. Esa noche, después de que Tory, su hijo de 7 años, se hubo metido en la cama, le habló del bulto a Jason, su esposo. Dejó que le saltasen las lágrimas y Jason la envolvió en sus brazos, le acarició los largos cabellos y la dejó llorar.

Al cabo de unos días, a Michelle le entregaron la mamografía, que confirmó la presencia de una masa sospechosa en su pecho izquierdo. Ese mismo día, la médica le realizó una biopsia, que mostró la presencia de células anormales. Mientras la doctora le explicaba el resultado de la biopsia, Michelle, aún con la bata del hospital, se estremecía. En su cabeza se dispararon unas sirenas tan ruidosas que apenas podía oír las palabras de la médica. Le decía algo sobre una operación. La semana siguiente. El día 18. ¿Quería descartar Michelle una mastectomía? Le pareció responder que no estaba segura. Más sirenas:

> Dios, ¿por qué no he venido con Jason? Él me lo propuso, pero le dije que me las podía arreglar sola. No soy capaz de escuchar. No puedo pensar. Una operación. Tengo que centrarme para poder hacerle preguntas a la doctora.

1. S. Lyubomirsky, F. Kasri y O. Chang, «Ruminative Style and Delay of Presentation of Breast Cancer Symptoms», en preparación, Departamento de Psicología, Universidad de California, Riverside, 2001.

Michelle interrumpió a su médica a mitad de una frase: «Tengo que coger aliento y centrarme un poco. Ahora mismo no puedo escucharla. ¿Puede darme un par de minutos?». La médica pareció algo molesta, pero hizo lo que Michelle le pedía y salió de la habitación. Michelle sabía que estaba a punto de romper a llorar. No quería que cuando la doctora volviera la encontrara sollozando, así que empezó a hacer ejercicios de respiración. Inhaló profundamente por la nariz y, cuando el aire iba entrando, se dijo para sí misma «adentro» y sintió su frescor. Luego exhaló lentamente mientras se decía para sí «afuera» e iba sintiendo cómo poco a poco su cuerpo se relajaba. Al cabo de un minuto ya estaba más calmada. Entonces se dijo:

> En casa, cuando esté sola, podré derrumbarme y llorar a gritos. Dispongo tan sólo de unos minutos con la doctora y tengo que entender bien lo que pasa. Necesito hacerle algunas preguntas. ¿Qué quiero saber antes de marcharme? ¿Qué le aconsejaría a una amiga mía que preguntara si se encontrara en mi situación?

Michelle sacó un bloc de notas y un lápiz de su bolso e hizo una lista de todas las preguntas que deseaba que le respondieran. ¿Exactamente cuál era el tipo de operación que la médica consideraba oportuno llevar a cabo? ¿Era absolutamente necesario operar? ¿Qué alternativas había? ¿Necesitaría también quimioterapia y radioterapia? ¿Qué riesgo corría con la operación? ¿Qué riesgo corría si esperaba y no se operaba enseguida?

Cuando la médica volvió, Michelle le planteó todas sus preguntas y escuchó las respuestas tan atentamente como pudo. Los argumentos de la médica no la acabaron de convencer de que operarse fuese la mejor opción, de modo que le dijo que deseaba otra opinión. Eso molestó muchísimo a la médica y Michelle por un momento sintió que un profundo sentimiento de culpabilidad e incomodidad la invadía. Sin embargo, enseguida se distanció mentalmente de la situación y entonces se recriminó el haberse sentido culpable sólo por preocuparse por su salud. Así que se mantuvo en sus trece y la doctora la mandó a un especialista en cáncer de mama del hospital de la universidad.

El pensamiento excesivo de Michelle estuvo a punto de impedir que formulara las preguntas que necesitaba plantear y casi le impidió solicitar otra opinión. Cuando Michelle notó que a su médica la irritaba tener que hacer las gestiones para enviarla a otro médico a quien pedir una segunda opinión, empezó a sentirse culpable por haberla importunado. Por desgracia, este tipo de sentimiento de culpa es muy corriente entre las mujeres: no podemos soportar pensar que estamos molestando a alguien —y especialmente a un médico importante— con nuestras dudas y preocupaciones, de modo que no solemos hablar de ellas. Sin embargo, luego empezamos a pensar demasiado en esas preocupaciones, les vamos dando cada vez más importancia y acabamos por darnos cabezazos contra la pared por no haber formulado todas las preguntas que nos hacemos a propósito de nuestra salud.

Las tres semanas que transcurrieron entre esa visita y su cita con el especialista fueron una tortura. ¿Estaba siendo imprudente al retrasar el tratamiento del tumor por para poder contar con una segunda opinión? ¿Y si el cáncer se extendía rápidamente? ¿Cuánto podía desarrollarse en dos semanas? Michelle le confió esos pensamientos a Jason. Él le dijo que estaba orgulloso de ella por haber insistido en conseguir una segunda opinión. Esto calmó un poco sus pensamientos sobre la espera, aunque mientras tanto todavía le quedaban muchas otras cosas de las que preocuparse. Los episodios más violentos de pensamiento excesivo se producían por la noche. Michelle se dormía de puro cansancio, pero se despertaba hacia las dos de la madrugada y empezaba a pensar en exceso:

> ¿Qué le pasará a Tory si me muero? Jason es un buen padre, pero Tory me necesita a mí. Jason a veces es demasiado estricto con él. Jason también me necesita. Estamos tan bien juntos. No nos merecemos que nos pase esto. Tory es demasiado pequeño para perder a su madre. Jason no se merece tener que cargar él solo con la paternidad. ¿Tendrá bastante dinero para mantener a Tory sin mi sueldo? No quiero contárselo a mis compañeros de trabajo. No quiero tener que responder preguntas y que me miren como a un bicho raro. La gente trata de un modo especial a los enfermos de cáncer. No está bien, pero lo hacen. Aunque sobreviva, me tratarán siempre de un modo especial. No quiero contárselo a nadie. Mis padres. ¿Qué voy a hacer con mis padres? Han pasado ya por tanto. No hay derecho a que tengan que pasar también por esto. No sé por qué pienso así. ¿Quién dice que la vida es justa? ¿Tengo bastante fe? ¿Qué me pasará si muero? ¿Creo lo bastante en Dios?

Durante varias noches, estos episodios de pensamiento excesivo mantuvieron despierta a Michelle durante horas. Al día siguiente, de vuelta a su trabajo como redactora en una revista femenina, se sentía totalmente exhausta. Su cansancio iba alimentando la depresión que estaban generando sus preocupaciones.

Un día, mientras, con la mirada perdida en la pantalla de su ordenador, le daba vueltas morbosamente a si Jason todavía la encontraría atractiva una vez que le hubiesen extirpado uno de los pechos, gritó «¡Basta!» tan alto que la mujer que estaba en el cubículo de al lado se sobresaltó. Michelle inspiró varias veces y se dijo: «Esto me está destrozando. No quiero vivir con esta infelicidad. No pienso dejar que esto se apodere de mi vida». Abandonó su mesa, caminó hasta el ascensor y salió del edificio a dar un breve paseo alrededor de la manzana. Cuando llegó a un pequeño parque que había cerca de su oficina, se sentó en un banco y empezó a rogarle a Dios que la ayudase a sobrellevar sus preocupaciones. Puso sus manos en cuenco y ofreció simbólicamente sus miedos a Dios a fin de que la liberase de ellos. Una mujer que pasaba por ahí con un caminador la miró como un bicho raro, pero Michelle sintió que la invadía una oleada de alivio.

Cuando nos enfrentamos a una enfermedad importante, es natural que muchas de nuestras cavilaciones giren en torno a la posibilidad de la muerte. Michelle era una mujer religiosa y, cuando vivió esa terrible experiencia, su fe en Dios la reconfortó; sin embargo, esa misma experiencia también puso a prueba sus creencias religiosas. Hay personas que, cuando se les comunica que probablemente van a morir, lo aceptan acto seguido como parte de la voluntad de Dios. Sin embargo, mucha gente religiosa, como Michelle, se hace preguntas en relación con el significado de esa experiencia y la fortaleza de su fe. Michelle se preguntaba por qué Dios había depositado en sus hombros y en los de su familia una carga tan pesada como el cáncer de mama. ¿Cómo podía llegar a saber si tenía fe suficiente? ¿Estaba bien que se planteara todo esto o era indicio de que no tenía bastante fe?

Aunque Michelle dio con un modo de resolver sus dudas, mis colegas y yo, en los estudios que hemos efectuado con personas que se enfrentan a enfermedades importantes o que tienen familiares muy cercanos en esa situación, nos hemos encontrado con que esas preguntas sobre la fe y el significado pueden ser el desencadenante de algunos de los tipos de pensamiento excesivo más atormentadores.[2] Uno puede llegar a sentirse muy culpable cuando tiene la sensación de que está cuestionando a Dios, o dudando de Él o de las doctrinas religiosas. La mayor parte de nosotros empezamos a pensar en la muerte cuando nos mira directamente a los ojos, de modo que al llegar ese momento tal vez nos sorprendamos de lo endebles que son nuestras creencias sobre lo que sucede después de la muerte o sobre el significado del sufrimiento en nuestras vidas. Las respuestas trilladas que solíamos dar antes —la muerte es sólo un episodio más de la vida, el sufrimiento nos hace madurar— pueden parecernos vacías y superficiales cuando hablamos de nuestra muerte o de nuestro sufrimiento. Precisamente porque el pensamiento excesivo multiplica nuestras dudas ante cualquiera de las respuestas que podemos darnos, resulta doblemente difícil encontrar algún significado o reafirmar nuestra fe en los momentos en los que la tensión es considerable. En cuanto nos parece que hemos encontrado una respuesta a las difíciles preguntas existenciales o religiosas que toda crisis plantea, nuestro pensamiento excesivo aparece para decirnos: «Sí, pero...».

Michelle tuvo que lidiar también con otras formas de pensamiento excesivo muy corrientes entre las mujeres. Se preocupaba por sus seres queridos: su hijo Tory, su marido Jason, sus padres. Pensaba demasiado en el impacto que la noticia de su cáncer causaría en sus padres, sobre todo en su madre. Se atormentaba pensando qué sería de Tory si ella moría. Se preguntaba si Jason la iba a encontrar atractiva después de la operación. Las mujeres nos preocupamos por los demás, y las preocupaciones por las personas a las queremos suelen absorber todos nuestros pensamientos, incluso en los momentos en que el miedo y el dolor son más intensos.

Michelle se levantó del banco y llamó a su oficina desde su teléfono móvil para decir que se tomaba el resto del día libre para ocuparse de asuntos personales. Era más o menos la hora en la que Tory salía del colegio, así que corrió al aparcamiento, subió a su Volvo azul marino y fue a recogerlo antes de que subiese al autobús que solía tomar para ir a casa. Michelle y Tory se detuvieron primero en su heladería preferida y luego fueron a un parque que había cerca de su casa a jugar un poco al fútbol. El delgado cuerpecito de Tory corría de aquí

2. S. Nolen-Hoeksema y J. Larson, *Coping with Loss*, Mahwah, NJ., Erlbaum, 1999.

para allá mientras regateaba a Michelle, que intentaba interceptarlo. Ponerse al nivel de Tory exigió toda la energía y toda la concentración de Michelle y el ejercicio le sentó de maravilla. Al final de la tarde, había conseguido el mayor alivio —tanto física como mentalmente— desde que le habían encontrado el tumor.

Durante los días previos a su cita con el médico, Michelle se esforzó en proseguir con su vida con tanta naturalidad y optimismo como le fue posible. Volvió al trabajo y se volcó en hacer las investigaciones necesarias para su nuevo artículo para la revista. Cuando notaba que se deslizaba hacia el pensamiento excesivo, escuchaba lo que se decía a sí misma, lo escribía en el ordenador y lo dejaba momentáneamente de lado. Cuando volvía a ello, se preguntaba cuáles de sus preocupaciones debía consultar con el médico que le daría la segunda opinión, cuáles eran cosas sobre las que tenía que hacer algo y cuáles eran preocupaciones absurdas fruto de la ansiedad. Buscó información sobre el cáncer de mama en Internet, pero casi toda la que encontró era o demasiado vaga o demasiado técnica. Como no sabía lo que era aplicable a su caso concreto, cuando leía alguna de esas páginas en Internet acababa sintiéndose más confusa y asustada.

Cuando por fin llegó el día de la visita con el otro médico, Michelle tenía preparada una larga lista de preguntas. Se creó una imagen mental de sí misma como una mujer fuerte, competente y con control sobre las cosas. Le pidió a Jason que la acompañara para disponer de un par de oídos más que escucharan las palabras del médico, así como de apoyo emocional. Estaban los dos sentados en una de esas salas esterilizadas y blancas en las que los médicos reconocen a sus pacientes y, al cabo de un rato, se abrió la puerta. Un hombre alto y un poco calvo, de andares confiados y con una gran sonrisa en el rostro entró en la habitación y se presentó como el doctor Phillips.

«He examinado todos los resultados de las pruebas y su historial. Estoy de acuerdo con su ginecóloga en que una biopsia quirúrgica con extracción del tejido canceroso es adecuada en su caso.»

Aunque Michelle estaba preparada para esa opinión, quedó muy afectada. Inspiró profundamente y dijo: «Tengo algunas preguntas». Durante la siguiente media hora, bombardeó al doctor Phillips con sus preguntas sobre posibles alternativas, sobre lo que podía suceder tras la operación, sobre los riesgos, etc. Jason intervino con un par de preguntas. Cuando el doctor Phillips salió de la habitación, Michelle miró a Jason y le dijo pausadamente: «Me parece que tengo que hacerlo». Y se le saltaron las lágrimas. Jason la abrazó con fuerza mientras ella sollozaba. Al cabo de unos minutos se sintió exhausta y empezó a inspirar profundamente. Después se acercó a la pila que había en la habitación para remojarse la cara con un poco de agua fría. Cuando se serenó le dijo a Jason: «Necesito pasear. ¿Te parece que bajemos al río?».

Se dirigieron a un parque en el que se podía andar kilómetros junto al río. Mientras paseaban, Michelle fue desgranando los pensamientos más desagradables y angustiosos que había tenido en relación con su enfermedad y la operación: el miedo a morir, el miedo a que Jason ya no la encontrara atractiva, su preocupación por Tory, el problema de decírselo a sus padres. Jason la escuchó y, aunque no rechazó ninguna de sus preocupaciones, le recordó con dulzura algunas de las cosas que el médico les había dicho y que mostraban que muchas de las preocupaciones de Michelle eran infundadas. Cuando ella decía: «Voy a estar horrible después de la operación», Jason respondía: «El doctor Phillips dijo que probablemente no será necesario practicar una mastectomía y que la incisión que te hará será muy pequeña. Eres tan guapa que una pequeña cicatriz no te va a cambiar nada». Jason la ayudó a encontrar formas de tratar con sus temores. Decidieron que ese fin de semana irían a casa de los padres de Michelle, les darían la noticia los dos juntos y luego se quedarían allí unas cuantas horas para ayudarles a superar la primera impresión. Estuvieron paseando y hablando durante un par de horas hasta que llegaron a la cafetería del parque, donde se comieron un par de perritos calientes picantes bien cargados de salsa de chile.

Llegó el fin de semana y, mientras Tory estaba en casa de un amigo, Jason y Michelle fueron a ver a sus padres. Ante un tipo de visita tan poco habitual, los padres de Michelle enseguida sospecharon que algo grave estaba sucediendo. Michelle pronunció las palabras que había estado ensayando durante los últimos días: «Me han dicho que tengo cáncer de mama; me operan la semana que viene». Tuvo una sensación de irrealidad cuando las palabras salieron de su boca. La madre de Michelle, en lugar de romper a llorar, inspiró profundamente y dijo: «Cariño, yo he podido superar esto y tú también lo harás. Lo superaremos juntas». Las lágrimas empezaron a rodar por el rostro de Michelle cuando su madre y su padre la abrazaron a la vez. Fue una tarde llena de calidez y apoyo. Michelle les contó lo que el médico le había dicho. Su madre contó cómo había sobrellevado la operación y los temores que la habían asaltado a lo largo de todos esos años. Jason y el padre de Michelle se sentaron juntos en el jardín y, aunque también hablaron de Michelle y de su madre, estuvieron sobre todo charlando de muchas otras cosas, ofreciéndose así el tipo de apoyo indirecto que los hombres suelen darse los unos a los otros.

Michelle era afortunada de tener un marido que la apoyaba tanto. Jason la había escuchado y consolado y había sofocado el temor de Michelle a que él no la encontrase atractiva tras la operación. Michelle también tenía suerte con sus padres, sobre todo con su madre, que entendió por lo que estaba pasando y se dedicó en cuerpo y alma a ayudarla a superar la experiencia del cáncer de un modo positivo.

El gran alivio que Michelle sintió después de hablar con sus padres le dio el valor de contarle a su jefe y a sus compañeros que iban a operarla. De todos modos, como tendría que estar de baja por algún tiempo, no le quedaba más remedio que decirlo. Al haberles dado ya la noticia a sus padres, Michelle consiguió distanciarse psicológicamente, de modo que se vio capaz de contarles lo que ocurría a sus compañeros de trabajo sin que se le saltasen las lágrimas.

Las reacciones fueron variadas. La mayor parte de sus compañeras se mostraron solidarias con ella y se ofrecieron para ocuparse de Tory cuando hiciese falta, para hacerse cargo de su trabajo o simplemente para ayudarla en lo que quisiera. Hablar de su operación con más gente hizo que a Michelle le pareciera más aceptable que antes, cuando los pensamientos y las imágenes no hacían más que arremolinarse en su cabeza. Michelle se sintió mucho mejor al ver la preocupación real que había suscitado en las mujeres y el apoyo que éstas le ofrecían. Algunos de los hombres de la oficina también le ofrecieron ayuda enseguida, pero unos pocos permanecieron en silencio, incapaces de decir una palabra cuando Michelle les contó lo que le ocurría.

Rhonda, una compañera, hizo que Michelle volviera a caer en el pensamiento excesivo. Michelle no le había contado lo de su operación porque no era ni una amiga íntima ni alguien a quien hubiese necesidad de decírselo. Rhonda se enteró de ello en la oficina y acudió a la mesa de Michelle para hablar con ella. Le soltó la historia de su cuñada, a la que habían practicado una operación de cáncer de mama que no había ido bien. Rhonda no sabía si el cirujano era un incompetente o si se trataba de cualquier otra cosa, pero su cuñada tardó meses en recuperarse. Después de eso vivió constantemente presa del temor a que el cáncer reapareciera. Rhonda no quería asustar a Michelle, desde luego, pero creía que debía ser realista sobre sus posibilidades.

Durante las siguientes horas, Michelle intentó trabajar, pero la deprimente historia de Rhonda interrumpía una y otra vez sus pensamientos y empezó a verse a sí misma desfigurada, dolorida, deprimida y angustiada. Afortunadamente, Michelle había quedado para comer con su amiga Heather y cuando le contó lo de Rhonda, Heather dijo: «La muy cerda. Rhonda no tenía por qué contarte eso. Puede que ni siquiera sea verdad. Estás en manos de los mejores médicos y no te beneficia en nada esperar lo peor. Tienes más carácter y fortaleza que toda la familia de Rhonda junta. Vas a superar esto».

Después de comer, Michelle anotó las alentadoras palabras de Heather en una tarjeta y la puso sobre su escritorio. Tomó entonces la decisión de escribir para la revista un artículo sobre sus experiencias. Si contar lo que iba viviendo a lo largo del tratamiento del cáncer de mama ayudaba a otras mujeres, ella también se sentiría mucho mejor. Ya se sintió mejor al empezar. Mientras iba escribiendo su artículo sentada frente a su ordenador, las lágrimas corrían por sus mejillas, pero a medida que traducía en palabras los detalles de sus pensamientos y experiencias, Michelle sentía que la tensión iba desapareciendo.

Michelle descubrió algo con lo que muchas de nosotras nos encontramos cuando revelamos a alguien nuestras preocupaciones. Después de contar nuestros pensamientos, nos parecen más concretos y manejables que cuando andaban flotando por nuestra cabeza y adueñándose de todos sus rincones. A veces los demás nos proporcionan respuestas a nuestras preguntas o nos ayudan a comprender que ciertas preocupaciones no tienen razón de ser. Sin embargo, en la mayoría de los casos, el solo hecho de airear esas preocupaciones hace que pierdan importancia y ayuda a que tengamos la sensación de que controlamos esos pensamientos en lugar de ser ellos los que nos controlan a nosotras.

Naturalmente, cuando contamos nuestras preocupaciones a alguien le damos la oportunidad de que las alimente todavía más, tal como lo hizo Rhonda. En ese caso, tenemos que lidiar no sólo con nuestra preocupación original, sino también con la reacción que, en momentos bajos, hemos tenido frente al comportamiento estúpido de algunas personas. Sin embargo, hablar de esas experiencias desagradables con amigos en cuyo apoyo y transparencia se puede confiar —como lo hizo Michelle con Heather— puede ayudar enormemente a contener los efectos negativos de esos encuentros.

El día de la operación llegó y, en el momento en que Michelle estaba ingresando en el hospital, se sentía tan angustiada que le daba vueltas la cabeza. Mientras la cogía de la mano, Jason iba rellenando todos los impresos, se los leía a Michelle y le mostraba dónde debía firmar. Cuando, echada en una camilla, la conducían a la sala de operaciones, Jason iba caminando a su lado susurrándole: «Todo va a ir bien. Estaré ahí cuando terminen. Todo va a ir bien».

La experiencia de la operación fue extraña. Como la anestesiaron sólo parcialmente, Michelle pudo oír cómo el cirujano hablaba con ella y con otras personas de la sala, y también la música y el tintinear de los instrumentos quirúrgicos. El tiempo pasó muy lentamente y le pareció en varias ocasiones que había perdido el conocimiento. Finalmente oyó la voz del doctor Phillips que la llamaba para que se despertara: «Michelle, Michelle, ¿me oye? No hay duda de que el tumor es canceroso, pero la buena noticia es que no se ha extendido demasiado y no ha llegado a los nodos linfáticos. Lo hemos cogido a tiempo». Michelle cerró los ojos y dio gracias a Dios. Luego masculló algo parecido a un «bien» para responder al doctor Phillips.

En la sala de postoperatorio, cuando los efectos de la anestesia empezaban a desaparecer, a Michelle le vinieron a la cabeza un montón de preguntas. «¿Qué puede significar tener un tumor canceroso a los 33 años?», «¿Quiere decir que es fácil que vuelva a tener cáncer?», «¿Ha dicho el doctor Phillips que lo ha sacado todo?», « ¿Tendré que hacer quimioterapia?», «¿Qué pasará si no lo ha sacado todo?», « ¿Cómo puede estar seguro?» Cuando el doctor Phillips fue a ver cómo estaba su paciente, Michelle le soltó todas esas preguntas casi sin tomar aliento. Sí, era preciso que hiciera quimioterapia para tener la seguridad que el cáncer quedaba totalmente erradicado. Sí, eso significaba que el riesgo de otro cáncer de mama era alto, de modo que tendrían que hacerle un seguimiento exhaustivo. Pero no significaba que estuviera condenada a morir de cáncer. Michelle se alegraba de que Jason y su madre estuvieran ahí mientras el doctor Phillips respondía a sus preguntas, porque el efecto de la anestesia no había desaparecido del todo y no estaba segura de poder recordar todas las respuestas.

## Sobrellevar las situaciones difíciles prolongadas

A lo largo de los siguientes meses, durante los que día a día se enfrentaba a los efectos secundarios de la quimioterapia y de la radioterapia, Michelle intentó encontrar algún modo de sobrellevar la angustia de saber que el riesgo de contraer cáncer de mama de nuevo era muy alto. En ocasiones todavía se dejaba vencer por su tendencia a pensar demasiado:

> ¿Por qué tengo que vivir con esta espada pendiendo siempre sobre mi cabeza? Lo detesto. Quiero que mi vida sea como antes de descubrir el tumor. No soporto sentirme como una bomba de relojería andante. ¿Cómo voy a saber si tengo otro tumor? No noté el primero hasta que el médico lo descubrió. ¿Y si no detecto el siguiente hasta que ya sea demasiado tarde?

Un día, durante uno de estos episodios, Tory se acercó a Michelle y le dijo: «Mamá, pareces triste. ¿En qué piensas? No quiero que estés triste». Michelle le miró y, conteniendo las lágrimas, respondió: «Cariño, sólo estoy preocupada. Y tienes razón, yo tampoco quiero estar triste. Vamos afuera a jugar». Después de una hora de lanzarle pelotas a Tory, Michelle volvió a entrar en casa y rezó en silencio: «Dios mío, haré todo lo que pueda para llevar esto de la mejor manera. Por favor, ayúdame».

Michelle decidió que a partir de entonces haría cualquier cosa para recuperar el sentimiento de control sobre su salud y para volver a llevar una vida tan normal como fuese posible. Fue a su habitación, encontró los folletos sobre el autoexamen del pecho que su ginecóloga le había dado y los leyó a fondo. Pensó que en su próxima visita le pediría a su ginecóloga que le enseñara a palparse el pecho correctamente. Hizo además una lista con todas las preguntas que quería formularle a su médico en esa visita.

Michelle elaboró también una lista de todas las cosas que hacía durante el día y que le proporcionaban placer, como terminar un artículo, jugar con Tory o preparar una buena cena. Decidió que terminaría su artículo sobre sus experiencias con el cáncer de mama entrevistando para empezar a unos cuantos especialistas más y a otras mujeres que hubieran pasado por la experiencia de la operación. Escribir el artículo fijaría los recuerdos e imágenes que tenía de su propia operación en lugar de dejar que siguieran revoloteando por su cabeza. En el artículo expondría algunas de las ideas para luchar con el cáncer de mama que había extraído de su propia experiencia, de la de su madre y de la de las mujeres a las que había entrevistado. Michelle esperaba que sirvieran de ayuda a otras muchas mujeres, pero confeccionar esa lista también le proporcionó un referente al que acudir cuando sintiera que la angustia, la tristeza y el pensamiento excesivo empezaban a vencerla de nuevo.

Michelle decidió que empezaría a salir del trabajo una hora antes para poder pasar con Tory más tiempo antes de la cena. Tomó la resolución de hacer un poco de ejercicio con él —jugando a la pelota en el parque o yendo a nadar— por lo menos un par de tardes a la semana. Además, tanto ella como su familia volverían a la alimentación sana que llevaban antes de la operación. Añadiría un vegetal a cada comida para incrementar la ingestión de alimentos anticancerígenos.

Sin embargo, Michelle no pudo librarse del todo de sus preocupaciones y sus sensaciones. Cuando la sobrecogía una oleada de ansiedad o de pensamiento excesivo, se decía: «Esto es natural. Tengo todo el derecho a sentirme de esta manera». Entonces, después de dejar que sus pensamientos y sus sensaciones fluyeran durante algunos minutos, se decía: «No quiero que estos sentimientos me abrumen. ¿De qué me preocupo? ¿Qué puedo aprender de esto?». En ocasiones, procuraba fijar sus pensamientos anotándolos. Si podía hacer algo para apaciguar alguna de sus preocupaciones —por ejemplo, conseguir cierta información o tener una determinada conversación con su médico o con su marido— lo anotaba y decidía hacerlo.

Para poder hacer frente a las preguntas existenciales que le venían a la cabeza —«¿Por qué tiene que pasarme esto a mí?», «¿Qué significado tiene esto en mi vida?»— elaboró una serie de respuestas que la ayudaban: «Sólo Dios sabe por qué me pasa esto. Lo que debo hacer es aprender a vivir positivamente con ello. He crecido muchísimo como persona gracias a esta experiencia». Durante los años siguientes, Michelle escribió varios artículos más sobre el cáncer de mama para su revista y dio algunas conferencias con el objetivo de informar y ayudar a mujeres que sufrieran cáncer. Todo eso le permitió conseguir su objetivo: transformar su experiencia del cáncer en un vehículo para ayudar a los demás.

Las estrategias a corto plazo ayudaron a Michelle a controlar sus pensamientos lo bastante como para ser capaz de dejar a un lado sus cavilaciones. Sin embargo, no eliminó completamente su pensamiento excesivo. Sabía que éste era una respuesta natural a la crisis con la que se enfrentaba, pero aun así no dejó que la dominara. En cuanto conseguía librarse de su dominio durante un tiempo, era más capaz de determinar cuáles eran las preocupaciones que necesitaba atender y que requerían alguna actuación y cuáles las que quería descartar.

Michelle empleó también algunas estrategias a largo plazo para alejarse del pensamiento excesivo y adentrarse en el terreno de la resolución de problemas o, por lo menos, encontrar alguna aplicación positiva a su experiencia con el cáncer. Necesitaba mucha información para tomar las decisiones adecuadas en relación con el tratamiento médico que debía seguir. Naturalmente, sus médicos eran la mejor fuente de información que tenía. Después de emplear estrategias a corto plazo para intentar librarse de cavilaciones penosas, Michelle anotaba las preguntas que se le ocurrían. De hecho, una de las preguntas que solía plantearse para detener su pensamiento excesivo era ésta: «¿Qué necesito que me explique mi médico para poder entender esto?». Michelle le formulaba de continuo preguntas a su médico hasta que le parecía que empezaba a entender su situación y sus opciones. A veces acudía a la consulta con Jason o con su madre para que también escucharan las respuestas y la ayudaran a descifrarlas. Pero la mejor estrategia de Michelle era anotar esas preguntas y poder usar esas listas en entrevistas con su médico en lugar de confiar en que sería capaz de recordarlas en medio del caos y el terror de las consultas médicas.

Michelle también intentó obtener información sobre su problema en Internet. Sin embargo, al encontrarse, por un lado, con puntos de vista totalmente opuestos y, por el otro, con que el material accesible solía ser demasiado técnico, Internet no le pareció de gran ayuda. De todos modos, hay mucha gente que considera que Internet es una buena fuente de información sobre enfermedades. La clave de un uso útil de Internet es investigar la fiabilidad de las fuentes, utilizar sólo las que provienen de personas o instituciones respetables y fijarse en lo que coinciden en considerar como lo más recomendable.

También hacía listas de los temas en los que se centraba su pensamiento excesivo. Dejaba la lista a un lado durante un buen rato y luego volvía a ella con el fin de evaluarla. Se preguntaba cuáles eran las preocupaciones por las que podía hacer algo, cuáles eran aquellas sobre las que necesitaba más información y cuáles las que no constituían más que miedos incontrolados. Este método de anotar sus preocupaciones le permitía distanciarse un poco de ellas y evaluar su validez la ayudaba a distinguir las que quería pasar por alto de las que podía llegar a controlar.

Además de escribir artículos para algunas revistas sobre sus propias experiencias y las que habían vivido otras mujeres afectadas por el cáncer, Michelle también dio algunas charlas con la intención de ayudar a que se superara el estigma del cáncer y de informar a las mujeres de la importancia de los autoexámenes de pecho y las revisiones ginecológicas frecuentes. Algunas personas acusaron a Michelle de ser absurdamente optimista cuando hablaba de lo que había aprendido y de cómo había madurado con su lucha contra el cáncer. Al principio esto la hizo dudar, pero luego se dio cuenta de que su optimismo y su enfoque positivo era justamente lo que le convenía y no iba a dejar que nadie se lo quitase. Los estudios de psicólogos como Shelley Taylor, de la Universidad de California, Los Ángeles, confirman que el optimismo de Michelle probablemente le fue muy beneficioso no sólo porque la hizo sentir mejor, sino porque seguramente la ayudó a ser más capaz de luchar contra el cáncer.[3] Taylor y otros psicólogos han realizado decenas de estudios que muestran que la esperanza y el optimismo son una poderosa medicina contra algunas enfermedades, entre ellas el cáncer. Así, por ejemplo, los optimistas presentan un sistema inmunitario que funciona mejor que el de los pesimistas y, dado que el cáncer es una enfermedad del sistema inmunitario, los cuerpos de los optimistas son más capaces a la hora de combatir

3. S. E. Taylor, M. E. Kemeny, G. M. Reed, J. E. Bower y T. L. Gruenewald, «Psychological Resources, Positive Illusions, and Health», *American Psychologist*, nº 55, 2000, págs. 99-109.

su cáncer. Los optimistas responden mejor que los pesimistas después de que se les ha instalado un bypass, así como en la lucha contra el VIH, el virus que causa el sida. En pocas palabras, la gente que mantiene su optimismo incluso ante una enfermedad posiblemente mortal se recupera antes y vive más años que la gente que se deja vencer por el fatalismo y el pesimismo.

El optimismo de Michelle no era un mero deseo, no era el tipo de ceguera todo-va-a-ir-bien que algunas personas usan para afrontar las enfermedades y el sufrimiento. Michelle sabía que tenía un problema y que la presencia de más de un cáncer de mama en su historial familiar, unida a su juventud, no configuraba precisamente un pronóstico de color de rosa. Sin embargo, eligió mantener la esperanza y no dejar que decayera su espíritu de lucha. En lugar de sucumbir al sentimiento de desamparo, de enfermedad y de deterioro, optó por controlar tanto como le fuera posible el tratamiento médico que debía seguir y su vida.

La salud es algo que, cuando somos jóvenes, damos por sentado. Cuando de pronto nos enfrentamos a una enfermedad importante, nos quedamos asombradas de que nos haya sucedido precisamente a nosotras. E incluso cuando la enfermedad no hace acto de presencia hasta que somos mayores, continúa sorprendiéndonos, porque todavía seguimos pensando en nosotras como si tuviésemos 20, 30 o 40 años. Se nos amontonan las preguntas: «¿Por qué me pasa esto a mí?», «¿Qué he hecho mal?», «¿Es correcto el diagnóstico?», «¿Cómo voy a saberlo?», «¿Cómo voy a decidir entre varios tratamientos?». Todo eso hace que sea natural que una enfermedad importante nos lleve a pensar demasiado. Si sufrimos dolores o malestar crónicos, puede que sea todavía más difícil no preocuparse en exceso.

Aunque el pensamiento excesivo es una respuesta natural ante una crisis, puede ser muy perjudicial. Puede hacer que disminuya nuestra capacidad para tomar las decisiones más adecuadas en relación con el tratamiento médico que vamos a seguir. Puede empeorar nuestro estado de ánimo hasta tal punto que acabemos por tener que enfrentarnos, no sólo a la enfermedad que ya padecíamos, sino también a la angustia o a alguna depresión seria. Y puede limitar la capacidad de curación de nuestro cuerpo.

Por tanto, es esencial liberarse del pensamiento excesivo y conseguir una perspectiva mejor de las cosas que nos permita luchar con nuestra enfermedad de la manera más efectiva posible. La experiencia de Michelle nos proporciona varias ideas sobre cómo hacerlo, pero cada mujer debe desarrollar sus propias estrategias para contener su pensamiento excesivo, aprender de él todo lo que pueda y vencer los sentimientos nocivos que amenazan la estabilidad de su estado de ánimo.

# 12

# No puedo superarlo: pensar demasiado en la pérdida de nuestros seres queridos y en los traumas

Todos somos conscientes de que inevitablemente algún día pasaremos por la experiencia de la muerte de alguien muy próximo a nosotros: uno de nuestros padres, un hermano, nuestra pareja, un amigo íntimo, incluso tal vez un hijo. Sin embargo, la mayoría de nosotras casi no pensamos en ello, especialmente si aún no hemos sufrido una pérdida importante. Y todavía pensamos menos en la posibilidad de ser las víctimas de algún trauma importante, como ser agredidas sexualmente, perder nuestro hogar en un incendio o quedar paralíticas tras un accidente de coche.

Imaginarnos que perdemos a alguien a quien queremos o que sufrimos algún trauma es doloroso y por eso procuramos evitar tales pensamientos. Tendemos también a rechazar la idea de que esas cosas terribles pueden sucedernos a nosotros. Los investigadores Shelley Taylor, de la Universidad de California, Los Ángeles, y Jonathon Brown, de la Universidad de Washington, han resumido cientos de investigaciones que muestran que la mayor parte de la gente tiende a creer que es menos probable que las cosas malas les pasen a ellos que a los demás: es menos probable que caigan seriamente enfermos, que su matrimonio vaya mal, que su carrera profesional fracase; incluso les parece poco probable perder dinero en las apuestas.[1] Cuando nos sucede una tragedia, sobre todo si es totalmente inesperada, empezamos a cuestionarnos nuestra creencia fundamental de que tenemos las

1. S. E. Taylor y J. D. Brown, «Illusion and Well-Being: A Social Psychological Perspective on Mental Health», *Psychological Bulletin*, nº 103, 1988, págs. 193-210.

cosas bajo control. Es fácil que nos sintamos impotentes, desamparadas, inmovilizadas. Y, lo que es todavía peor, las tragedias pueden poner en cuestión la imagen que tenemos de nosotras mismas como buenas personas, porque contradicen nuestra creencia en lo que el psicólogo Mel Lerner llama «el mundo justo», o sea, aquel en el que las cosas buenas les suceden a las buenas personas y las malas a las malas personas.[2] Si somos las víctimas de un trauma, ¿qué dice esto sobre nosotros?: ¿que somos malas?, ¿que no hay justicia en el mundo?, ¿que tenemos lo que nos merecemos?

No es sorprendente que perder a un ser querido o ser la víctima de un suceso traumático provoque virulentas cavilaciones sobre el significado de la vida, sobre nuestras creencias religiosas o filosóficas y sobre cómo vivimos. Hasta cierto punto, esos pensamientos son perfectamente naturales y pueden ser sanos: pueden ayudarnos a clarificar nuestros valores y creencias, a restablecer las prioridades en nuestra vida, a que apreciemos más cada nuevo día.

Pero las pérdidas y los traumas a veces provocan un pensamiento excesivo que puede durar meses o incluso años. Algunas personas no consiguen encontrar respuestas a las profundas cuestiones que la tragedia que han vivido les ha obligado a plantearse. Otras permanecen ancladas en un sentimiento de desamparo y de autovictimización que las incapacita a la hora de rehacer sus vidas. A su vez, otros recurren a la bebida o a las drogas para adormecer sus sentimientos y ahogar su pensamiento excesivo.

Ante una pérdida o un trauma, actualmente solemos caer con más facilidad en el pensamiento excesivo que las generaciones precedentes. Hace décadas, cuando una persona sufría una pérdida o un trauma personal, solía disponer de dos fuentes importantes de consuelo y apoyo que le ayudaban a sobrellevar la situación. En primer lugar, tenía una red de familiares y amigos, una comunidad local de personas queridas, que estaban a su disposición para todo lo que necesitase, económica, práctica y emocionalmente. Muchos de esos familiares y amigos habían vivido también la pérdida de algún ser querido o habían pasado por algún trauma parecido, de modo que sabían darle el tipo de trato empático y de apoyo que sólo se aprende con la expe-

2. M. J. Lerner, *The Belief in a Just World: A Fundamental Delusion*, Nueva York, Plenum Press, 1980.

riencia. En segundo lugar, nuestros antepasados tenían creencias, a menudo de tipo religioso, que los ayudaban a entender y aceptar las malas experiencias. La muerte, la invalidez y la pérdida de algún ser querido formaban parte del orden natural tal como entonces lo entendían y sabían cómo vivir con todo eso.

Hoy en día, no solemos disponer de ninguno de esos recursos cuando nos enfrentamos a la pérdida de un ser querido o a algún trauma. Muchas veces vivimos lejos de nuestras familias y en nuestro lugar de residencia no tenemos más que algunos conocidos que pueden prestarnos cierto apoyo en momentos de pérdida y trauma, pero que no nos conocen a fondo y no saben lo que nos hace falta a no ser que se lo digamos. Todo el mundo tiene trabajo, de modo que en cuanto se termina el funeral, o nos dan el alta en el hospital o nos han expresado el obligado pésame, la familia y los amigos vuelven a sus ocupadas vidas, y suponen que nosotros vamos a hacer lo mismo. En mis estudios sobre el duelo, he descubierto que muchas personas se sienten dominadas por un pensamiento excesivo lleno de enfado, no tanto por haber perdido a alguien muy querido, sino a raíz de las reacciones poco sensibles de los demás frente a su pérdida.[3] Marjorie, un ama de casa de 50 años cuya madre había muerto tras luchar contra el cáncer de pulmón durante un año, me decía:

> Cuando por primera vez le conté a la gente que mi madre tenía cáncer, todo el mundo se preocupó muchísimo y me dijeron: «¿Puedo hacer algo? Cuenta con nosotros para lo que sea». Pero no me llamaron nunca. Nunca volvieron a preguntarme si podían ayudarme. Cuando me los encontraba en el supermercado, veía claramente que la mayoría de ellos se había olvidado por completo de que mi madre se estaba muriendo. Si se acordaban, me preguntaban cómo lo llevaba y eso era todo. Cuando mi madre murió, mucha gente vino al funeral. Pero ahí se terminó. Nadie volvió a hablar del asunto. Todo el mundo dio por supuesto que el problema se había terminado para mí en cuanto ella murió.

Hoy en día, muchos de nosotros no tenemos conexiones espirituales o religiosas, a no ser que sean muy superficiales. De tarde en tarde susurramos alguna oración para pedir ayuda, pero no cultivamos activamente una relación con un ser más elevado o con un conjunto

3. S. Nolen-Hoeksema y J. Larson, *Coping with Loss*, Mahwah, N.J., Erlbaum, 1999.

de valores espirituales que nos proporcionen respuestas a las preguntas fundamentales que las pérdidas y los traumas plantean. De modo que sólo nos queda el pensamiento excesivo y las preguntas. Pensamos demasiado en lo enfadadas que estamos con quienes nos han abandonado o con los responsables del trauma por el que hemos pasado. Nos instalamos en nuestro aislamiento y en nuestra vaciedad; nos preocupamos por si no somos capaces de «volver a encarrilarnos»; nos preguntamos por qué nos pasa esto a nosotras.

Para hacernos a la idea de una pérdida o de una tragedia personal necesitamos tiempo. Debemos reordenar nuestras vidas y responder todas esas preguntas que están en nuestro corazón. Pero socialmente nos falta el tiempo y la paciencia necesarios para seguir procesos como el del dolor por una pérdida o el de hacerse a la idea de un trauma. Si una persona no lo «supera» en el período de tiempo establecido (normalmente unas pocas semanas), le decimos, implícita o explícitamente, que siga adelante o que busque ayuda. Esta ayuda llega cada vez más a menudo en forma de pastilla: un fármaco resuelve el problema rápida y eficazmente. El periplo espiritual, filosófico y psicológico que puede necesitar esa persona es demasiado enredado e ineficaz para nuestro ritmo de vida. Y aunque iniciemos ese periplo, como vivimos en un vacío de valores, sólo disponemos de nuestra tendencia a pensar demasiado en las grandes preguntas que las pérdidas y los traumas nos plantean.

Sin embargo, esto no tiene por qué ser así. En mis investigaciones sobre el duelo, he encontrado centenares de personas, tanto jóvenes como mayores, que no sólo supieron encajar su pérdida, sino que la transformaron en una experiencia de crecimiento.[4] Es más, entre el 70% y el 80% de las personas que están pasando un duelo afirma que ha encontrado algo positivo en la pérdida que ha sufrido. No se refieren a que hayan heredado una suma de dinero considerable, sino a que tienen la sensación de que han crecido en carácter y madurez. Han encontrado en sí mismas fuerzas y capacidades que ignoraban. Han llegado a perspectivas vitales nuevas. Han reestablecido sus prioridades. Han profundizado sus relaciones con los demás.

4. C. G. Davis, S. Nolen-Hoeksema y J. Larson, «Making Sense of Loss and Growing from the Experience: Two Construals of Meaning», *Journal of Personality and Social Psychology*, nº 75, 1998, págs. 561-574.

Una de esas personas era Alicia, cuyo compañero había muerto de cáncer. Esa pequeña secretaria de 31 años cuidó a su compañero durante meses mientras el cáncer y los tratamientos que tuvo que soportar iban incapacitando su cuerpo. Pero la perspectiva de Alicia sobre la experiencia que vivió distaba mucho de ser negativa:

> No le desearía esto a nadie, pero en algún sentido me siento afortunada por haberlo pasado. Siento que ha sido un regalo el haber vivido esto, el aprender tanto sobre mí misma y sobre el amor. He crecido muchísimo. Me siento mucho más viva ahora. No volveré a dar la vida por sentada y me siento muy agradecida por eso.

Del mismo modo, la investigación sobre gente que se ha enfrentado a variados traumas personales —entre ellos ser víctima de un atraco, quedar paralítico en un accidente o perderlo todo en una catástrofe natural— muestra que muchos, tras su experiencia traumática, acaban sintiéndose mejor persona y valorando más la vida.[5]

En este capítulo, exploraré cómo las personas que sufren una pérdida importante o un trauma empiezan planteándose las inevitables preguntas que surgen de tales hechos, pero acaban experimentando un crecimiento personal y disfrutando de la capacidad de sentir alegría de nuevo. El mensaje no es que la gente deba «superarlo», sino que debe pasar por ello, debe recorrer el periplo a través de todas las cuestiones que el trauma les ha planteado. Aunque éste puede ser un proceso difícil, a continuación explicaré el modo en que muchas personas han usado estrategias similares a las que se exponen en este libro para liberarse del pensamiento excesivo y progresar hacia el crecimiento y la comprensión.

## La fuerza de las convicciones: la historia de Alicia

Cuando Alicia se enteró de que David, su compañero, tenía un tumor cerebral, creyó que eso era el fin del mundo. Había conocido a David hacía dos años en una fiesta y su humor sarcástico, la intensidad con que la miraban sus ojos marrones y la absoluta perfección de

5. C. G. Davis y S. Nolen-Hoeksema, «Loss and Meaning: How Do People Make Sense of Loss?», *American Behavioral Scientist*, nº 46, 2001, págs. 726-741.

su cuerpo la cautivaron. David, de un metro ochenta y cinco de estatura, era mucho más alto que Alicia, que, con su metro cincuenta y cinco y sus 46 kilos, habría sido la Campanilla perfecta en una representación de *Peter Pan*. David también se sintió cautivado por Alicia y, en un par de meses, se fueron a vivir juntos a un pequeño apartamento del área de North Beach de San Francisco.

Su vida en común era maravillosa: tenían sexo apasionado, navegaban por la bahía durante los fines de semana y disfrutaban simplemente del encanto de hablar mientras tomaban un vaso de vino y dejaban que una vela se fuera consumiendo lentamente. Toda esa felicidad quedó interrumpida cuando David sufrió un importante accidente de coche. El conductor de un camión se había quedado dormido al volante e invadió el carril de David en la autopista 101. El coche de David salió disparado contra la valla de protección, pasó por encima y aterrizó sobre el techo. Los bomberos sacaron a David del coche y le llevaron a toda prisa al hospital: estaba inconsciente y se había roto muchos huesos. Se le realizó un escáner para determinar si había sufrido algún daño cerebral. Aunque no detectaron heridas derivadas del accidente, sí observaron una masa grande y amenazadora en el cerebro de David. El doctor Armstrong, director médico, solicitó una resonancia magnética para obtener más detalles.

Cuando esa tarde el doctor Armstrong entró en la habitación que David ocupaba en el hospital, su rostro expresaba gravedad. Alicia estaba sentada junto a la cama de David, hablando tranquilamente sobre cuándo iba a volver a casa. Un estremecimiento recorrió su espalda cuando vio la cara del doctor Armstrong.

—El radiólogo y el neurólogo que han examinado los resultados del escáner y de la resonancia magnética —dijo el médico— piensan que usted puede tener un tumor. Desean realizar más pruebas, pero para ello quizás sea necesaria la cirugía exploratoria.

—No puede ser que tenga un tumor cerebral —respondió David horrorizado—. Estaba perfectamente antes del accidente. ¿Está seguro de que no se trata de alguna herida causada por el choque?

—No. Es muy poco probable que haya sido causado por el accidente. Es demasiado profundo y la superficie de su cerebro, donde sería previsible encontrar heridas si el accidente hubiese causado daño cerebral, está intacta.

El doctor Armstrong estuvo varios minutos con David haciéndole preguntas sobre cualquier síntoma o cambio que hubiese notado antes del accidente. Había tenido algunos dolores de cabeza, pero David los había atribuido a la presión que sufría en el trabajo. Y luego estaba ese día, unas semanas antes del accidente, en que, cuando estaba a punto de bajar por unas escaleras, se mareó y se cayó por ellas. Pero no había dormido gran cosa la noche anterior y pensó que el mareo se debía a la falta de sueño.

Poco después de que el doctor Armstrong se hubiera marchado, los empleados del hospital le dijeron a Alicia que las horas de visita se habían terminado y que tenía que irse. Alicia protestó, pero David insistió en que fuera a casa a dormir. Mientras andaba por el pasillo, sus miedos empezaron a abrumarla:

> ¿Y si tienen razón? No puede ser que la tengan. No es justo. No puedo perder a David. No se merece morir. ¡No puedo soportarlo! ¡No puedo soportar la idea de perderlo!

Mientras bajaba en ascensor al aparcamiento, el miedo sobrecogió su cuerpo. No podía respirar y su corazón iba a toda prisa. «¡Oh, Dios mío, voy a tener un infarto aquí mismo en el hospital!» Empezó a hiperventilar y, creyendo que se iba a desmayar, se agarró al riel del ascensor. Cuando se abrió la puerta del ascensor, entró una enfermera y se dio cuenta de que Alicia no se encontraba bien. La sacó del ascensor, la sentó en una silla y le tomó el pulso. Las pulsaciones de Alicia eran altas, pero firmes. La enfermera le dijo que respirara hondo. De algún modo fue capaz de decir: «Mi compañero... tumor cerebral... miedo... a que muera». La enfermera entendió que Alicia sufría una crisis de angustia, una explosión súbita de sentimientos ansiosos y excitación fisiológica que puede hacernos sentir que nos falta el aire, que tenemos un ataque al corazón y que nos estamos muriendo. Llevaron a Alicia a Urgencias, donde le hicieron algunas pruebas que dejaron claro que no estaba sufriendo un infarto ni tenía ninguna otra urgencia de tipo físico. El psiquiatra de guardia consiguió sacarla de la crisis de angustia ayudándola a controlar su respiración y la dieron de alta después de recetarle un ansiolítico.

Tanto las preguntas que Alicia se hacía como su pensamiento excesivo podían ser comprensibles, pero en cualquier caso la perjudicaban. Las crisis de pánico que sufrió probablemente fue consecuencia directa de la excitación fisiológica que puede causar un pensamiento excesivo descontrolado. Alicia no iba a perder la vida en una de esas crisis de pánico, pero desde luego asustaban un poco y, si se producían a menudo, podían ser extenuantes.

Alicia tomó un taxi para volver a su casa porque tenía miedo de conducir. Mientras el taxi la llevaba arriba y abajo por las colinas de San Francisco, se sentía embotada y vacía. Apenas recordaba haber pagado al conductor o haber subido las escaleras que llevaban al apartamento que compartía con David. En cuanto entró, sin embargo, los pensamientos de pánico volvieron rápidamente, acompañados de un profundo sentimiento de enfado y de injusticia por lo que tal vez les esperaba a ella y a David.

> ¡No puede tener un tumor cerebral! Tiene sólo treinta y pico años. Estas cosas no te suceden hasta que eres más viejo. Hemos estado juntos sólo un año. No se puede terminar tan deprisa. No es justo. Por fin encuentro a alguien a quien puedo querer y voy a perderlo. Todo el mundo que conozco se ha enamorado una docena de veces. Ésta es mi primera vez, la primera vez que de verdad quiero a alguien, y van a quitármelo. No es justo.

Estos pensamientos continuaron toda la noche, de modo que por la mañana estaba tan cansada y enfadada que se sentía mareada. Se duchó y se vistió, pero, aunque no había comido nada desde el almuerzo del día anterior, no pudo soportar la idea de desayunar. Sentada en el asiento de atrás del taxi que la llevaba al hospital, Alicia observaba a la gente que andaba por la calle en ese día desacostumbradamente radiante, teniendo en cuenta el tiempo que suele hacer en San Francisco.

> Siguen con sus vidas. Son felices, comen Donuts, hablan con los demás. ¿Por qué no podemos David y yo vivir nuestra vida de nuevo? Teníamos tanta alegría. No hacíamos nada malo. ¿Por qué las cosas no pueden volver a ser normales?

Mezclada con estos pensamientos, Alicia oía la voz del sacerdote de la iglesia de sus padres que la reñía por pensar así: «Dios no nos garantiza la felicidad. Todo el mundo tiene que sufrir en su vida. Dirígete a Dios y Él te ayudará a soportar el sufrimiento». Pero, en lugar de disminuir su enfado, estas palabras la irritaban aún más:

> ¿Para qué sirve la fe si no te da una vida mejor? ¿Por qué no puede Dios hacer que sus fieles sean felices? Yo no quiero que me pongan a prueba. Quiero una vida normal, como la de los no creyentes.

Alicia es una mujer corriente con expectativas corrientes en su vida. Sin embargo, se vio sometida a enormes tensiones cuando David cayó enfermo. Su enfado y su sentimiento de injusticia eran perfectamente comprensibles. Si alguien nos arrebatase lo más importante de nuestra vida, la mayoría de nosotras nos enfadaríamos y nos preguntaríamos por qué. Es muy habitual que, cuando una persona pierde a un ser querido a una edad temprana, antes de «lo debido», se sienta estafada. Teniendo en cuenta todo lo que estaba ocurriendo, las preguntas de Alicia acerca de sus creencias religiosas eran perfectamente comprensibles. Los estudios sobre el duelo muestran que si bien las creencias religiosas pueden ayudar a algunas personas a sobrellevar las pérdidas y los traumas extraordinarios, esas creencias a veces se ponen en cuestión cuando suceden esos traumas y algunas personas acaban perdiendo la fe.

Cuando Alicia entró en la habitación de David, él se dio cuenta enseguida de su mirada furibunda. «¿Qué te ha pasado?», le preguntó. Alicia vio que la había descubierto, pero no quiso contarle por lo que había pasado durante las últimas doce horas. «Nada —dijo—, sólo estoy cansada; eso es todo.»

Los interrumpió un auxiliar que venía a llevarse a David para que le hicieran otra prueba. Alicia esperó en el pasillo a que David volviera mientras contemplaba el desfile de gente con aire preocupado que iba pasando por el vestíbulo. Ver a gente mayor enferma sólo le sirvió para enfadarse todavía más.

> Se supone que uno no debe ponerse enfermo antes de ser viejo. Entonces ya te lo esperas. No tiene que sucederte cuando eres joven. Tienes todavía tanto que dar, tanto por vivir.

Lo que interrumpió las divagaciones iracundas de Alicia fue la visión de un niño de unos 6 años, con pelo grueso y negro, sentado en una silla de ruedas que sus padres iban empujado a lo largo del pasillo. El niño estaba delgado y pálido y llevaba sujetos al brazo un par de tubos intravenosos. Sonreía. Les estaba contando un chiste a sus padres y ellos se reían con él. Cuando sonreía, los ojos azules del muchacho brillaban y su rostro cobraba un poco de color. En los rostros de sus padres, por detrás de las sonrisas que compartían con su hijo, asomaba una tristeza profunda y fatigada. Había en ellos muchísimo dolor emocional, tristeza y miedo. Con todo, se reían con su hijo y el padre contó a su vez un chiste al que el hijo respondió mirando al techo y sacudiendo la cabeza, como si no pudiera creer que su padre fuera tan bobo.

«Eso sí que es injusto —pensó Alicia—. Los niños no se merecen enfermar o morir. Y los padres no se merecen perder a un hijo.» Alicia se sintió muy culpable por haberse considerado víctima a causa de la enfermedad de David. «¿Cómo puedo pensar que no debería sucederme nada malo cuando les suceden cosas malas a los niños y a sus padres?» Se sentía confusa y abrumada. No deseaba rechazar sus sentimientos, pero tampoco quería consumirse de rabia y de culpa. Quería entender lo que sucedía y escoger cómo responder, en lugar de sentirse tan desamparada.

Entonces la enfermera le dio un golpecito en el hombro, le dijo que David ya volvía a estar en su habitación y que podía ir a reunirse con él. Le habían sedado para la prueba y dormiría durante una hora más o menos. Alicia entró silenciosamente y se sentó junto a la ventana a observar a David mientras éste descansaba.

> Es tan guapo. Ahora mismo parece tan tranquilo. ¿Qué deseo para él y para mí? Quiero que viva, desde luego. Y también quiero que sepa que le quiero y que estaré con él pase lo que pase. Quiero que sea tan feliz como sea posible. Quiero que disponga de la mejor asistencia médica. Quiero que tenga las mejores posibilidades.

Cuando David se estiró y miró hacia Alicia, la mirada furibunda que había visto antes en su cara se había esfumado y en su lugar había una mirada de amor, de un amor muy profundo, mezclado con preocupación. «Hola, Al —dijo él con voz grave—. ¿Qué haces?» «Quererte», dijo ella con una sonrisa sincera. Hablaron tranquilamente durante un rato sobre las pruebas que el médico había solicitado y sobre cómo se encontraba David. A lo largo del día, comieron algo juntos y vieron un poco la televisión, pero sobre todo hablaron de muchas cosas, de si Alicia debía llamar enseguida a la madre de David o si debía hacerlo cuando supieran más cosas, de cómo debía Alicia regar las plantas, de las que normalmente se encargaba David, y de si el equipo de béisbol Oakland A llegaría a jugar la final ese año.

¿Qué ayudó a Alicia a liberarse de su pensamiento excesivo y conseguir una mejor perspectiva? El primer paso lo provocó su encuentro fortuito con el niño de la silla de ruedas que bromeaba con sus padres. El término «injusticia» adquirió para Alicia un significado completamente diferente cuando vio a ese niño y a sus padres tratando de sonreír y de apoyarse los unos a los otros en medio de tanto dolor. Este desplazamiento de perspectiva interrumpió el pensamiento excesivo de Alicia el tiempo suficiente para que ella pudiera retroceder y darse cuenta de que no quería seguir haciéndose una y otra vez esas preguntas iracundas. Al principio, no sabía qué perspectiva tomar respecto a la enfermedad de David, pero poco después, cuando lo vio durmiendo plácidamente, Alice no lo dudó. Escogió centrarse en amar y apoyar a David en todo lo que pudiera, y sabía que el pensamiento excesivo fruto del enfado no la iba a ayudar. Esta elección consciente fue la estrategia más eficaz que Alicia usó a lo largo de su periplo.

Sobre las seis y media de la tarde, mientras David intentaba engullir algo para cenar, llegó el doctor Armstrong. En su rostro volvía a haber esa expresión de gravedad, de modo que David y Alicia se cogieron inmediatamente la mano. El doctor Armstrong fue directo al grano: «Está muy claro que se trata de un tumor y el cirujano quiere operar pasado mañana. Intentará extraerlo todo. Dependerá de la clase de células y de lo rápido que se reproduzcan». David y Alicia se quedaron aturdidos y no pudieron decir gran cosa. Ambos eran conscientes de que podía tratarse de un tumor, pero en cierto modo confiaban en que todo podía ser un error, en que las nuevas pruebas iban a mostrar que a David no le sucedía nada grave. La verdad parecía increíble.

Cuando el médico se marchó, David fue el primero en hablar. «Mierda.» Alicia estaba luchando por retener las lágrimas cuando David dijo: «Bueno, supongo que tengo que hacerlo». El enfado de Alicia apareció de nuevo con fuerza y entonces explotó: «¡No, no tienes que hacerlo! ¡No deberías tener que hacerlo! ¡Es una locura! ¡Esto no debería pasar! ¡No es justo!».

David se quedó más que sorprendido ante el arrebato de Alicia: «No se trata de justicia, cariño. Tengo un tumor y tengo que lidiar con ello». Al comienzo, la enfureció la racionalidad de David, pero luego, cuando vio lágrimas en sus ojos, su furia se derritió y fue sustituida por un deseo enorme de abrazarlo y confortarlo. Se inclinó sobre él y, teniendo cuidado de no tocar los tubos, le rodeó con sus brazos. Los dos lloraron un rato, abrazándose. Cuando se separaron, Alicia dijo: «Vamos a enfrentarnos a esto juntos. Siempre estaré a tu lado, David. Te quiero mucho».

Hasta cierto punto, lo que empujó a Alicia a enfrentarse positivamente a su trauma fue la calma y la entereza de David. Pero ella poseía su propia fuerza interior, alimentada por el profundo amor que le inspiraba David, y esa fuerza le permitió escoger de qué modo quería pensar y comportarse en esa crisis. Muchas personas, cuando se enfrentan a una gran tensión, descubren que tienen cualidades que desconocían. Empiezan a actuar con decisión cuando siempre habían sido gente pasiva; siguen luchando cuando todo el mundo esperaba que desfallecieran.

Más tarde, cuando Alicia volvió a casa, los pensamientos de enfado volvieron a aparecer, pero esta vez se dijo a sí misma: «No, no quiero seguir por ahí. Quiero centrarme en David y en lo que necesito para apoyarle. Si me enfado no conseguiré entender todo esto ni sobrellevarlo. Puede que nunca llegue a entenderlo, pero quiero estar junto a David y no podré hacerlo si no me quito de la cabeza estos pensamientos». Esa noche, Alicia hizo una lista de la gente a la que había que llamar: la madre de David, su jefe, la jefa de Alicia —para avisarla de que no iría a trabajar durante unos días— y algunos amigos con los que habían quedado para cenar el fin de semana siguiente. Decidió también llamar a su madre, no porque fuera necesario, sino porque instintivamente lo deseaba. Esa noche Alicia no durmió mucho, pero no se la pasó despierta presa del pensamiento excesivo.

Algunas de las llamadas telefónicas que tuvo que hacer al día siguiente fueron difíciles. A Alicia nunca le había gustado la madre de David y le daba miedo llamarla. Cuando la señora Jenner respondió con su voz aguda, Alicia recordó el millón de pequeñas críticas que les había ido soltando como quien no quiere la cosa desde que vivían juntos y se puso muy tensa. «Ah, eres tú», fue la respuesta de la señora Jenner cuando Alicia se identificó. «¿Dónde está David?» Alicia intentó contarle lo que sucedía lo más tranquila y objetivamente posible. La mujer, ya mayor, se quedó sin habla por primera vez desde que Alicia la había conocido y, hacia el final de la conversación, empezó a llorar quedamente. Alicia sentía mucha pena por ella y le prometió que la recogería en el aeropuerto el día siguiente.

La segunda persona de la lista era el jefe de David, un hombre llamado Bill a quien David describía siempre como un pesetero. Bill dijo que sentía que David estuviera enfermo, pero a Alicia le dio la sensación de que no decía más que formalidades. La preocupación auténtica de Bill apareció luego: ¿cuánto tiempo estaría David de baja y cuánto costarían esas operaciones (esto es, cuánto podía esto incrementar la prima de seguro de sus empleados)? Alicia, desde luego, no lo sabía y así se lo dijo.

Telefoneó entonces a su jefa, y esa llamada fue mejor. Madeline era una mujer decente que había puesto en marcha su pequeño negocio de venta al detalle después de que su marido la abandonara con dos hijos muy pequeños. Alicia no se consideraba íntima de Madeline, pero confiaba en ella y Madeline estuvo a la altura de su confianza. «Claro que puedes tomarte unos días. Hazme saber cómo evolucionan las cosas. Cuando le den el alta os llevaré comida.»

Alicia esperaba encontrar el mismo tipo de preocupación cuando llamó a sus amigos para anular la cena. Sin embargo, encontró poco más que silencio. Su amigo Danny, cuando supo que David tenía un tumor cerebral, dijo simplemente: «Lo siento. Te paso a Barb». Barb cogió el teléfono sin saber nada de la bomba que le iba a soltar Alicia, de modo que empezó a charlar sobre el restaurante al que podían ir el sábado. «Barb, no podemos ir. David está en el hospital. Creen que tiene un tumor cerebral y lo van a operar mañana.» Barb sólo fue capaz de decir: «¿Qué?». Alicia le repitió la noticia y Barb respondió: «No lo entiendo. ¿Cómo puede ser? Pensaba que sólo se trataba de un accidente de coche. Dijiste que no quedó malherido en el accidente. ¿Estás segura de que te puedes fiar de los médicos?». Lo último que deseaba Alicia era que le hicieran un interrogatorio sobre la fiabilidad de lo que le habían dicho, así que dio una excusa para poder colgar lo antes posible.

Alicia sintió entonces la necesidad de hablar con su madre y marcó su número. Cuando su madre respondió, Alicia dejó que la noticia le saliera de golpe y se encontró vencida por las lágrimas. «Tómate un minuto, cariño, y respira. Yo seguiré aquí» fue la perfecta respuesta de su madre. Alicia estuvo sollozando durante un rato mientras su madre seguía al teléfono diciéndole de vez en cuando: «Sí, cariño, estoy aquí». Cuando fue capaz de hablar, Alicia le dijo: «Mamá, ¿cómo voy a pasar por esto? No sé qué hacer». Su madre contestó: «Pasarás por ello, Alicia, como yo pasé por la muerte de tu padre. Va a ser duro, muy duro. Pero eres fuerte y tu amor por David es fuerte. Agárrate a ese amor y escúchalo. Sabrás qué hacer».

Alicia le habló a su madre de la falta de sensibilidad tanto del jefe de David como de sus amigos. «Algunas personas son imbéciles, Alicia. Lo supe cuando tu padre se estaba muriendo. No saben cómo reaccionar. Tienen su propio programa. No desean trastornar sus vidas tan bien ordenadas. De modo que dicen cosas desagradables, cosas que no ayudan, cosas poco sensibles. Encuentra a la buena gente, Alicia, y deja que te ayuden y te apoyen. Olvídate de los demás. No se merecen que pienses en ellos.»

Muchas de las personas que se enfrentan a la pérdida o a la enfermedad de un ser querido buscan apoyo en los demás. Alicia tuvo suerte de tener una madre que entendiera lo que estaba pasando y pudiera ofrecerle un consejo valioso para sobrellevarlo. En primer lugar, la madre de Alicia le dio el espacio suficiente para que pudiera llorar y gritar y dejar fluir sus emociones durante un rato y luego, después de recomendarle que respirara, consiguió que Alicia se calmara. Su madre aconsejó también que rebajase sus expectativas respecto a los demás y que perdonase y olvidase las faltas de sensibilidad de las personas que no saben dar apoyo. Esto ayudó a Alicia a quitarse de encima parte de su pensamiento excesivo centrado en la reacción que el jefe de David y algunos de sus amigos tuvieron frente a la noticia de su enfermedad. Por último, la madre de Alicia le dio confianza en el instinto y en la comprensión que surgirían de su amor por David, asegurándole que sabría enfrentarse a todo lo que sucediera. Cuando Alicia se sentía abrumada por la tristeza, el miedo, el enfado o la confusión, recordaba lo que su madre le había dicho y volvía a centrarse en el amor que sentía por David.

Alicia empezó a llorar de nuevo cuando colgó el teléfono, pero se trataba de un «llanto de alivio», aquel con el que nos liberamos de la tristeza y el miedo y tras el que nuestro cuerpo acostumbra a sentirse aliviado y relajado. Se dio una ducha larga y tibia, dejando que el agua cayera por su espalda y que la espuma del jabón se acumulase en torno a sus pies. Se puso uno de los vestidos que le gustaban a David y se dirigió al hospital. Ese día, en el que le hicieron todavía más pruebas a David, tuvieron su primer encuentro con el cirujano, el doctor Scanlon, un hombre alto y delgado con un firme apretón de manos. Era directo y confiado, y les contó lo que iba a hacer en la operación y cómo se iba a sentir David después. También dejó claro que cabía la posibilidad de que el tumor fuese maligno y que no pudiese extraerlo todo en la operación. Si ése era el caso, a David se le haría quimioterapia para intentar eliminar las células cancerígenas restantes.

Esa misma tarde, Alicia acompañó a la señora Jenner al hotel y las dos permanecieron en silencio durante casi todo el camino. Cuando se detuvieron enfrente del hotel, la señora Jenner se volvió y dijo: «Le quieres de verdad, ¿no? Sé que él te quiere. Yo lo quiero como sólo una madre puede querer. Va a necesitar nuestro amor. El amor lo sacará adelante». Después de estas palabras, la señora Jenner abrió la puerta de golpe y se metió rápidamente en el hotel.

Alicia no estaba muy segura de lo que la señora Jenner había querido decir. Dos semanas antes, si la madre de David le hubiese dicho a Alicia algo tan ambiguo, hubiera estado horas dándole vueltas y pensando demasiado en el significado y la intención de sus palabras. Ahora no le parecía tan importante. Estaba segura de que la mujer estaba sufriendo mucho. Alicia se dijo que debía continuar centrada en David y en cuidar de sí misma para poder apoyarlo.

El día de la operación fue horrible. Duró once horas y durante todo ese tiempo recibieron muy poca información. Alicia se paseaba de un lado a otro, bebía Pepsi Light y daba un salto cada vez que alguien con uno de esos uniformes verdes cruzaba la puerta. La señora Jenner estaba sentada inmóvil y en silencio, mirando la pantalla del televisor de la esquina de la sala de espera. Finalmente el doctor Scanlon salió con aire cansado. A Alicia le pareció que en su rostro también veía desilusión. Sus noticias no eran buenas. De hecho, eran las peores posibles. El tumor de David era maligno. Afectaba al tronco del encéfalo, una parte del cerebro que controla funciones vitales del cuerpo. Habían extraído cuanto habían podido, pero se trataba de un cáncer de crecimiento rápido. Haría falta quimioterapia. No había garantías. Harían todo lo que estuviese en sus manos.

Todo lo que Alicia pudo pensar fue:

¡Oh, no! Esto no puede ser verdad. Dios, por favor, haz que no sea verdad. Por favor, por favor, haz que no sea verdad.

Fueron a la UCI, en donde vieron a David tendido en la cama muy pálido, con la cabeza vendada y un montón de tubos que salían de varios puntos de su cuerpo. La señora Jenner se detuvo en la puerta y tomó la mano de Alicia. Las dos mujeres permanecieron de pie mirando al hombre que amaban, contentas de que hubiese sobrevivido a la operación. Pero ambas sabían instintivamente que iba a morir. Ninguna de los dos lo dijo en voz alta, pero se dieron cuenta de que compartían esa certeza.

A medida que pasaban las semanas, lo que el tumor y la operación no le habían hecho al cuerpo de David se lo iba haciendo la quimioterapia. Tenía constantes náuseas, no podía comer y perdió muchos kilos. En cuanto empezaba a encontrarse un poco mejor, llegaba la hora de tomar otra dosis de quimio y volvía a encontrarse horriblemente mal de nuevo. Lo peor era que la quimioterapia no parecía causar ningún efecto sobre el cáncer. Las pruebas continuaban indicando que las células cancerígenas se reproducían. Finalmente el oncólogo dijo que la quimioterapia ya había hecho todo lo que podía hacer y puso fin a tanto sufrimiento.

Cuando David recobró ligeramente las fuerzas, Alicia empezó a pensar en lo que podían hacer para devolverle a su vida algo de normalidad. Había un millón de lugares en el norte de California en los que Alicia y David lo habían pasado muy bien antes de que él cayera enfermo: la región vinícola al norte de San Francisco, el muelle de Santa Cruz, la reserva de elefantes marinos que estaba a un par de horas yendo hacia el sur. Pensó que, si David estaba de acuerdo, harían excursiones de un día a sus lugares favoritos. Durante esas excursiones no podían gozar de las risas y las charlas despreocupadas que habían caracterizado sus anteriores visitas a esos lugares, pero a pesar de ello esas salidas eran consoladoras y levantaban un poco los ánimos. Aunque a veces hablaban de la enfermedad, de sus miedos y del futuro, la mayor parte del tiempo se limitaban a disfrutar de la compañía del otro y del entorno.

Cuando el cuerpo de David ya no pudo aguantar esas excursiones, se limitaron al área cercana a su apartamento. Pasaban horas en su café predilecto, bebiendo, hablando y contemplando a los personajes locales. Iban a los muelles de San Francisco y observaban los ferrys ir y venir de Alcatraz. Cenaban en uno de los restaurantes italianos del barrio cuando David tenía algo de apetito.

Alicia y David sabían instintivamente que devolver un cierto encanto a sus vidas con estas pequeñas salidas les ayudaba a sobrellevar la situación tanto física como mentalmente. Los períodos de emociones positivas, aunque sean breves, pueden romper ciclos de pensamiento excesivo, abrir nuestra mente y ayudarnos a sentirnos más fuertes para hacerle frente a lo que venga. En cambio, si en los momentos de gran tensión nos aislamos, si seguimos fijándonos únicamente en la injusticia y la desesperanza de la situación, todo eso nos desgarra. Puede incluso acelerar el curso de una enfermedad.

Alicia tenía la sensación de que los médicos no hacían lo suficiente. Era como si sólo les preocupara probar el último medicamento que se suponía que debía retrasar el progreso del cáncer de David. Sin embargo, ninguno de esos medicamentos lo había conseguido y la mayoría le había hecho sentir muy mal o muy débil. Alicia investigó un poco sobre el alivio del dolor en la biblioteca y en Internet y encontró repetidas referencias a los programas de asistencia domiciliaria y a los cuidados paliativos. Cuando se lo consultó al doctor Armstrong, éste le dijo que todavía no había llegado el momento de la asistencia paliativa, puesto que aún querían administrarle a David algunos medicamentos experimentales con la esperanza de que pudiesen frenar su cáncer. Alicia sabía, sin embargo, que los médicos suelen resistirse a ofrecer asistencia paliativa, porque no quieren admitir que no pueden salvar a un paciente. David deseaba contactar con la asistencia domiciliaria paliativa, porque tenía la esperanza de conseguirían aliviar algo su dolor. Alicia no estaba segura. ¿No era eso tirar la toalla? ¿No deberían continuar probando medicamentos y mantener la esperanza? ¿Y si no les gustaba la gente de la asistencia paliativa? Esa nueva crisis desencadenó en Alicia nuevo pensamiento excesivo:

> En última instancia debe decidirlo David, pero ¿debería tratar de disuadirlo? ¿Qué significa pasar a la asistencia paliativa? ¿Estoy desentendiéndome de él al aceptarla? ¿Y si los nuevos medicamentos pudiesen ser efectivos? ¿No deberíamos probarlo todo?

Por primera vez desde que les informaron de la existencia del tumor, surgió tensión entre Alicia y David. David sabía lo que quería, pero también se percataba de que era Alicia quien tendría que tratar con la gente de la atención paliativa la mayor parte del tiempo, y no deseaba imponerle su presencia si ella no los quería allí. Alicia cayó presa de la indecisión mientras su pensamiento excesivo la alteraba y la confundía.

Una mañana, tras una fuerte discusión, Alicia llamó a su madre llorando y presa de los nervios. Le dijo que sus pensamientos la habían estado atormentando durante la última semana y que habían conseguido que David y ella no se pusiesen de acuerdo ni en tomar medicación experimental ni en llamar a la asistencia paliativa. «Alicia —le dijo su madre con firmeza—, nunca podrás estar segura de cuál es la mejor opción. Recuerda lo que te dije; escucha el amor que sientes por David y ese amor te ayudará a saber qué hacer.»

El consejo de su madre coincide con las conclusiones de nuestra investigación de que las cavilaciones alimentan la incertidumbre y hacen que sea difícil «simplemente hacer algo». En cambio, seguir adelante incluso con incertidumbre es muy importante para desactivar ese pensamiento excesivo incapacitador.[6]

A Alicia no le gustó la respuesta filosófica de su madre. Ella hubiera deseado una opinión concreta sobre qué opción debían tomar. Cuando cedió de nuevo a su pensamiento excesivo, empezó a preguntarse si estaba enfrentándose a la enfermedad de David «como era debido». ¿Debería ser más estoica, como la señora Jenner? Algunos de sus amigos parecían opinar que estaba demasiado animada y entera, que, dada la gravedad del estado de David, debería estar más destrozada. Estaba claro: si supiese manejar mejor la situación, no tendría tantas dudas acerca del siguiente paso que dar en el cuidado de David.

Mientras estos pensamientos resonaban en su cabeza, Alicia se empezó a sentir mareada. Su respiración pasó a ser superficial y su corazón empezó a latir muy fuerte.

> ¡Oh, no! ¡No puedo tener otra crisis de pánico! ¿Qué me dijeron que hiciera? Respirar. Inspirar profundamente por la nariz y expirar lenta-

6. A. Ward, S. Lyubomirsky, L. Sousa y S. Nolen-Hoeksema, «Can't Quite Commit: Rumination and Uncertainty», *Personality and Social Psychology Bulletin,* en prensa.

mente. Contar las respiraciones. Inspirar profundamente, expirar lentamente. No es más que estrés. No me pasa nada físico. Inspirar profundamente y expirar lentamente.

Cuando sintió que la ansiedad disminuía, supo que ya era hora de liberarse del pensamiento excesivo y aclararse las ideas. Cogió la chaqueta y salió a dar un paseo por la niebla de San Francisco. Se dirigió a la bahía, en busca del sosiego del agua. Se esforzó en andar lentamente y respirar el aire fresco y húmedo. «Voy a olvidarme de mis preocupaciones durante media hora. Voy a mirar escaparates, disfrutar del paseo y ver cómo está el ambiente en los muelles. Me lo merezco.» Alicia sintió que su cuerpo se aliviaba dulce y profundamente. Se dejó llevar por esa sensación de calma y relajación. Cuando le venía a la cabeza alguna preocupación, la apartaba y se concentraba en lo que sucedía en ese instante. Alicia se había liberado de su pensamiento excesivo por medio de una distracción rápida, agradable y enérgica.

Cuando volvió a su apartamento una hora más tarde, se dio cuenta de que había tomado una decisión. No había pensado en la elección a la que debían enfrentarse David y ella mientras paseaba, pero el espacio que había abierto al quitarse de encima su pensamiento excesivo le permitía ver y oír lo que debía hacer. Le diría a David que si él deseaba llamar a la asistencia paliativa, estaría completamente de acuerdo.

Un par de días después de llamar, les visitaron una enfermera y un asistente social que les gustaron de inmediato. Esos dos profesionales de la salud, a diferencia de los apresurados médicos y enfermeros con los que estaban acostumbrados a tratar, parecían dedicados a David y Alicia. Les explicaron lo que ofrecía la asistencia paliativa: cuidado domiciliario orientado a aliviar el dolor, información sobre lo que David podía esperar que sucediese a medida que su cáncer avanzase, consejo sobre cuestiones legales y financieras que debían considerar mientras él todavía fuera capaz de tomar decisiones y cuidado de descanso para que Alicia pudiera salir de vez en cuando. Era doloroso oírles hablar con tanta franqueza sobre la enfermedad de David y sobre el hecho de que probablemente moriría en un par de meses. Pero era también un tremendo alivio que les respondieran a las preguntas con claridad.

David accedió a probar dos nuevos medicamentos experimentales, pero su estado se deterioró rápidamente durante el siguiente mes. Se quedó tan débil que no podía salir del apartamento y sus dolores eran tan agudos que necesitaba estar tomando calmantes constantemente y eso lo dejaba atontado. Alicia estaba con él día y noche, manteniendo un monólogo casi todo el tiempo. Un día, cuando ya llevaba tres semanas así, la enfermera de la asistencia le dijo: «Alicia, tienes que cuidarte tú también. Que te tomes un par de horas para ti no quiere decir que quieras menos a David».

La enfermera hizo bien en empujar a Alicia para que se tomase un poco de tiempo para ella, aunque sólo fuese porque eso la ayudaría a apoyar a David. Muchos cuidadores acaban tan exhaustos física y emocionalmente que caen enfermos. Alicia resistió un día o dos más, pero cuando empezó a sentir que le venían crisis de angustia cada pocas horas, supo que tenía que salir. Cuando la enfermera volvió, se fue en coche al puente del Golden Gate y aparcó para dar un paseo junto al océano.

Mientras el mar le salpicaba ligeramente la cara, las lágrimas corrían por sus mejillas. Cuando sus sollozos se intensificaron, su antiguo enfado volvió. «¿Por qué pasa todo esto? ¿Por qué tiene David que morir? ¿Por qué no podemos tener una vida juntos?» Se sentó en la arena gritando estas preguntas a las olas y a Dios. Finalmente sus gritos y sollozos se moderaron y se quedó sentada, aturdida, mirando las olas. Revoloteaban por su cabeza conversaciones que había tenido con otras personas. La mayoría de ellas eran conversaciones tontas que había mantenido con amigos que no podían entender por lo que estaba pasando. Entonces recordó lo que una enfermera de la asistencia le había dicho una tarde: «Alicia, David es tan afortunado de tenerte. Es evidente que su cuerpo se relaja y su rostro se ilumina cuando oye tu voz, incluso cuando está bajo el efecto de los sedantes».

Alicia empezó a recordar todas las cosas que David y ella habían hecho juntos desde que le diagnosticaron el cáncer y todo lo que había hecho para ayudarle y mostrarle su amor. Se sintió de nuevo fuerte y decidida. Estaba pasando por todo porque David la necesitaba. No sabía por qué tenía que morirse. Probablemente no había un «por qué». Pero había sido capaz de hacerlo feliz y de hacer que esos últimos meses fueran tan buenos como era posible. Y el amor que había conocido era más profundo de lo que nunca hubiese podido imaginar.

Sintió que había aprendido mucho sobre ella misma y sobre la vida en esos últimos meses. No se veía capaz de verbalizarlo todavía, pero sabía que era mucho más sabia y que tenía una visión de la vida más profunda. Alicia empezó a llorar de nuevo, pero esta vez dulcemente, no de enfado o de miedo. Lloraba de alegría por lo que había llegado a saber y por lo que había sido capaz de hacer por David durante los últimos meses.

David murió dos semanas más tarde, mientras dormía plácidamente en su apartamento. Hacía meses que Alicia intuía que iba a morir, pero esos últimos días sabía que iba a suceder pronto. Se mantuvo cerca de él y, cuando salía de su letargo por un momento, Alicia le hablaba. El orgullo, la fuerza y la paz que había encontrado en la playa no la abandonaron y en esos últimos días incluso crecieron.

Según nuestros estudios sobre el duelo y los que otros investigadores han realizado sobre traumas y pérdidas, parece que en realidad no importa el tipo de significado que las personas encuentran en su experiencia. Lo que importa es que encuentren algún significado y alguna manera de entender lo que ha sucedido que les permita aceptarlo. La gente que no puede encontrar ningún significado ni consigue comprender lo que sucede tiende a quedarse encallada en el pensamiento excesivo centrado en el trauma y en por qué no puede «superarlo» y por qué ha dejado de ser capaz de relacionarse con otras personas. Ese significado, sin embargo, no puede venir de una imposición ajena. De hecho, algunos de los comentarios más amargos que hemos oído a personas que están pasando un duelo hacen referencia a los intentos de otros de decirles cómo deben sentirse tras su pérdida: «Deberías sentirte feliz de que ella esté ahora con Dios», «Todo formaba parte de un plan superior», «Tuvo una buena vida; deberías estar contenta de que falleciera tan dulcemente». En lugar de esto, necesitamos que nos apoyen mientras lamentamos nuestra pérdida o nuestro trauma y mientras damos vueltas y más vueltas tratando de encontrar qué significado personal le concedemos.

Cuando Alicia habló con un entrevistador de mi proyecto de estudio del duelo un mes después de la muerte de David, le dijo:

> Si me hubiese preguntado un par de años antes si era capaz de pasar por la muerte de David y acabar bien, le habría dicho que no. No creía tener ese tipo de fuerza. Pero me he dado cuenta de que la tengo. He aprendido que el amor te da una fuerza sobrehumana. No es que me sienta in-

vencible. Pero siento que puedo soportar lo que la vida me traiga porque he dejado de lado mis expectativas. Yo solía pensar: «Soy joven, tengo toda la vida por delante». Ahora sé que puedo morir cualquier día, del mismo modo que David murió joven. De modo que aprecio la vida mucho más que antes y muchísimo más que mis amigos. Cuando nos dimos cuenta de que David se moría, decidimos vivir cada día lo más plenamente posible. No voy a dejar de hacerlo ahora. La vida significa mucho más para mí de lo que significaba antes. Y estoy orgullosa de mí misma. Estoy orgullosa de lo que he crecido.

## El trauma del maltrato y la agresión sexual

Cada pérdida o trauma presenta un desafío único para la persona que lo vive. Algunos sucesos son extremadamente difíciles de entender de forma satisfactoria. Esto sucede especialmente con los traumas y los desastres causados por otros, como las agresiones sexuales, el asesinato de alguien querido o el ser víctima de un acto terrorista. Este tipo de traumas proporciona un combustible especialmente potente para el pensamiento excesivo, pues pone en cuestión nuestra confianza básica en los demás y plantea preguntas sobre la bondad humana.

Por ejemplo, muchas mujeres que han sido sexualmente agredidas se quedan atrapadas en un pensamiento excesivo crónico, no sólo sobre los detalles de la agresión, sino sobre preguntas más generales que la agresión les lleva a plantearse: «¿Por qué me sucedió esto a mí?», «¿Hice algo para que me pasase?», «¿Cómo pudo ese hombre hacerme esto?». Cuando el agresor es un miembro de la familia o un amigo íntimo, la mujer se plantea todavía más preguntas acerca de cómo pudo haber pasado y le da vueltas a cómo evitar que suceda de nuevo. Éstas son preguntas que ejercen mucha presión y uno no puede olvidarse de ellas a voluntad. Sin embargo, las mujeres que permanecen atascadas en ese pensamiento excesivo sólo consiguen empeorar su estado de ánimo y debilitar su autoestima. Las mujeres que han sido sexualmente agredidas presentan un alto riesgo de depresión, de tener un problema de ansiedad llamado estrés postraumático y de abusar de la bebida o las drogas. El pensamiento excesivo puede también inmovilizar a una mujer cuando necesita actuar para protegerse.

¿Cómo puede entonces una mujer manejar una situación de este tipo? Muchas no pueden hacerlo solas. Se sienten demasiado abrumadas por los recuerdos y los miedos, y sus preocupaciones por su seguridad les parecen demasiado justificadas. A veces necesitan buscar ayuda profesional, pero incluso eso resulta difícil cuando se está atrapada en el pensamiento excesivo. A continuación ofrezco una lista de sugerencias dirigidas a aquellas mujeres que han sido maltratadas o agredidas sexualmente sobre cómo aplicar las estrategias referidas en este libro para liberarse del pensamiento excesivo y recuperar la propia vida. Algunas pueden ser más útiles que otras: dependerá de cuáles sean las características de vuestra situación. Espero que la lista os ayude a generar vuestras propias ideas.

— Si no puedes librarte de esos pensamientos sobre tu experiencia de agresión sexual, intenta tener presente que el pensamiento excesivo no te da una mejor perspectiva, sino que te nubla la cabeza y te impide ver con claridad lo que debes hacer. Además, tienes que decirte que no vas a permitir que tu agresor gane dejando que el pensamiento excesivo domine tu vida. Intenta olvidarte por un rato de las preguntas sobre el porqué de esa experiencia. Las respuestas pueden no llegar nunca y, si lo hacen, será después de bastante tiempo.

— Las que han pasado por maltratos a menudo tienen la sensación de que nunca serán capaces de ser felices de nuevo y, en consecuencia, abandonan sus actividades habituales o se aíslan de los demás. Para volver a conseguir un equilibrio, es importante que hagas cosas que te reconforten y te tranquilicen, que puedan levantarte el ánimo. Aunque te parezca del todo imposible «encontrar la dicha», intenta al menos buscar tímidos rayos de sol, quizá saliendo más al aire libre, recuperando una antigua afición o apoyándote más en tus mejores amigas.

— En ocasiones, escribir las consideraciones más airadas, temerosas y culpabilizantes que ocupan tu pensamiento ayuda a mantenerlas dentro de unos límites. Intenta escribir tus pensamientos en un papel o en un ordenador, o grabarlos en un magnetófono. Di lo que te venga a la cabeza cuando tu pensamiento excesivo empiece a actuar. Si estás haciendo terapia con un psicólogo, puedes dejarle esas grabaciones para que se haga una idea más ajustada de tus pensamientos más acuciantes.

— Si tu experiencia de agresiones ya forma parte del pasado, acepta que es normal que el dolor emocional te acompañe durante mucho tiempo. Si te encuentras preguntándote: «¿Por qué no puedo superarlo?», considera como respuesta: «Porque fue un suceso brutal y traumático del cual es muy difícil recuperarse». Date cuenta de que no tienes que «superar» la experiencia para recuperar tu vida. Es más, tal vez sientas las consecuencias emocionales durante el resto de tu vida, pero esas emociones no tienen por qué gobernarte.

— Si todavía te encuentras en una relación en la que eres maltratada, no esperes a que te rescate un príncipe azul o el cambio de forma de ser repentino de tu compañero. Sólo tú puedes tomar la decisión de dejar esta relación. Especialmente si temes por tu seguridad o la de tus hijos, busca ayuda profesional llamando a un centro de ayuda de mujeres maltratadas, a los servicios de urgencias psiquiátricas del hospital más cercano o a una línea de atención que tengas disponible en tu localidad.

— Olvídate del objetivo perjudicial de conseguir que un agresor sexual de tu pasado se disculpe o que tu compañero actual se reforme y deje de maltratarte. Lo que tienes que hacer es protegerte de maltratos y rehacer tu vida.

— Reconoce las voces de otras personas presentes en tu pensamiento excesivo y rechaza las perjudiciales, en particular la del maltratador afirmando que tú tienes la culpa.

— Acude a un psicólogo, a tus amigos, a sacerdotes, a grupos de ayuda o a cualquiera que pueda ayudarte. Tarde o temprano serás capaz de crear una imagen de ti misma como superviviente, no como víctima.

# 13

# Cómo conseguir que nuestra sociedad alcance una mejor perspectiva

Las estrategias que he descrito en este libro tienen como objetivo ayudarte a superar tus episodios de pensamiento excesivo. Como sociedad, sin embargo, podemos luchar contra las fuerzas que empujan a muchas mujeres al pensamiento excesivo. No podemos hacer desaparecer las causas de nuestras inquietudes dictando leyes, pero podemos tomar decisiones, tanto individual como colectivamente, que reduzcan su influencia.

## Cambiar la marea histórica

Dado que las personas mayores son menos propensas al pensamiento excesivo, podemos aprender mucho de ellas. Poseen una sabiduría que han adquirido tras haber sobrellevado las múltiples crisis que han ido atravesando a lo largo de sus vidas. Esta sabiduría puede dar respuesta a las preguntas que nos inquietan. El hecho de que la gente mayor no cavile mucho hace pensar que saben cómo lidiar con la adversidad, superar obstáculos, establecer relaciones y sobrellevar la pérdida de sus seres queridos. Si aprendemos cuál es su forma de enfrentarse al mundo, descubriremos cuáles son los puntos flacos de la nuestra y sabremos trazar nuevas estrategias para sobrellevar las situaciones difíciles.

Nuestra cultura, sin embargo, siente más adoración por la juventud que reverencia por sus miembros más mayores. Como consecuencia, no sólo no hacemos caso de lo que los mayores pueden enseñarnos, sino que a la hora de crear modelos de comportamiento nos inspiramos en personas demasiado jóvenes e inmaduras. Éste puede ser uno de los motivos de que vivamos en un vacío de valores. Nuestras estrellas de cine y del deporte tienen el sistema de valores propio de un adolescente malcriado, y así los mensajes que nos transmiten no nos ayudan a construir una base filosófica o espiritual sólida para nuestras vidas.

La adoración a la juventud también lleva a crear ideales de apariencia y forma física que a menudo nuestra edad no nos permite alcanzar. Entonces empezamos a darle vueltas a lo mayores que nos vemos, a lo débiles que somos y a los inevitables problemas de salud que conlleva la edad.

Sin embargo, podemos cambiar nuestros modelos con las decisiones que tomamos conscientemente a diario. Como consumidores, podemos optar por ver programas de televisión y comprar libros que alaben a la gente mayor en vez de los que glorifican a la juventud. En lugar de torturarnos empeñándonos en volver a tener 20 años, podemos intentar conseguir estar en buena forma teniendo en cuenta nuestra edad y exigir que la industria creada en torno a la forma física nos ayude a lograrlo.

En el terreno personal, podemos hacer caso a nuestros mayores y escuchar lo que nos enseñan. A veces es difícil detectar su sabiduría. Cuando miramos a nuestro abuelo o a otra persona mayor, todo lo que vemos es invalidez y decadencia. Lo único que se nos ocurre es o bien intentar arreglar sus problemas, o bien darles la espalda porque no soportamos mirarlos. Si hacemos esto último, no sabremos nada de las vidas llenas y fascinantes que han tenido muchos de ellos y que les encantaría contarnos. Pero si somos capaces de escuchar un poco, aprenderemos mucho sobre el valor y la constancia, sobre cómo vivir una vida digna y sobre el amor y la pérdida.

No todas las personas mayores son sabias, desde luego. Algunas no paran de darles vueltas a las cosas y tienen una perspectiva amarga de la vida. Pero podemos encontrar personas mayores sabias entre las que nos rodean, en biografías y relatos personales y en los libros de historia. Danielle, por ejemplo, una profesora de 45 años que daba clases de biología en una pequeña universidad, tenía a veces la sensación de que nunca llegaría a ser una investigadora reconocida en su campo, como había deseado cuando acabó la carrera. Su carga docente era considerable, de modo que no podía ser tan productiva en investigación como hubiera deseado. Al parecer, sus experimentos nunca eran lo bastante buenos como para que los publicaran las revistas de primera fila. Los padres de Danielle habían sido simples trabajadores y no podían entender que ella no se sintiera satisfecha con su carrera profesional: consideraban que era fantástico que poseyera un doctorado y diese clases en una universidad, fuera o no famosa. Los pensamientos negativos de Danielle acerca de su carrera profesional se esfumaron cuando su marido le regaló un libro de Richard Feynman, el científico al que le concedieron el premio Nobel. A lo largo de toda su vida, Feynman se centró más en «el placer de descubrir cosas» que en el éxito que los demás otorgaban a sus descubrimientos. El libro de Feynman llevó a Danielle a enfocar mejor y a concentrarse en la alegría profunda que sentía cada vez que descubría algo nuevo o cuando progresaba en su investigación, y en lo gratificante que le resultaba enseñar biología a sus alumnos. Así, aunque sus padres no pudieron ayudarla a superar sus cavilaciones, Danielle encontró una perspectiva nueva a través de los escritos de otra persona mayor.

## Llenar el vacío de valores

Muchos de los que vivimos en un vacío de valores buscamos desesperadamente principios, ideas o pistas prácticas que puedan ayudarnos a sentirnos más completos. Se nos bombardea constantemente con información desde distintas fuentes: los medios de comunicación de masas, Internet, nuestros amigos, nuestra familia, nuestros compañeros de trabajo. Todas esas fuentes nos dan todo tipo de sugerencias sutiles y no sutiles sobre cómo debemos comportarnos, cómo debemos pensar, a quién debemos admirar y cuáles son los objetivos que debemos esforzarnos por alcanzar. Es difícil escuchar la voz tranquila y callada de nuestras creencias más profundas en medio de este alboroto, pero, si no empezamos a hacerlo, no seremos capaces de rechazar los mensajes destructivos que los demás nos imponen.

Así pues, ¿cómo podemos bajar el volumen? Debemos pasar más tiempo solos y tranquilos. Sin embargo, si trabajamos a jornada completa —tal vez diez o doce horas al día—, llevamos una vida familiar y social, intentamos estar al día en formación y capacidades técnicas, hacemos un poco de ejercicio y más y más cosas, puede que no nos quede espacio para estar solas y tranquilas. Nuestra cultura además nos alienta a que aprovechemos el tiempo al máximo: a que leamos el periódico mientras corremos sobre la cinta caminadora, a que respondamos los mensajes mientras conducimos por la autopista, a que ayudemos a los niños a hacer los deberes mientras preparamos la cena. Así que incluso cuando intentamos estar solas y tranquilas nos sentimos tentadas de llenar ese espacio con otra actividad, para hacerlo más productivo. Conocí a un sacerdote que me dijo que había decidido destinar treinta minutos cada mañana a meditar y rezar, pero luego pensó que podía hacer su carrera matutina al mismo tiempo. Después de una semana se dio cuenta de que ni corría bien ni rezaba bien.

Hace falta voluntad para reservarnos algún tiempo y protegerlo de todas las distracciones a fin de poder oír nuestra propia voz. Muchas de nosotras hemos perdido la capacidad de estar tranquilas y necesitamos cierta práctica para recuperarla. A la mayoría de las personas les reporta grandes beneficios hacer el esfuerzo de tranquilizarse regularmente, meditar, rezar o simplemente escuchar. Se sienten más calmadas, más seguras de las convicciones que están dispuestas a defender con sus acciones.

Naturalmente, también hay personas que, cada vez que se sientan un momento para relajarse, se ponen a pensar demasiado. Las estrategias descritas en este libro para controlar el pensamiento excesivo pueden ser de gran ayuda. Por ejemplo, cuando sientas que empiezas a caer presa del pensamiento excesivo, puedes gritarte: «¡Basta!». A algunas personas, incluir las preocupaciones en las oraciones las ayuda a alcanzar una perspectiva mejor. Para aquellas que no consiguen quitarse de la cabeza los pensamientos negativos, puede ser conveniente dejar de intentarlo momentáneamente y hacer algo que requiera cierta actividad para librarse del dominio de sus pensamientos.

Es importante que la familia también pase más tiempo tranquila y sola. Vamos corriendo con nuestros hijos de una actividad a otra: deportes, prácticas, recitales, fiestas. Son muchas las familias que no se reúnen en casa para cenar casi nunca y que prefieren dedicar un día festivo a alguna actividad organizada que pasar ese día todos juntos. Y, sin embargo, una de las mejores garantías para el correcto desarrollo emocional de un niño es que pase tiempo con su familia con regularidad, simplemente cenando o realizando actividades que le dejen el tiempo y el espacio necesarios para que pueda conectar con los demás miembros de la familia durante algo más que un momento. Los padres necesitan ese tiempo para escuchar a sus hijos y entender lo que pasa en sus vidas. Y los niños lo necesitan para comunicarse con sus padres y sentirse parte de una familia cohesionada.

Como sociedad, no podremos elegir líderes que representen nuestros mejores valores si, como individuos, no nos tomamos el tiempo de tranquilidad necesario para descubrir y refinar esos valores. De otro modo, terminaremos dejando que otros decidan por nosotros o votando al candidato que tenga la mejor campaña publicitaria. Tenemos la obligación —no sólo con nosotros, sino también con las generaciones venideras— de conectar con nuestros valores y, como ciudadanos, tomar decisiones que los reflejen. Pero, como hemos dicho, para eso hace falta tiempo y saber bajar el volumen.

## Salir de uno mismo

Aunque necesitemos conectar más con nuestros valores profundamente arraigados, nuestra tendencia a mirarnos el ombligo indica que también necesitamos pasar más tiempo fuera de nosotras mismas, apreciando las perspectivas de los demás. Ayudar a los demás, sobre todo a los que son menos afortunados que nosotros, puede ayudar mucho en este proceso. Muchos de los temas sobre los que cavilamos —nuestro peso, el malhumor del jefe, una observación estúpida que hemos hecho— parecen desvanecerse si se comparan con las necesidades y los problemas de otras personas. Pasar tiempo formando, aconsejando y dando cariño y apoyo a personas necesitadas puede hacernos ver lo poco importantes que son nuestras preocupaciones y ayudarnos a elevar nuestra mirada y a fijarnos en los objetivos realmente importantes. Adherirse a una asociación de ayuda social, a una organización ecologista o a un grupo de activismo político, o relacionarse con un grupo de personas comprometidas con algunas de las cosas que más nos preocupan en este mundo, puede dar un objetivo a nuestra vida más allá de los acontecimientos triviales del día a día y de las cavilaciones del tipo «él ha dicho, ella ha dicho, ¿cómo pude haber dicho esto?», que pueden llegar a desmoralizarnos.

A menudo, nuestra tendencia a mirarnos el ombligo y nuestro sentido del merecimiento son reforzados por nuestros amigos, campeones también de la contemplación umbilical. Los amigos que se niegan a reconocer sus propios problemas y que no quieren saber nada de tus preocupaciones no te convienen, pero tampoco te convienen los que te arrastran al pensamiento excesivo por ser criticones, ansiosos y quejicas crónicos. Debes buscar amigos que encaren la vida como un reto y no como una carga y que, en lugar de agotar tu energía, promuevan tu fortaleza.

¿Dónde encontrar amigos así? Puedes hallarlos en organizaciones de voluntarios que se dediquen a causas que te importen. A veces, tan sólo con irradiar tu propia positividad obtienes positividad de tus amigos y atraes a otras personas que están buscando gente con actitudes positivas. Por ejemplo, Rosanna anunció como de pasada en la reunión semanal de su bufete de abogados que había decidido sustituir cada una de las quejas que normalmente hubiera expuesto en la reunión por una sugerencia constructiva de mejora. Al principio, cuando Rosanna respondía a sus quejas no con sus propias explicaciones sobre lo que estaba mal, sino con una idea para solucionar el problema que había expuesto, sus compañeros se quedaban desconcertados. En un par de semanas, la negatividad crónica había desaparecido de la atmósfera de esas reuniones y había sido sustituida por el cambio positivo.

Imagínate las dimensiones del cambio que podría tener lugar en nuestra sociedad si cada uno de nosotros, como Rosanna, abandonase la negatividad egocéntrica y adoptara una actitud constructiva. Las emociones positivas amplían nuestra perspectiva y nos hacen más creativos, de modo que potenciarlas nos hará más eficaces como individuos y como cultura.

## Superar el sentimiento de merecimiento

Esos valores del merecimiento tan enraizados en nuestra sociedad, esa creencia de que nos merecemos todo lo que deseamos y que no debemos permitir que nadie nos pase por encima, son una gran fuente de pensamiento excesivo. También en este caso podemos tomar, como consumidores, muchas decisiones para rechazar ese tipo de convicciones. Por ejemplo, no ver los programas de televisión que las alimentan exhibiendo gente que las defiende —como «Tribunal popular»— ni tampoco programas de debate que glorifican confrontaciones absurdas entre personas.

Como individuos, también podemos escoger defender actitudes que contradigan esos valores del merecimiento y vivir de acuerdo con ellas. En lugar de estar siempre insistiendo en lo que nos merecemos en una determinada situación, podemos poner el acento en cómo podemos resolverla para que todo el mundo salga beneficiado. Esto tiene una aplicación clara en el trabajo y por eso muchos directivos de empresas proponen adoptar un enfoque de «todos salen ganando» en las negociaciones y conflictos profesionales.

Como padres, nos empeñamos en ganar las discusiones con nuestros hijos muy a menudo. Esos valores del merecimiento nos impulsan a conseguir el respeto que merecemos como padres. Sin embargo, esto no nos lleva más que a callejones sin salida o a que nuestros hijos acaben cediendo, pero resentidos por nuestra obstinación. Si podemos dejar de lado nuestra necesidad de conseguir la posición que merecemos y nos concentramos en ayudar a nuestros hijos a entender nuestra perspectiva —y en escuchar la suya— podemos mejorar nuestra relación con ellos y encontrar una solución satisfactoria al conflicto. Como consecuencia, ni nosotros ni nuestros hijos tendremos tanto en lo que pensar demasiado y nuestros hijos adquirirán capacidades comunicativas que les ayudarán a construir una sociedad menos dada a pensar demasiado.

Si otras personas obtienen más que nosotros o nos ganan en un conflicto, los valores del merecimiento nos dicen: «¡Ponles un pleito!», o nos llevan a buscar alguna otra compensación. A veces puede que ésa sea la respuesta correcta, pero a menudo con ello sólo tratamos de proteger nuestra autoestima. Podemos contrapesar esos valores del merecimiento negándonos a permitir que nuestro registro de victorias y de derrotas sociales incida en el sentimiento de nuestro propio valor.

Por ejemplo, en una reunión del comité escolar, Harriet argumentó en contra de la adopción de un nuevo programa de enseñanza de matemáticas por parte de la escuela primaria a la que asistía su hija. Estaba convencida de que se trataba simplemente de una moda y de que ese programa no había sido adecuadamente probado, y presentó datos que apoyaban su opinión. Eleanor, sin embargo, argumentó vehementemente a favor del nuevo programa, describiendo su éxito en otras escuelas. Finalmente, el comité votó a favor de adoptar el nuevo programa. Tras la reunión, Eleanor se pavoneaba con aire triunfante. Una de las madres se acercó a Harriet para expresarle su simpatía frente a la derrota. Harriet simplemente suspiró y dijo: «Ojalá Eleanor tenga razón y el nuevo programa sea un éxito. Si lo es, los niños saldrán beneficiados. Si no, volveremos a discutir esta decisión el año próximo». Harriet rechazó la idea de que su derrota frente a Eleanor significara algo sobre su valor como persona e intentó ser lo más amable posible sin abandonar su creencia de que ese programa de matemáticas no debía adoptarse. Como consecuencia, elevó toda la situación por encima de la ciénaga de los valores de merecimiento y mostró que los suyos eran mejores.

Además de modelar una actitud contraria al merecimiento en nuestras vidas, podemos insistir en que nuestros hijos e incluso nuestros líderes estén por encima de esas fuerzas negativas. Cuando los oigamos recurriendo a una actitud de nosotros contra ellos, reclamando privilegios que no necesitan o culpando a los demás de sus problemas, podemos desafiarlos a que se hagan cargo de sus responsabilidades personales. Con nuestros hijos, probablemente esto requerirá que dejemos a un lado el deseo de que sean «los primeros» en todo. Con nuestros líderes, puede conllevar que rechacemos esos argumentos tan seductores de que nuestra sociedad o grupo se merece más que los otros. Sólo así conseguiremos que nuestros hijos y nuestros conciudadanos se pongan a solucionar los problemas y a superar los obstáculos en lugar de pensar demasiado en lo que se merecen.

## Reforzar la perspectiva a largo plazo

Para combatir nuestra tendencia a recurrir a las soluciones rápidas, podemos concentrarnos más en la perspectiva a largo plazo en relación con nuestros objetivos más importantes. Ya te he animado a hacerlo como individuo, a «apuntar más alto» como un modo de superar el pensamiento excesivo individual. Como colectivo, podemos exigir a nuestros líderes que tracen programas que solucionen los problemas sociales a largo plazo en lugar de proporcionar una solución a corto plazo que dure sólo hasta las próximas elecciones. Como consumidores, podemos aprender a darnos cuenta de cuándo se nos ofrece una solución rápida —un beneficio rápido en la bolsa que refuerza el pensamiento empresarial a corto plazo, una píldora de acción inmediata que, aunque nos hace sentir mejor durante un rato, no soluciona nuestros problemas— y rechazar esas soluciones para tomar otras que tal vez cueste más llevar a cabo, pero que van a ser duraderas.

Podemos enseñar a nuestros hijos el valor de adquirir capacidades y habilidades que sean útiles a la larga, en lugar de aprender a enfocar los problemas pensando siempre en las soluciones rápidas. Por ejemplo, en lugar de ceder y darles las soluciones de los problemas difíciles que encuentren en sus deberes sólo para quitárnoslos de encima, podemos insistir en que se formen haciendo ellos mismos los deberes, mientras les damos ánimo y les proporcionamos la ayuda adecuada. O en lugar de intervenir y solucionar un conflicto entre dos niños, ayudarles a que se comuniquen mejor y a que lleguen a su propia solución.

Es fácil recurrir a las soluciones rápidas para nuestros hijos cuando estamos demasiado ocupados para ayudarles a elaborar soluciones útiles a largo plazo. Pero si constantemente les transmitimos el mensaje de que los atajos son buena cosa, puede que lo generalicen de la peor manera: copiando para sacar buenas notas; tomando píldoras para ser mejores deportistas, estudiantes más listos o para sentirse mejor; teniendo relaciones sexuales para conseguir amigos o amigas. Tomarse el tiempo necesario para enseñarle a tu hijo a trabajar a largo plazo y a rechazar la multitud de soluciones rápidas que se le ofrecen para sobrellevar el paso de la adolescencia a la edad adulta es una tarea esencial para ser buenos padres. Si nuestros hijos dejan de lado las soluciones rápidas en favor de una perspectiva a largo plazo, tomarán mejores decisiones tanto en su vida personal como social, y sabrán actuar mejor ante los reveses. De ese modo, a lo largo de su vida, tendrán muchos menos motivos para pensar demasiado.

## Dar a las mujeres menos motivos para pensar demasiado

Parece claro que un modo de ayudar a las mujeres a desprenderse de su pensamiento excesivo es darles menos motivos para pensar demasiado: que tengan menos tensiones crónicas en sus vidas cotidianas, como sueldos insuficientes o maridos que no respetan lo que hacen, y menos sucesos traumáticos, como las agresiones sexuales. Éste ha sido desde luego el objeto de la lucha del movimiento feminista durante las últimas décadas. ¿Significa el hecho de que las mujeres continúen siendo más pobres en comparación con los hombres, de que no sean respetadas en sus relaciones y de que sean víctimas frecuentes de agresiones sexuales que el movimiento de liberación de la mujer ha fracasado? No lo creo. Ha habido grandes progresos a favor del derecho de las mujeres a un salario igual y a la igualdad en las relaciones, y en contra de la violencia de género. Sin embargo, todavía tenemos un largo camino por recorrer.

Como ciudadanos, podemos luchar contra las fuerzas que oprimen a las mujeres eligiendo líderes progresistas, defendiendo la legislación que elimina la discriminación de sexo, dando apoyo a los albergues para mujeres maltratadas, proclamando una actitud de «tolerancia cero» hacia la violencia de género y dando apoyo a montones de otras iniciativas que buscan superar las condiciones sociales negativas con las que las mujeres se enfrentan. En sus relaciones personales, las mujeres pueden rechazar una ciudadanía de segunda en sus matrimonios o uniones de hecho, en su lugar de trabajo y en otros ámbitos de la vida.

Esto significa que en nuestra vida tendremos que cambiar algunas cosas, y esto puede ser difícil si nuestro compañero es violento, incluso peligroso. En tales casos, la única solución puede ser terminar la relación, quizá con la ayuda de otras personas (en el capítulo 12 se ofrecen ideas sobre cómo superar el pensamiento excesivo en una relación violenta y conseguir escapar de ella).

Aunque tu compañero no sea violento, puede que se resista a cambiar vuestro modo de relacionaros, en especial si le beneficia a él. Es conveniente que tengas presente que insistir en que vuestra relación sea más igualitaria —en que respete tu trabajo, tus preferencias y lo que tú eres, y en que lleve a cabo su parte del trabajo doméstico— no sólo mejorará tu calidad de vida, sino que transmitirá un importantísimo mensaje a tus hijos e hijas acerca de cómo relacionarse con el sexo opuesto.

Unir fuerzas con otras mujeres que intentan introducir cambios en sus vidas y en nuestra cultura también puede ser útil. Es un modo de compartir experiencias y una fuente de apoyo. Puede proporcionarte recursos que te ayuden a efectuar cambios en tu vida personal. Por ejemplo, otras mujeres pueden enseñarte cómo obtener la formación profesional que necesitas para poder dejar un empleo subalterno sin futuro. Los grupos de mujeres que trabajan juntas son una fuente continua de cambios positivos en nuestra sociedad.

## Cambiar el modo en que se definen las mujeres

No son sólo las fuerzas externas las que mantienen a las mujeres atrapadas en el pensamiento excesivo. La definición que las mujeres dan de sí mismas como las cuidadoras emocionales de todo el mundo las emplaza en la vigilancia continua, la preocupación y la desesperación. Si queremos erradicar el pensamiento excesivo, esta autodefinición debe cambiar. A las mujeres les cuesta reconocer esta tendencia en sí mismas, pero la detectan en las demás mujeres.

Carrie era uno de esos caballos de tiro emocionales que siempre se ocupaba de los problemas de los demás. En el trabajo, si había que escribir un informe de última hora, siempre se pensaba en Carrie para que lo hiciese, si no era ella quien ya se había ofrecido. Si un compañero necesitaba un hombro sobre el que llorar, siempre era bien recibido en el de Carrie. Si había algún conflicto entre dos personas, Carrie se pasaba horas tratando de solucionarlo. Todo el mundo quería a Carrie, pero su trabajo de cuidadora suprema la dejaba emocional y físicamente exhausta. Un día, después de que se ofreciera para hacerse cargo de una presentación que en la empresa nadie quería asumir, su amiga Laura irrumpió en su despacho y le gritó: «¡Quieres parar de una vez! ¿Por qué te ofreciste para esa presentación? ¡Sabes que es responsabilidad de Ted! ¿Por qué tenías que sacarlo del aprieto otra vez? ¡Estás perjudicando tu salud haciendo el trabajo de todos! ¡Y ahora Ted nos mira a todas las demás mujeres del grupo suponiendo que también vamos a hacer su trabajo!». Carrie se quedó estupefacta. Nunca se había dado cuenta de lo mucho que su excesiva entrega afectaba a las otras mujeres de su grupo y a su propio bienestar.

Fomentar las relaciones con otras mujeres —tanto relaciones de amistad como de pertenencia a grupos de acción social— puede darnos una perspectiva de nosotras mismas que nos ayude a darnos cuenta de las autodefiniciones negativas que alimentan nuestro pensamiento excesivo. Como parte de un grupo, podemos ayudar a enseñar a mujeres y niñas a conseguir un equilibrio entre su preocupación por los demás y la preocupación por sí mismas.

## Animar a nuestras hijas y a las demás mujeres a actuar

Somos estupendas alimentando el lado emocional de nuestras hijas. Estamos atentas a sus sentimientos y las animamos a que los expresen. Simpatizamos con sus preocupaciones. Pero no somos tan estupendas alimentando su capacidad para actuar. Necesitan aprender a pasar de la expresión de sus sentimientos y preocupaciones a la solución de los problemas que produjeron sus preocupaciones. Podemos ayudarlas enseñándoles las estrategias expuestas en este libro y viviendo nuestras vidas de acuerdo con esas estrategias.

Podemos también animar a nuestras hermanas y amigas a pasar del pensamiento excesivo a la acción. Podemos simpatizar con sus preocupaciones y darles el apoyo emocional que necesitan. Pero no hace falta que seamos amigas del tipo «desde luego». En lugar de eso, podemos ayudarlas a liberarse del pensamiento excesivo sugiriéndoles algunas de las estrategias que aquí se han expuesto y ayudándolas a pensar en soluciones para sus problemas. ¡De ese modo ellas podrán hacer lo mismo por nosotras en el futuro!

Hay muchos caminos que llevan al pensamiento excesivo, pero también los hay para liberarse de él. Podemos superar la tendencia a atascarnos en el pensamiento excesivo y construir vidas más satisfactorias y provechosas. Si lo hacemos seremos mejores como individuos y como sociedad.

# Recursos

Hay muchos buenos libros sobre salud mental y se puede además obtener mucha información en Internet. A continuación presento una lista de algunos de los libros y sitios de Internet que considero mejores.

## LIBROS

David Burns escribió la primera edición de *Feeling Good: The New Mood Therapy* en 1980 (trad. cast.: *Sentirse bien: una nueva fórmula contra las depresiones*, Barcelona, Paidós, 1998), pero continúa siendo uno de los libros de autoayuda más respetados, sobre todo en su edición actualizada de 1999. Burns describe cómo se puede contrarrestar el pensamiento negativo usando las técnicas de la terapia cognitivo conductual, que es actualmente una de las más usadas y mejor contrastadas para el tratamiento de la depresión y de la ansiedad.

Otro buen libro de autoayuda basado en la terapia cognitivo conductual es *Mind Over Mood* (1995) de Dennis Greenberger y Christine Padesky. El libro de Edward Hallowell *Worry: Controlling It and Using It Wisely* (1998) proporciona muchas indicaciones útiles para superar la preocupación.

Kay Redfield Jamison ha escrito dos libros espléndidos sobre sus batallas contra la depresión y la manía: *An Unquiet Mind: A Memoir of Moods and Madness* (1995) y *Night Falls Fast: Understanding Suicide* (1999). Son libros magníficos, no sólo porque Jamison escribe muy bien, sino también porque como investigadora de los trastornos del estado de ánimo se encuentra en condiciones de comunicar los resultados de sus investigaciones a los lectores no profesionales de un modo claro.

Andrew Solomon cuenta sus propias experiencias a lo largo de su depresión profunda y crónica en *The Noonday Demon: An Atlas of Depression* (2001) (trad. cast.: *El demonio de la depresión*, Madrid, Suma de Letras, 2003), donde pasa lista a los diversos intentos de tratamiento médico de su depresión con una fuerza impresionante que ha hecho del libro un éxito de ventas.

## Recursos en Internet

Si crees que necesitas ver a un psicólogo o psiquiatra y no sabes cómo encontrar uno, hay varios sitios de Internet que pueden ayudarte. Entre ellos se encuentran las páginas web de la American Psychological Association (www.apa.org), la American Psychiatric Association (www.psych.org) y la Association for the Advancement of Behavior Therapy (www.aabt.org). Todas ellas contienen información sobre la depresión, la ansiedad y otros problemas de salud mental.

El National Institute of Mental Health es el organismo que subvenciona más investigaciones sobre la depresión, la ansiedad y otros problemas de salud mental en Estados Unidos. Su página web (www.nimh.nih.gov) contiene mucha información sobre salud mental, incluyendo estadísticas y recursos para profesionales.

La National Depressive and Manic Depressive Association, en su página web (www.ndmda.org), proporciona información básica sobre la depresión y recursos y asesoramiento legal para las personas que padecen trastornos del estado de ánimo y para sus familias. Puedes encontrar ahí tu grupo local de autoayuda del NDMDA para gente con trastornos del estado de ánimo.

Cada año se celebra en todo el país el National Depression Screening Day pensado para llamar la atención sobre la depresión y el trastorno bipolar, instruir al público y proporcionar a todo el mundo medios gratuitos de detección de la depresión y recomendaciones de ayuda para personas deprimidas. Si deseas saber más sobre el día de la detección de este año, consulta la página <www.mentalhealthscreening.org/depression.htm>.

La Anxiety Disorders Association of America proporciona en su página web (www.adaa.org) una gran cantidad de información sobre los trastornos de ansiedad y recursos para buscar ayuda.

El National Center for Post-Traumatic Stress Disorder es un consorcio de instituciones de investigación y de atención clínica dedicado a la investigación y al tratamiento del trastorno de estrés postraumático. Si deseas información sobre sus actividades y cursos, consulta la página <www.ncptsd.org>.

En <www.mentalhealth.org/suicideprevention/> puedes enterarte de las actividades de la National Strategy for Suicide Prevention, en la cual colaboran diversos departamentos del gobierno de Estados Unidos para prevenir el suicidio. Esta página proporciona mucha información sobre el suicidio, una línea de ayuda para personas que piensan suicidarse así como información para amigos y familiares de personas que intentan suicidarse.